INSTRUCTION ÉLÉMENTAIRE

SUR LA

TOPOGRAPHIE

A L'USAGE

DES OFFICIERS, DES SOUS-OFFICIERS PROPOSÉS POUR L'AVANCEMENT

ET DES ENGAGÉS CONDITIONNELS D'UN AN

D'APRÈS

le programme fixé par la décision ministérielle
du 30 septembre 1874;

PAR

ED. ROUBY

CHEF D'ESCADRON D'ÉTAT-MAJOR

2e ÉDITION, REVUE ET AUGMENTÉE
D'UNE TABLE ANALYTIQUE.

PARIS

LIBRAIRIE MILITAIRE DE J. DUMAINE

LIBRAIRE-ÉDITEUR

Rue et Passage Dauphine, 30

—

1878

INSTRUCTION ÉLÉMENTAIRE

SUR LA

TOPOGRAPHIE

Paris. — Imprimerie de J. DUMAINE, rue Christine, 2.

INSTRUCTION ÉLÉMENTAIRE

SUR LA

TOPOGRAPHIE

A L'USAGE

DES OFFICIERS, DES SOUS-OFFICIERS PROPOSÉS POUR L'AVANCEMENT

ET DES ENGAGÉS CONDITIONNELS D'UN AN

D'APRÈS

le programme fixé par la Décision ministérielle
du 30 septembre 1874;

PAR

ED. ROUBY

CHEF D'ESCADRON D'ÉTAT-MAJOR

2e ÉDITION, REVUE ET AUGMENTÉE
D'UNE TABLE ANALYTIQUE.

PARIS

LIBRAIRIE MILITAIRE DE J. DUMAINE
LIBRAIRE-ÉDITEUR
Rue et Passage Dauphine, 30

1878

PRÉFACE.

L'*Instruction élémentaire sur la Topographie* a
pour base le programme adopté par le ministre de la
guerre le 30 septembre 1874, pour l'enseignement
au 2ᵉ degré de la topographie dans les corps de
troupe.

Elle développe toutes les matières contenues dans
ce programme, mais sans s'assujettir cependant à
l'ordre dans lequel ces matières y sont présentées.

Afin de ne pas séparer les trois natures de renseignements que fournit une carte : *Planimétrie, Figuré du terrain, Écritures*, l'auteur a cru devoir
exposer, dans la 2ᵉ partie de son ouvrage, non-seulement les notions relatives à la désignation et à la
représentation des objets situés à la surface du sol,
mais encore l'étude des formes du terrain et les moyens
employés pour les figurer sur les cartes topographiques, soit par des courbes, soit par des hachures.
Cette 2ᵉ partie a reçu pour titre : *Lecture des cartes
et connaissance du terrain*. Elle constitue avec les
échelles, qui font l'objet de la première partie, la base
de tout enseignement topographique.

a

Les quatre chapitres qui composent la 3e partie, et qui traitent du dessin des cartes et de la construction des plans-reliefs, forment un supplément d'instruction pour les officiers qui seraient désireux d'approfondir certaines questions relatives aux cartes. Deux de ces chapitres répondent d'ailleurs aux articles du programme concernant le figuré du terrain par le lavis et par les reliefs.

L'étude de la carte, son emploi sur le terrain, les diverses méthodes d'orientation, la mesure et l'évaluation des distances, font l'objet de la 4e partie. Ces divers sujets ont, en effet, des rapports trop intimes pour qu'on puisse les séparer.

La 5e partie a trait exclusivement aux levés; la 6e, aux reconnaissances.

Les définitions des termes topographiques, termes dont il est si important de connaître exactement la valeur et l'emploi pour la rédaction des mémoires sur les reconnaissances militaires, ont été recueillies en grande partie dans les ouvrages des écrivains qui font autorité en cette matière et dont le Mémorial du Dépôt de la guerre nous a transmis les leçons.

Les explications relatives à la construction des courbes de niveau d'un terrain figuré par des hachures, ont principalement pour but de mettre les officiers à même d'exécuter, s'ils en ont le désir, le plan-relief des environs de la garnison qu'ils occupent.

Quant aux moyens d'exécution du plan-relief lui-même, ils ont été établis d'après les principes fixés par M. Bardin, le promoteur de l'enseignement de la topographie par la comparaison des plans-reliefs et des dessins, le regretté professeur dont l'auteur s'honore d'avoir été le disciple, le collaborateur et l'ami.

L'*Instruction élémentaire sur la Topographie*, son titre l'indique assez, n'a aucune prétention scientifique; elle est à la portée des sous-officiers et des volontaires d'un an, préparés déjà à l'étude de la topographie par la connaissance des plus simples notions de la géométrie. Elle répond enfin à la deuxième partie du programme ministériel; à ce point de vue, elle est surtout destinée à diriger le travail des officiers chargés du cours de topographie du 2e degré dans les corps, et à leur aplanir les difficultés que leur impose cette pénible tâche.

Paris, 1er février 1875.

PROGRAMME

DU COURS ÉLÉMENTAIRE DE TOPOGRAPHIE.

———

Décision ministérielle du 30 septembre 1874.

———

I. — NOTIONS PRÉLIMINAIRES.

Topographie. — Définition et objet.

Verticale, plan horizontal. Projection d'un point, d'une ligne, d'un objet sur un plan.

Cartes. — Ce qu'on entend par cartes : cartes géographiques, cartes topographiques et plans.

Echelles. — Définition ; construction d'une échelle graphique simple ; usage. Echelles généralement employées.

II. — DÉSIGNATION ET REPRÉSENTATION DES OBJETS A LA SURFACE DU SOL.

Planimétrie. — Son objet.

Eaux courantes. — Fleuve, rivière (source, fontaine, lit, rive, berge, amont, aval, barrage, étiage, embouchures, bouches, delta, estuaire), ruisseau, torrent, glacier, canal (écluse, bief, digue).

Eaux stagnantes. — Lac, étang, lagune, marais, marécage, mare, tourbière, rizière, marais salant, saline.

Manière de représenter les eaux.

Moyens usités pour franchir les eaux. — Pont en pierre, en bois, en fer, pont suspendu (culée, pile, arche, tablier), pont de bateaux, pont-levis, passerelle, pont de pontons, pont volant, bac, bac à traille ; gué pour piétons, gué pour voitures.

Manière de représenter ces divers objets.

Voies de communication. — Route, chemins (en déblai, en remblai, en corniche ; carrefour, patte-d'oie, étoile, rond-point), sentier.

Classification des routes et chemins.

Chemin de fer (tunnel, viaduc, passage à niveau, en dessus, en dessous).

Mode de représentation employé pour les communications.

Lieux habités, constructions.—Habitations isolées (château, église, temple, chapelle, mosquée, marabout ; gare, station ; ferme, métairie, borde, cense, chalet ; briqueterie, tuilerie, fabrique, usine, manufacture, fonderie, forge, scierie ; télégraphe, phare ; moulin à vent, à eau ; tour, ruine).

Hameau, village ; bourg, ville ouverte, fermée, fortifiée.

Ligne de retranchements, fort, redoute, batterie ; borne, poteau, croix, calvaire, signal géodésique, clocher signalé.

Mode de représentation.

Cultures, terrains boisés et détails du sol. — Terres labourables, vignes, prés, prairies, pâturages, vergers ; jardins, parcs (clôtures, murs, haies, fossés) ; forêts et bois (haute futaie, taillis, clairière, éclaircie, lisière) ; arbres isolés, buissons, bruyères, broussailles ; friches, landes ; sables, dunes, galets ; carrière, fondrière, trou ; escarpement, arrachements, falaises, rochers).

Mode de représentation.

Signes conventionnels administratifs. — Limites d'Etat, de département, d'arrondissement, de canton et de commune.

Préfecture, sous-préfecture, canton.

Ecritures. — Forme et grandeur des caractères suivant l'importance de l'objet.

Abréviations.

III. — ÉTUDE ET FIGURÉ DES FORMES DU TERRAIN.

Notions préliminaires.—Pente d'une ligne, d'un plan ; pente du terrain.

Altitude, plan de repère, cote, commandement ou relief, différence de niveau.

Nivellement ; ce qu'on entend par nivellement.

Formes diverses qu'affecte le terrain. — Plaines, élévations, dépressions.

Elévations. — Montagne, mont, aiguille, dent, pic, dôme, ballon, piton, puy ; chaîne de montagnes, nœud, massif, contre-fort, chaînon. Colline, monticule, mamelon, tertre, butte, ondulation, rideau, pli de terrain.

Sommet, cime, point culminant, crêt, crête, arête, plateau.

Col, port, ligne de partage.

Flancs, versants, revers, pentes, ressaut, gradin, croupe.

Pied, base.

Dépressions. — Vallée, vallon, val, combe, cirque.
Tête de vallée, flancs, berges, thalweg.
Gorge, clue, cluse, étranglement, ravin.

Manières diverses de représenter les formes et le relief du terrain.

Figuré du terrain au moyen de plans en relief. — Mode de représentation excellent pour apprendre la lecture des cartes topographiques.

Emploi des cotes pour figurer le terrain. — Système incomplet et défectueux.

Figuré du terrain au moyen de courbes. — Courbes horizontales ou de niveau ; propriétés de ces courbes. Courbes horizontales équidistantes ; avantage de ces courbes. — Equidistance généralement adoptée suivant l'échelle.

Equidistance plus petite en pays de plaines, plus grande en pays de montagnes.

Représentation au moyen de courbes horizontales équidistantes d'un mamelon, d'une croupe, d'une vallée, d'un col.

Figuré du terrain au moyen de hachures. — Ligne de plus grande pente d'un terrain (chemin suivi sur une pente par une goutte d'eau) ; propriétés des lignes de plus grande pente.

Hachure ou projection d'une ligne de plus grande pente.

Emploi des hachures pour remplacer les courbes.

Représentation d'un mamelon, d'une croupe, d'une vallée, d'un col. Représentation des rochers et des escarpements.

Figuré du terrain au moyen de courbes et de teintes. — Avantages de ce procédé de représentation.

Trouver la cote d'un point entre deux courbes. Tracé d'un profil.

Montrer les différentes formes du terrain, sur des cartes à diverses échelles, en pays de plaines, de collines et de montagnes.

IV. — LECTURE ET EMPLOI DE LA CARTE.

Exercices de lecture de la carte à l'aide du plan en relief. — Mesure des distances ; recherche des lignes de partage, des lignes de défilement.

Recherche de l'horizon visible d'un point donné. Indication qu'on peut tirer de l'étude de la carte sur les ressources d'une région d'après la configuration du terrain et la nature des cultures.

Exercices de lecture de la carte sur le terrain. — S'orienter à l'aide de la carte, trouver le point où l'on est, se transporter à tel endroit, etc.....

Exercices de description du terrain d'après la carte et vérification sur le terrain.

Emploi de la carte pour préparer l'exécution des petites opérations du service en campagne.—Placement d'une grand'garde, des petits postes, des sentinelles ou vedettes.

Conduite d'un détachement.

Emploi de la carte pour le choix d'un campement, pour l'établissement d'un cantonnement.—Vérification sur le terrain de chacune de ces études.

Reporter sur la carte les petites opérations exécutées sur le terrain.

V. — EXÉCUTION D'UN LEVÉ A VUE, D'UN CROQUIS.

Nécessité pour tout officier de pouvoir exécuter un levé à vue.

Détermination des distances. — Mesure des distances au pas. Etalonner le pas ; construction d'une échelle de pas.

Mesure des distances par le temps employé à les parcourir à pied ou à cheval.

Mesure des distances au moyen du son.

Estimation des distances à vue ; données générales fournies par l'expérience.

Emploi d'instruments simples pour l'exécution d'un levé à vue — (carton, boussole, double décimètre) ; pour l'exécution d'un croquis (carnet et crayon).

Exécution d'un levé à vue.—Mesure d'une première direction au pas sur une route ou un chemin autant que possible en ligne droite. Orientation du carton sur cette direction au moyen de la boussole. Mesure des distances au pas en cheminant sur les directions principales. Détermination par la méthode d'intersection des points importants à droite et à gauche.

Méthode des recoupements ; procédé des alignements.

Evaluation à vue des hauteurs. Figuré du relief du terrain au moyen de courbes en s'attachant à donner les formes générales et les commandements relatifs des hauteurs.

Exécution d'un croquis. — Mesurer les distances en cheminant, placer les objets à droite et à gauche en évaluant les distances à vue ; indiquer les pentes au moyen de courbes. Stationner sur les points élevés pour bien voir les lignes du terrain. Terminer tout levé en indiquant l'échelle et marquant la ligne Nord-Sud.

Exercices sur le terrain.

VI. — RECONNAISSANCES.

Utilité des reconnaissances pour compléter les renseignements fournis par les cartes.

Reconnaissance d'une route. — Direction générale ; points principaux qu'elle relie ; mode de construction : pavée, empierrée, en remblai, en déblai ; largeur, état d'entretien ; pentes. Embranchements. Objets remarquables que l'on rencontre : villages, fermes, châteaux, maisons isolées ; ouvrages d'art, bois, défilés.

Reconnaissance d'un chemin de fer. — Direction générale. A quelle grande ligne appartient la section reconnue. Points importants qu'elle met en communication. Nombre de voies, stations, voies de garage, quais d'embarquement. Ponts, viaducs, tunnels, déblais et remblais. Ressources (charbon, eau, matériel).

Communication télégraphique.

Reconnaissance d'un cours d'eau, d'un canal. — Direction, largeur, profondeur, rives (commandement), ponts, gués, bateaux ; navigable ou non, écluses et barrages.

Reconnaissance d'un bois, d'une forêt. — Etendue, forme, nature du bois (taillis, haute futaie), clairière, lisière ; routes et chemins.

Reconnaissance d'un château, d'une ferme, d'une maison isolée. — Epaisseur et mode de construction des murs, nombre d'étages, ouvertures, toitures, cours, jardins, clôtures (murs, fossés). Ressources.

Reconnaissance d'un hameau, d'un village. — Position ; forme ; mode de construction des maisons, toitures ; enceinte (jardins, murs, fossés) ; places ; édifices ; population ; nombre de maisons. Ressources pour le logement et la nourriture.

Reconnaissance d'une vallée. — Direction, étendue, largeur ; boisée, cultivée, couverte, coupée de ravins ; nature du fond. Pentes. Villages et maisons ; communications.

Reconnaissance d'une hauteur. — Sommet de la hauteur : forme et configuration ; boisé, découvert ; commandement.

Flancs : pentes accessibles à l'artillerie, à l'infanterie ; routes et chemins qui gravissent les pentes ; ressauts, gradins.

Pied de la hauteur : boisé, découvert, coupé ; villages, maisons ; chemins, ravins.

Reconnaissance d'un défilé. — Longueur, largeur ; praticable ou non aux différentes armes ; nature des parois (rochers, terrains escarpés, boisés), configuration des débouchés à l'entrée et à la sortie.

Reconnaissance d'un pont. — Situation, longueur, largeur, construction, solidité ; nombre de piles.

Exercices de reconnaissances sur le terrain.

(Extrait du Journal militaire officiel, 2e sem. 1874, n° 70.)

NOTA. — Les nombres placés dans le texte, entre parenthèses, indiquent les paragraphes de l'instruction auxquels le lecteur est renvoyé.

INSTRUCTION ÉLÉMENTAIRE

TOPOGRAPHIE

1re PARTIE.

Préliminaires.

Ce qu'on entend par carte.

1. On entend par *carte* la représentation sur une sur-face plane, une feuille de papier par exemple, d'une portion quelconque de la surface de la terre.

But des cartes, leur utilité à la guerre.

2. Lire une carte, c'est comprendre la signification de tous les traits qui y figurent, c'est pouvoir reconstituer par la pensée tous les objets qu'elle représente, de telle sorte qu'en regardant la carte on se fasse du terrain une idée aussi nette, aussi précise que si on l'avait sous les yeux.

La carte a même sur le terrain cet avantage, qu'on peut la consulter dans le cabinet, sous la tente, loin des lieux dont elle reproduit l'image, et, avec son aide, pré-parer d'avance toutes les opérations de la guerre. En outre, elle permet d'embrasser d'un seul regard une

1

grande étendue de pays, ce qu'il n'est pas toujours possible de faire sur le terrain, où la vue est arrêtée par des obstacles de toute nature. Enfin, la carte, quand elle est bien comprise, est le meilleur guide qu'on puisse utiliser en campagne comme moyen de se diriger avec certitude d'un point à un autre dans un pays qu'on ne connaît pas.

Conditions que doit remplir une carte.

3. La carte est le portrait du terrain. Elle doit donc posséder les propriétés d'un portrait, c'est-à-dire : rappeler les traits de l'original, si celui-ci est connu, ou en donner une idée, si l'on n'a jamais eu cet original devant les yeux.

Il faut qu'en parcourant le pays, la carte à la main, on puisse identifier facilement chacun des objets figurés sur le papier avec ceux du terrain qu'ils sont destinés à représenter. Cette condition est assurée par l'emploi de signes conventionnels, signes qu'il importe de connaître d'une manière précise et de se rappeler en toute circonstance, si l'on veut arriver à lire une carte sans hésitation, ni perte de temps.

La carte ne saurait représenter les objets avec leur grandeur naturelle et leurs distances réelles. On les réduit donc dans une certaine proportion fixée d'avance, en établissant une relation constante entre les dimensions du terrain et celles qui leur correspondent sur la carte qui en est l'image. Cette relation constante s'appelle l'échelle de la carte.

L'échelle permet au lecteur d'acquérir par l'opération la plus simple, une mesure prise au compas, la notion exacte de la grandeur des objets dessinés sur le papier et des distances qui les séparent.

Il y a autant d'échelles que l'on peut établir de relations différentes entre le terrain et la carte.

Echelles.

4. Si, par exemple, on convient, en dessinant la carte, de représenter une longueur de 1000 mètres prise sur le terrain par une longueur de un mètre portée sur le papier, cette dernière sera la millième partie de celle qui existe en réalité sur le terrain. Si l'on a eu soin de réduire toutes les dimensions que l'on a mesurées sur le terrain, pour en reporter seulement la millième partie sur le papier, la carte ainsi obtenue sera dite à l'échelle de un millième, ce qui s'écrit sous la forme suivante : $\frac{1}{1000}$. Le rapport $\frac{1}{1000}$ s'appelle *échelle numérique*.

Dans le cas où un mètre de la carte représenterait 5000, 10000, 20000, 40000, 80000, 100000 ou 320000 mètres du terrain, on en conclurait que la carte est à l'échelle de $\frac{1}{5000}$, $\frac{1}{10000}$, $\frac{1}{20000}$, $\frac{1}{40000}$, $\frac{1}{80000}$, $\frac{1}{100000}$ ou $\frac{1}{320000}$.

Afin de rendre ces rapports plus saisissables pour l'esprit, on peut supposer qu'on a pris pour base une unité de mesure plus petite que le mètre, une fraction appréciable du mètre, le millimètre par exemple.

Il en résultera qu'à l'échelle de

$\frac{1}{1000}$ un mill. sur la carte représentera	1000 mill.	ou	1 m. du terrain,
à $\frac{1}{10000}$ — — —	10000ᵐᵐ	ou	10	—
à $\frac{1}{20000}$ — — —	20000ᵐᵐ	ou	20	—
à $\frac{1}{40000}$ — — —	40000ᵐᵐ	ou	40	—
à $\frac{1}{80000}$ — — —	80000ᵐᵐ	ou	80	—

à $\frac{1}{100000}$ un mill. sur la carte représentera 100000^{mm} ou 100 m. du terrain.

à $\frac{1}{320000}$ — — — 320000^{mm} ou 320 —

En général, l'échelle numérique d'une carte étant connue, si l'on veut savoir combien un millimètre de la carte représente de mètres sur le terrain, il suffit de séparer par une virgule trois chiffres sur la droite du dénominateur de la fraction ou rapport qui indique l'échelle; le nombre restant à gauche de la virgule répondra à la question.

On trouve toujours sur une carte, soit au-dessous du titre, soit dans la marge inférieure du cadre qui la limite, l'indication de l'échelle à laquelle cette carte a été construite. On joint ordinairement à cette indication une ligne divisée en parties représentant chacune un certain nombre d'unités de mesure réduites dans le même rapport que la carte et permettant d'évaluer rapidement les dimensions ainsi que les distances, en nombres exprimant leur valeur réelle.

Cette ligne graduée porte le nom d'échelle graphique.

Construction d'une échelle graphique.

5. Proposons-nous, pour exemple, de construire une échelle de $\frac{1}{10000}$. Puisqu'à cette échelle un millimètre du dessin doit exprimer 10 mètres du terrain, 10 millimètres représenteront 100 mètres de la réalité. Si donc on porte sur la ligne indéfinie AB (fig. 1), et à la suite l'une de l'autre, des quantités égales à 10 millimètres ou 1 centimètre, et qu'on inscrive à partir du point A, au-dessus de chaque point de division, de gauche à droite en commençant par le deuxième, les nombres

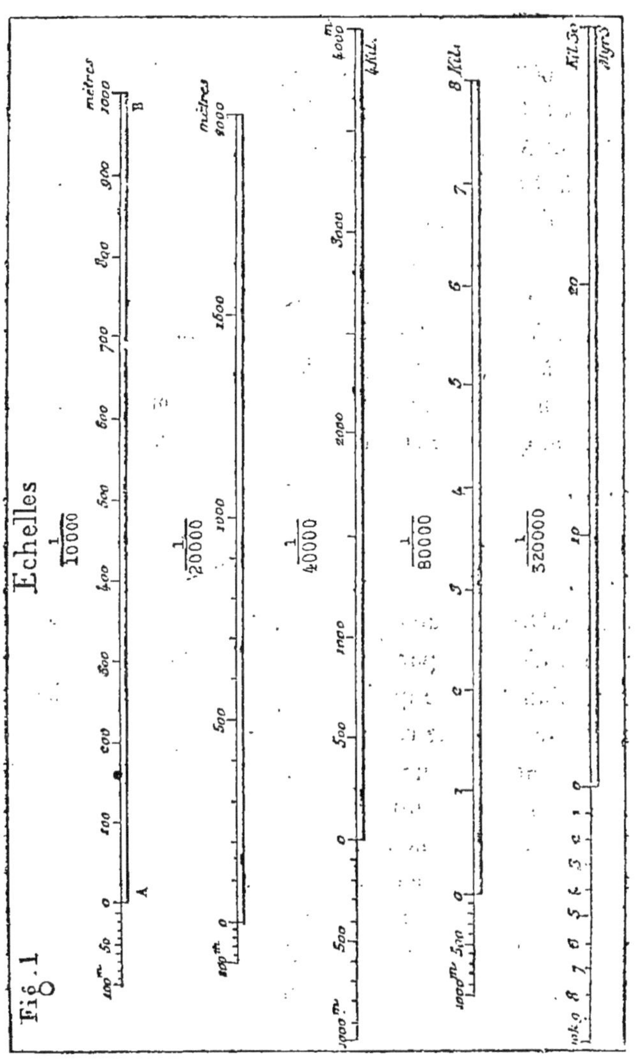
Echelles
Fig. 1
1/10000
1/20000
1/40000
1/80000
1/320000

100, 200, 300, 400, etc., on aura ainsi le moyen d'évaluer à l'aide du compas toutes les distances de 100^m, 200^m, 300^m, 400^m, etc. Pour exprimer les distances inférieures à 100 mètres, on prolonge la ligne AB à gauche du point A où se trouve le chiffre zéro, d'une longueur égale à 10 millimètres, longueur que l'on divise en 10 parties dont chacune représentera 10^m à l'échelle de $\frac{1}{10000}$. A partir du zéro on inscrit au-dessus de chaque division, en allant de droite à gauche, les nombres 10, 20, 30, 40, 50, 60, 70, 80, 90 et 100^m. Quant aux quantités inférieures à 10^m, on les estime à l'œil.

On construit d'une manière analogue toutes les autres échelles, quel que soit leur dénominateur.

Valeur réduite du kilomètre aux échelles le plus généralement employées.

6. Le tableau suivant indique en millimètres et fractions de millimètre, la valeur de 1, 2, 3, 4, 5, 6, 7, 8, 9 kilomètres réduits aux échelles les plus usitées ; il permet d'obtenir par une simple addition la valeur réduite d'un nombre quelconque de kilomètres et abrége la construction de ces échelles.

En général, pour trouver la valeur en millimètres d'un kilomètre réduit à une échelle donnée, il suffit de diviser 1 000 000, nombre de millimètres contenus dans un kilomètre, par le dénominateur de l'échelle.

Supposons qu'on ait à construire l'échelle graphique de $\frac{1}{320000}$. La valeur du kilomètre réduit à $\frac{1}{320000}$ étant de 3^{mm},125, 10 kilomètres (1 myriamètre) seront représentés par un nombre de millimètres 10 fois plus grand, c'est-à-dire par 31^{mm},25. Admettons que la plus grande

longueur que l'on veuille évaluer au moyen de l'échelle
soit de 5 myriamètres : on portera sur une ligne droite,

ÉCHELLES.	VALEURS RÉDUITES DE								
	1^k	2^k	3^k	4^k	5^k	6^k	7^k	8^k	9^k
	En millimètres.								
$\frac{1}{5000}$	200	400	600	800	1000	1200	1400	1600	1800
$\frac{1}{10000}$	100	200	300	400	500	600	700	800	900
$\frac{1}{20000}$	50	100	150	200	250	300	350	400	450
$\frac{1}{25000}$	40	80	120	160	200	240	280	320	360
$\frac{1}{40000}$	25	50	75	100	125	150	175	200	225
$\frac{1}{50000}$	20	40	60	80	100	120	140	160	180
$\frac{1}{80000}$	12.5	25	37.5	50	62.5	75	87.5	100	112.5
$\frac{1}{100000}$	10	20	30	40	50	60	70	80	90
$\frac{1}{160000}$	6.25	12.5	18.75	25	31.25	37.50	43.75	50	56.25
$\frac{1}{200000}$	5	10	15	20	25	30	35	40	45
$\frac{1}{250000}$	4	8	12	16	20	24	28	32	36
$\frac{1}{320000}$	3.125	6.25	9.375	12.5	15.625	18.75	21.875	25	28.125
$\frac{1}{500000}$	2	4	6	8	10	12	14	16	18
$\frac{1}{600000}$	1.666	3.333	4.999	6.666	8.333	9.999	11.666	13.333	14.999
$\frac{1}{800000}$	1.25	2.5	3.75	5	6.25	7.5	8.75	10	11.25
$\frac{1}{1000000}$	1	2	3	4	5	6	7	8	9
$\frac{1}{1200000}$	0.833	1.666	2.499	3.333	4.166	4.999	5.833	6.666	7.499
$\frac{1}{1600000}$	0.625	1.25	1.875	2.5	3.125	3.75	4.375	5	5.625

au moyen du double décimètre, une longueur de 5 fois
$31^{mm},25$ ou $156^{mm},25$; on divisera cette longueur en 5
parties égales par les moyens que fournit la géométrie ;

on placera le zéro au premier point de division à partir de l'extrémité de gauche et les autres points de division seront numérotés 1, 2, 3, 4 myriamètres ou 10, 20, 30, 40 kilomètres de gauche à droite à partir du zéro. La partie laissée à gauche du zéro, partie que l'on nomme le talon de l'échelle, sera divisée en 10 parties numérotées de droite à gauche, qui représenteront des kilomètres. Les échelles de $\frac{1}{10000}$, $\frac{1}{20000}$, $\frac{1}{40000}$, $\frac{1}{80000}$ et $\frac{1}{320000}$, adoptées officiellement en France pour les cartes publiées par le Dépôt de la guerre, sont représentées ci-dessus, fig. 1.

Limite d'approximation des longueurs mesurées à l'échelle.

7. L'échelle doit permettre de mesurer avec une approximation suffisante une distance quelconque prise sur la carte. Or, en supposant que la moitié d'un millimètre soit la plus petite quantité que l'on puisse évaluer approximativement à la vue simple, cette quantité correspondra pour l'échelle de $\frac{1}{10000}$, à 5 mètres du terrain,

pour celle de $\frac{1}{20000}$, à 10 mètres du terrain,

pour celle de $\frac{1}{100000}$, à 50 mètres du terrain;

l'échelle permettra donc d'évaluer une distance

à 5 mètres près pour l'échelle $\frac{1}{10000}$,

à 10 mètres près pour l'échelle $\frac{1}{20000}$,

à 50 mètres près pour l'échelle $\frac{1}{100000}$, etc.

Le nombre indiquant l'approximation obtenue est donc d'autant plus grand que la relation entre le terrain et la carte est plus petite.

On admet généralement que la cinquième partie d'un millimètre est la plus petite longueur graphique appré-

ciable. On pourrait donc, d'après ce principe, évaluer,
au moyen de l'échelle, une distance

$$\text{à } 2^m \text{ près, si la carte est à } \tfrac{1}{10000};$$
$$\text{à } 4^m \text{ près, si elle est à } \tfrac{1}{20000};$$
$$\text{à } 16^m \text{ près, si elle est à } \tfrac{1}{80000}.$$

Dans la pratique, il paraît préférable de fixer l'approximation qu'on peut obtenir dans l'estimation des
longueurs graphiques, à un quart de millimètre, parce
qu'il est plus facile de diviser à vue un millimètre en
quatre parties égales qu'en cinq.

Il faut remarquer ici que certains détails du terrain,
s'ils étaient exactement réduits à l'échelle de la carte,
deviendraient tellement petits qu'ils ne seraient plus
sensibles à l'œil. Aussi les représente-t-on, par pure
convention, beaucoup plus grands que ne l'exigerait
l'échelle. A $\tfrac{1}{80000}$ par exemple, échelle de la carte de
France de l'état-major, un millimètre de la gravure
équivaut à 80 mètres du terrain. Pour conserver la relation constante qui existe entre cette carte et la réalité,
il faudrait exprimer la largeur d'une route de 10 mètres
par $\tfrac{1}{8}$ de millimètre, ce qui est impossible.

A mesure que le dénominateur de l'échelle augmente,
on amplifie donc avec intention la largeur des routes,
des chemins, des ruisseaux, ainsi que les dimensions
des maisons isolées et des autres objets naturels ou artificiels de quelque importance. De là l'obligation de
recourir à la convention pour exprimer des voies de
communication de diverses largeurs, des canaux, des
murs, des haies, etc. C'est comme une deuxième échelle,

mais échelle irrégulière, que l'on emploie concurremment avec l'échelle réelle.

8. D'après ce qui précède on voit que, pour mesurer la distance qui sépare deux points placés sur la carte, il suffira de prendre une ouverture de compas égale à cette distance et de la porter sur l'échelle de manière que l'une des pointes du compas coïncide avec un des points de division qui se trouvent à droite du zéro, et que l'autre pointe tombe à gauche du zéro, mais sans dépasser la limite de l'échelle de ce côté.

Supposons, pour fixer les idées, que les deux pointes du compas se trouvent placées (fig. 1, échelle à $\frac{1}{10000}$), celle de droite sur la division 400 et celle de gauche entre les nombres 50 et 60; la distance demandée sera comprise entre 450 et 460 mètres; en la fixant à 455 mètres, on l'aura évaluée à moins de 5 mètres près. Avec de bons yeux et un peu d'attention, on l'évaluera à 2 mètres près.

Si l'on voulait savoir à quelle distance un ennemi qui attaque un poste se trouvera exposé aux feux des hommes qui l'occupent, la portée efficace des armes étant de 800 mètres par exemple, il faudrait donner au compas une ouverture de 800 mètres pris à l'échelle de la carte, porter une des pointes sur le point de la carte qui représente la position du poste dont il s'agit, et, de ce point comme centre, décrire une circonférence avec l'autre pointe. Le chef du poste, s'il sait lire la carte, pourra facilement déterminer, sur le terrain, les points au delà desquels le feu serait inoffensif.

Les échelles graphiques que l'on trouve tracées sur la plupart des cartes imprimées ne fournissent pas toujours une réduction exacte des dimensions naturelles, dans la relation indiquée par l'échelle numérique. Cette inexactitude est causée par le retrait que subit le papier quand celui-ci a été légèrement mouillé avant l'impression; mais comme le dessin lui-même a varié de dimensions dans le même rapport, le résultat que l'on obtient dans la mesure des distances par le moyen de l'échelle graphique est toujours l'expression de la vérité.

L'échelle graphique d'une carte imprimée ne peut servir à évaluer les distances sur une autre carte établie à la même échelle, qu'avec une approximation qui varie en raison de la dilatation plus ou moins grande du papier.

Différentes espèces de cartes.

9. Pour représenter le terrain par une carte on n'emploie pas indifféremment une échelle quelconque. La relation que l'on établit entre les distances ou dimensions du terrain et leur représentation graphique, dépend du but que l'on se propose et, par conséquent, du plus ou moins de détails que l'on a besoin de faire figurer sur la carte.

On peut en effet se proposer, soit seulement d'indiquer d'une manière générale la situation relative des lieux habités, la direction des grands cours d'eau et des voies principales de communication, les chaînes de montagnes les plus remarquables, soit de représenter minutieusement tous les objets du terrain naturels ou artificiels, quelles que soient leurs dimensions. Dans le premier cas, le rapport entre les dimensions naturelles et leur représentation par le dessin doit être nécessairement plus grand que dans le second. Les cartes établies d'après le premier principe sont dites à petite échelle, c'est-à-dire qu'elles offrent sur une petite surface l'image d'une grande étendue de terrain ; les autres sont dites à grande échelle.

De là la division générale des cartes en cartes géographiques, cartes chorographiques et cartes topographiques.

On emploie les échelles de $\frac{1}{2000}$ à $\frac{1}{5000}$ pour la topographie détaillée, les plans de ville, de place forte ou d'une localité circonscrite ; les échelles de $\frac{1}{10000}$ à $\frac{1}{100000}$ pour la topographie générale d'une province, d'un pays, d'une région.

Les cartes établies à des échelles placées entre le $\frac{1}{200000}$ et le $\frac{1}{1000000}$ sont dites chorographiques ; elles sont destinées à représenter une province, une contrée avec tous ses lieux remarquables, mais sans détails.

Les échelles inférieures à $\frac{1}{1000000}$ sont consacrées aux cartes géographiques.

Quelques cartes portent des dénominations spéciales, suivant les besoins particuliers auxquels elles sont affectées. Telles sont les cartes politiques et administratives, qui indiquent les limites de convention établies pour séparer les États et les peuples, les divisions et subdivisions de chaque État sous le rapport civil, militaire, maritime, judiciaire, religieux, etc.; les cartes physiques, qui montrent seulement les obstacles de divers genres, mers, fleuves, montagnes, que la nature a opposés aux communications entre les peuples et entre les habitants d'une même région.

Les cartes murales sont dessinées à grands traits largement accentués, comme celles que l'on trouve peintes sur les murs intérieurs des gares de chemins de fer.

Les cartes en relief destinées principalement à l'enseignement élémentaire de la géographie ont l'avantage d'offrir aux yeux des élèves une représentation plastique des formes générales du terrain avec les élévations et les dépressions qui le caractérisent. Ces cartes sont exécutées ordinairement à une petite échelle; aussi, pour rendre sensibles les aspérités du sol, est-on obligé d'en exagérer considérablement la hauteur.

On trouvera décrit, dans la troisième partie de cette instruction, un procédé qui permet de construire avec une remarquable précision des plans-reliefs à des échelles assez grandes pour que les moindres aspérités de la surface terrestre y soient indiquées avec leur véritable forme et leur hauteur exactement réduite.

Considérées relativement à leur mode d'exécution, les cartes se distinguent en cartes manuscrites et en cartes gravées.

Les cartes manuscrites sont généralement coloriées. Il est d'usage d'y indiquer les eaux en bleu, les constructions de toute nature en rouge et les voies de communication en noir. La nature du sol improductif et les différentes espèces de cultures du sol productif y sont figurées par des teintes conventionnelles mises au pinceau.

On comprend sous le nom général de cartes gravées

toutes les cartes dont on peut tirer un nombre indéfini d'exemplaires identiques au moyen de l'impression, que le type qui sert de point de départ soit gravé en creux sur cuivre, acier ou pierre, qu'il soit en relief comme pour la typographie, ou simplement dessiné sur pierre par la lithographie.

Les cartes gravées sont généralement imprimées en noir. Depuis quelques années on produit des cartes imprimées en couleur dans le genre des cartes manuscrites et qui portent le nom de cartes chromolithographiques.

Toutes les cartes peuvent être utilisées à la guerre; cependant on désigne principalement sous le nom de cartes militaires, celles qui représentent non-seulement les objets naturels ou artificiels fixés à la surface du sol, mais encore les inégalités qu'affecte le sol lui-même et en général tout ce qui peut être de quelque influence sur le repos, la marche et les dispositions de combat des troupes.

Qu'entend-on par plan ?

10. Lorsque l'échelle d'une carte est assez grande pour que tous les objets du terrain puissent être figurés avec leurs dimensions exactement réduites dans la proportion fixée par cette échelle, la carte prend en particulier le nom de plan.

Les plans sont généralement exécutés à une échelle égale ou supérieure à $\frac{1}{10000}$. Cependant le dépôt de la guerre publie des plans de ville à l'échelle de $\frac{1}{20000}$.

Levé d'un plan (définition).

11. *Lever un plan*, c'est mesurer sur le terrain la lon-

gueur des lignes et les dimensions des objets qui y sont situés et en reproduire l'ensemble sur le papier, à une échelle donnée, en conservant à toutes les parties leurs relations de forme, de distance et d'étendue, et en les représentant par les signes conventionnels en usage.

Notions de géométrie nécessaires à l'intelligence de la topographie élémentaire.

12. Les procédés employés pour lever un plan ou dresser une carte sont du ressort de la topographie, science qui exige des connaissances assez étendues en géométrie. Pour apprendre à lire une carte et exécuter un croquis topographique, il suffit de posséder quelques notions géométriques des plus simples.

Ces notions, l'officier chargé de l'enseignement dans un corps de troupe pourra en faire l'objet de courtes explications, en ayant soin toutefois de les mettre à la portée de ceux auxquels il s'adresse. C'est ainsi que, lorsque l'occasion s'en présentera, il définira la ligne droite, la ligne brisée, la ligne courbe, la verticale, le plan horizontal, un plan vertical, une perpendiculaire, deux lignes parallèles, l'angle de deux droites ou de deux plans, le triangle, le carré, le rectangle, le polygone, deux triangles semblables. Il montrera, au moment du besoin, comment on peut, au moyen de la règle et du compas, élever une perpendiculaire à une droite donnée, tracer deux parallèles, faire un angle égal à un angle connu, construire un triangle connaissant la longueur de ses côtés ou un côté et deux angles, diviser une ligne en un nombre quelconque de parties égales, faire un triangle semblable à un triangle donné dans une proportion fixée. Il devra surtout établir ces définitions et enseigner le moyen de résoudre ces problèmes de la manière la plus simple, sans jamais essayer de démonstrations géométriques, à moins qu'il n'ait la certitude d'être bien compris.

IIe PARTIE.

Lecture des cartes et connaissance du terrain.

Nature des renseignements fournis par les cartes.

13. Les renseignements que l'on trouve sur une carte sont de trois natures différentes ; ils appartiennent soit à la planimétrie, soit au figuré du terrain, ou bien ils sont fournis par les écritures (85, 146).

CHAPITRE Ier.

PLANIMÉTRIE.

Planimétrie, son objet.

14. La planimétrie, dans son acception la plus générale, est l'ensemble des opérations topographiques qui consistent à mesurer sur le terrain et à rapporter sur le papier, à une échelle donnée, les distances qui séparent les objets à représenter, ainsi que les dimensions de ces objets.

Prise dans le sens particulier sous lequel elle sera considérée dans le présent chapitre, la planimétrie d'une carte est constituée par la représentation sur le papier des lignes diverses qui sont tracées sur le sol lui-même et par l'indication du contour des objets qui s'élèvent sur sa surface.

La planimétrie comprend :

1º Les eaux et tout ce qui s'y rapporte ;

2º Les voies de communication ;

3º Les lieux habités et constructions de toute nature ;

4º Les détails qui dépendent de la constitution particulière du sol ;

5º Les objets de diverses espèces qui, par leur nature, ne peuvent être compris dans une des divisions précédentes.

Principe sur lequel est basée la planimétrie ; projection d'un point, d'une ligne, d'un objet sur un plan ; plan de repère.

15. Les lignes qui sur le terrain composent la planimétrie, peuvent être diversement inclinées par rapport au plan horizontal ; sur la carte on les figure toujours en faisant abstraction de ces inclinaisons. Pour bien comprendre la représentation de la planimétrie, il faut se figurer que le terrain avec tous les objets qu'il supporte, s'est affaissé, s'est aplati de telle sorte, que toutes les ondulations, dépressions ou élévations qu'il présente, aient complétement disparu, en un mot que chaque point de la surface du sol s'est abaissé en suivant la direction du fil à plomb jusqu'à un plan horizontal de convention. Géométriquement cette hypothèse se réalise de la manière suivante :

Chaque point du terrain est représenté sur un plan ou sur une carte topographique par sa projection, c'est-à-dire par le pied de la perpendiculaire abaissée de ce point sur un plan horizontal imaginaire qui passerait au-dessous de la partie la plus basse du terrain. Ce plan horizontal de convention prend le nom de plan de repère. Une ligne quelconque tracée sur le sol est représentée sur ce plan par la ligne qui réunit les projections de tous ses points. La distance qui sépare sur le plan horizontal les projections de deux points s'appelle distance horizontale.

Un objet reposant sur le sol se représente par la projection sur le plan horizontal des lignes qui limitent la surface de terrain qu'il occupe. Ainsi une maison est figurée, en topographie, par un carré, un rectangle ou un polygone de forme plus ou moins régulière, suivant que les murs extérieurs, supposés rasés au niveau du sol, dessinent sur la surface l'une ou l'autre de ces figures.

Il résulte de ce qui précède qu'une ligne droite tracée sur la carte ne représente pas toujours la distance effective qui existe entre ses deux extrémités dans la nature. Si cette ligne est horizontale sur le terrain, elle sera représentée par la carte en vraie grandeur, c'est-à-dire que, mesurée à l'échelle, elle indiquera la distance réelle qui sépare ses deux points extrêmes; mais si dans la nature cette ligne est inclinée, elle sera figurée sur le plan par une ligne plus courte.

Prenons un exemple : Les bornes kilométriques élevées le long d'une route indiquent la distance absolue qui les sépare l'une de l'autre; cette distance est mesurée sur la route elle-même, quelle que soit son inclinaison. A mesure que cette inclinaison augmente, la distance entre les deux points de la carte qui représentent des bornes éloignées de 1,000 mètres, diminue en proportion et diffère de plus en plus du kilomètre réduit à l'échelle.

Il importe de bien se pénétrer de ce principe, car il trouvera encore son application lorsque nous nous occuperons de la représentation des formes du terrain et de l'exécution d'un levé.

Des signes conventionnels employés pour la planimétrie.

16. Les signes conventionnels employés pour figurer sur une carte topographique les divers détails de la planimétrie se rapprochent autant que possible par leur forme de celle des objets qu'ils sont appelés à représenter. Cette règle est générale et elle a été appliquée aussi bien à l'étranger qu'en France. Les signes adoptés sont à peu près identiques pour les cartes officielles des différents pays de l'Europe. On ne pourrait signaler que quelques différences peu importantes dans le mode de représentation des natures de cultures et de quelques autres objets de détail.

Le même signe exprime toujours des objets de même nature, quelle que soit l'échelle du dessin, sauf quelques exceptions qu'indiquent suffisamment les tableaux qui accompagnent cette instruction. On comprend, en effet, qu'à mesure que l'échelle devient plus petite, l'espace consacré sur le plan à chaque objet doit être de moins en moins considérable. Il faut donc alors simplifier les signes, mais en les faisant toujours dériver de la forme primitive.

Dans cette instruction on a eu surtout en vue l'explication des signes conventionnels adoptés pour la gravure de la carte de France à $\frac{1}{80000}$, celle qui est la plus répandue dans l'armée et qui peut être le plus utilement employée pour les petites opérations militaires, en attendant les cartes d'environs de garnison à $\frac{1}{20000}$ dont on s'occupe activement en ce moment.

Des eaux en général.

17. Les eaux ont une grande importance à la guerre, à cause des obstacles qu'elles offrent à la marche des troupes ; elles fournissent des points d'appui aux dispositions de combat, elles couvrent avantageusement le front d'une troupe qui se tient sur la défensive ; sur les ponts qui traversent les cours d'eau se concentrent souvent les efforts de l'attaque et de la défense. Enfin, les eaux sont indispensables à l'alimentation des hommes et des chevaux, et c'est toujours à leur proximité qu'on établit un camp, un bivouac.

L'indication des eaux sur une carte est donc un des points les plus essentiels de la planimétrie.

Eaux courantes, stagnantes, sauvages

18. Les eaux sont courantes ou stagnantes, suivant qu'obéissant à la loi de la pesanteur elles sont en mouvement sur un terrain incliné, comme celles des fleuves, des rivières, des ruisseaux, ou que, retenues de toutes parts, elles se maintiennent à un niveau constant, comme dans les lacs, les étangs, les mares.

On désigne sous le nom d'eaux sauvages la partie des eaux de pluie qui, au lieu de s'infiltrer dans le sol, glisse à la surface du terrain et s'écoule le long des pentes jusque dans les eaux courantes ou stagnantes les plus voisines. Souvent ces eaux sauvages s'arrêtent et séjournent dans des dépressions du sol, où elles forment des mares temporaires, des bourbiers, des cloaques, ou bien elles alimentent des marécages.

Cours d'eau.

19. On entend par cours d'eau une certaine masse d'eau continuellement entretenue par des sources, et qui coule avec une vitesse variable dans les dépressions naturelles du sol.

Fleuves, rivières.

20. Les fleuves ont généralement leur origine dans les hautes montagnes. Ils portent leurs eaux et conservent leur nom jusqu'à la mer.

Les rivières sont, par leur volume et leur longueur, des cours d'eau de moindre importance que les fleuves ; elles perdent leur nom en se jetant dans un fleuve.

On appelle cependant du nom de rivière quelques cours d'eau d'une certaine importance qui commencent dans les hautes montagnes et vont finir dans la mer. L'acception des mots fleuve, rivière, n'a donc pas de limites fixes ; il faut s'en rapporter à l'usage.

Le cours d'un fleuve peut ordinairement se diviser en trois parties distinctes, offrant chacune des caractères particuliers:

Le cours supérieur, dans les montagnes ;

Le cours moyen, dans les pays montueux qui s'étendent au pied des montagnes;

Le cours inférieur, dans la plaine ou le terrain peu accidenté voisin du lieu où il se jette dans la mer.

Les fleuves et les grandes rivières sont généralement navigables dans une partie plus ou moins longue de leur cours, c'est-à-dire que leur profondeur est assez grande pour qu'ils puissent porter des bateaux à fort tirant d'eau. La partie flottable des cours d'eau n'a qu'une profondeur très-faible, mais suffisante pour laisser flotter à la surface des trains de bois de construction ou de chauffage en forme de radeaux, sans qu'ils puissent être arrêtés par les aspérités du fond.

Etiage.

21. On appelle étiage le niveau des plus basses eaux d'un fleuve ou d'une rivière pendant la saison d'été. La hauteur des eaux pendant les crues se mesure au moyen d'échelles métriques graduées de bas en haut à partir de l'étiage, coté zéro, et que l'on place sur le mur vertical d'une pile de pont.

Le point de l'étiage n'est pas toujours rigoureusement fixé; il n'est pas rare que les basses eaux descendent au-dessous du zéro de l'échelle.

Source d'un cours d'eau.

22. La source d'un cours d'eau est le point où il prend naissance.

Confluent, bec.

23. L'endroit où se réunissent deux cours d'eau s'appelle confluent.

La pointe de terre qui les sépare au confluent se nomme bec.

Affluent.

24. On entend par affluents tous les cours d'eau qui se jettent dans un autre ordinairement plus considérable. Les ruisseaux affluent dans les rivières, qui affluent elles-mêmes dans les fleuves. La mer est leur réceptacle commun.

Embouchure, estuaire.

25. Le point où un cours d'eau se jette dans la mer se nomme embouchure. L'embouchure prend le nom d'estuaire, quand elle est tellement évasée que la mer peut y pénétrer profondément à marée haute.

Bouches, delta.

26. Lorsque, avant d'atteindre la mer, un cours d'eau se divise en plusieurs branches, l'ensemble des embouchures est désigné par le mot bouches. L'espace compris entre les deux branches extrêmes se nomme delta.

Lit, fond d'un cours d'eau.

27. Le lit d'un cours d'eau est la surface couverte par les eaux en temps ordinaire. Le fond est la partie inférieure du lit.

Rivage, côte, plage, rive, berge, grèves.

28. La partie du sol ferme adjacente à une étendue d'eau se nomme, en général, rivage. Sur les bords de la mer : côte, lorsque ces bords sont élevés; plage, lorsqu'ils sont plats et découverts.

Elle prend le nom de rive sur les bords d'un lac ou le

long d'un fleuve, d'une rivière, d'un ruisseau. On appelle berge, une rive escarpée; talus, une rive en pente douce; grève, une rive sablonneuse entièrement plate, recouverte souvent par les eaux.

On nomme aussi berges (de l'allemand *Berg*, montagne), les flancs des hauteurs qui s'élèvent de chaque côté d'un cours d'eau et dans l'intervalle desquelles se trouve le fond de la vallée.

Rive droite, rive gauche.

29. La rive droite est celle qui est à droite, la rive gauche est celle qui est à gauche pour un observateur qui, placé dans le lit du cours d'eau, se dirigerait vers son embouchure.

Amont, aval.

30. Les expressions en amont, en aval s'emploient pour indiquer la position relative de deux points situés sur un cours d'eau. Ainsi, on dit qu'un point est en amont d'un pont, par exemple, lorsque ce point est au-dessus du pont par rapport à la pente générale du cours d'eau, c'est-à-dire du côté de la source; il est en aval lorsqu'il est placé au-dessous, du côté de l'embouchure.

Ruisseaux.

31. Les ruisseaux sont de très-petits cours d'eau de peu de profondeur que l'on peut traverser facilement sans le secours d'un pont, sur une planche ou sur un tronc d'arbre jetés en travers, d'une rive à l'autre. Ils prennent, suivant les pays, différentes dénominations :

Gave et neste dans les Pyrénées, nant en Savoie, rupt dans les Vosges, becque dans les départements du Nord, gaudre en Provence, ris en Bourbonnais, bieu en Normandie, bief ou biez dans le Jura. Les rû, ruz, riou, rieu, sont des ruisseaux rapides, les riots, les ruis, les valats, des ruisseaux lents à pente douce.

Torrents.

32. Les torrents sont des cours d'eau rapides des montagnes, roulant avec fracas une masse d'eau parfois considérable, le plus souvent temporaires, et qui sont formés, soit par des orages, soit par la fonte des neiges. Leur lit étroit et inégal est rocailleux, leurs berges sont très-roides.

Glaciers.

33. Les glaciers sont des amas considérables de glace qui se forment sur les sommets des hautes montagnes et dans les dépressions qui les avoisinent par l'accumulation des neiges d'hiver et sous l'influence d'une température qui s'élève rarement au-dessus du zéro du thermomètre. Ils descendent plus ou moins dans les vallées, où ils donnent naissance à des cours d'eau.

Canaux, écluses, biefs.

34. Les canaux de navigation sont des espèces de cours d'eau artificiels creusés pour le transport en bateau de denrées de toute nature.

Les canaux n'ont pas de courant sensible; ils sont divisés dans le sens de leur longueur en parties horizontales que l'on nomme biefs. Les eaux dans deux biefs contigus se trouvant à des hauteurs différentes, on rachète la différence de niveau par un système d'écluses, que l'on manœuvre de manière à faire passer les bateaux d'un bief dans un autre.

Un canal de jonction réunit deux cours d'eau qui appartiennent à des bassins différents (V. *Bassin*, 95) en traversant les chaînes de montagnes ou de collines qui les séparent.

Le bief de partage est le bief le plus élevé d'un canal de jonction ; il est alimenté au moyen de l'eau des sources, des ruisseaux ou des étangs voisins amoncelée parfois dans de vastes bassins artificiels.

Un canal latéral est celui qui longe un cours d'eau reconnu impropre à la navigation; il s'alimente au moyen de prises d'eau établies de distance en distance.

Les canaux de navigation ont ordinairement une largeur de 10 à 15 mètres à la surface de l'eau.

Digues, différentes espèces.

35. Pour mettre à l'abri des inondations les rives cultivées ou habitées d'un fleuve ou d'une rivière, pour retenir dans leur lit les eaux d'un canal ou d'un étang artificiel, pour protéger contre les fortes marées les grandes plaines basses situées sur le rivage de la mer, on construit de longs massifs de pierres et de terres qui portent en général le nom de digues. Les jetées, levées, épis, barrages, estacades, quais, sont des espèces de digues qui ont une destination particulière.

Les jetées sont des digues construites de chaque côté du canal qui forme l'entrée d'un port, pour rompre l'impétuosité des vagues. On les prolonge quelquefois assez loin dans la mer.

Les levées sont destinées à retenir les eaux d'un canal, d'un cours d'eau ou à servir de chemin à travers un marais.

La digue qui retient les eaux d'un étang se nomme chaussée.

Les épis sont des digues perpendiculaires aux rives d'un cours d'eau; on les emploie dans le but de diminuer la largeur du lit, d'en augmenter la profondeur et de faciliter, par conséquent, la navigation.

Les barrages sont des massifs artificiels construits en travers d'un cours d'eau, soit pour le détourner momentanément, soit pour élever en amont la surface des eaux, afin de créer une chute d'eau que l'on puisse utiliser pour l'établissement d'un moulin, d'une usine, soit enfin pour ménager une prise d'eau destinée à alimenter un canal de navigation ou de simples canaux d'irrigation.

Les estacades sont une sorte de digues à claire-voie formées de pieux plantés dans un cours d'eau navigable ou à l'entrée d'un port pour en interdire l'accès.

Les quais sont des levées construites sur le bord d'un cours d'eau qui traverse une ville; ils sont ordinairement revêtus, du côté de l'eau, d'un mur en maçonnerie plus ou moins incliné.

Sources, fontaines.

36. Les eaux de pluie ou celles qui proviennent de la fonte des neiges et des glaciers, s'infiltrent en grande partie à travers le sol sur lequel elles s'écoulent, et se

réunissent, soit dans de profondes cavités, soit en nappes souterraines d'épaisseur variable reposant sur une couche imperméable du sol. Lorsque ces eaux trouvent une issue, elles sortent de terre en formant une fontaine naturelle ou source vive.

Les sources jaillissent dans le fond des vallées, sur le flanc des montagnes, ou s'échappent d'une fissure de rocher. On en rencontre même sur des sommets élevés.

Elles sont souvent reconnaissables de loin à la couleur vert-clair des herbes qui croissent aux alentours et dont elles entretiennent constamment la fraîcheur.

Le mot font, en usage dans certains pays pour fontaine, indique une source d'eau vive.

Le langage usuel emploie dans le même sens les expressions source et fontaine; cependant source se dit plutôt des canaux naturels qui conduisent l'eau à la surface, et fontaine, du petit bassin que l'eau forme sur le sol à sa sortie de terre.

Lacs, étangs, lagunes, mares.

37. Les lacs sont des amas naturels d'eau stagnante qui remplissent des dépressions du sol plus ou moins grandes, et qui sont alimentés d'une manière continue par des sources ou par des cours d'eau. Certains lacs n'ont pas d'écoulement ; ils perdent par l'évaporation à peu près autant d'eau qu'ils en reçoivent. D'autres sont traversés par un cours d'eau dont ils ne sont, pour ainsi dire, qu'une extension en largeur.

Les étangs diffèrent des lacs en ce qu'ils sont souvent marécageux, peu profonds et qu'ils ne reçoivent pas d'eaux courantes. Ce sont les eaux de pluie qui les alimentent. Ils sont quelquefois artificiels et occupent des fonds de vallée où l'eau est retenue par une digue ou chaussée. Le plus souvent ils sont dépourvus d'écoulement. Cependant on en rencontre aussi qui sont étagés sur la pente d'un vallon et qui se déversent successivement l'un dans l'autre en formant ce que l'on appelle un chapelet d'étangs.

Les lagunes sont des lacs d'eau salée que l'on trouve sur les bords de la mer. On donne aussi ce nom à des petits étangs dans les landes de Gascogne.

Les mares sont des amas d'eau stagnante de peu de profondeur et de peu d'étendue, provenant le plus ordinairement des eaux de pluie, quelquefois de sources voisines. Elles remplissent de légères dépressions du sol et servent à abreuver et à baigner les bestiaux dans des contrées dépourvues d'eaux courantes.

On trouve souvent des mares artificielles dans les villages et dans les fermes.

Marais, marécages, tourbières, fondrières.

38. On entend par marais toute portion du sol plus ou moins couverte d'une manière permanente ou temporaire par des eaux qui n'ont pas d'écoulement. Ils diffèrent des étangs par leur faible profondeur, leurs rives mal délimitées, les herbes qui s'élèvent de leur fond vaseux, ainsi que par leurs eaux presque toujours saumâtres et impropres à l'alimentation.

Les marécages se distinguent des marais en ce que les eaux n'y apparaissent que par places. Les parties non submergées sont couvertes d'herbes. Les terrains dits marécageux sont formés d'un sol mouvant presque continuellement humecté, à la surface duquel on voit rarement l'eau apparaître, ce qui empêche de les reconnaître à distance et les rend dangereux pour les troupes qui s'y engageraient sans les avoir sondés.

Les prairies situées dans les vallées à fond plat, parcourues par un cours d'eau à berges peu élevées, sont généralement marécageuses.

Les marais et marécages recouvrent souvent des tourbières, agglomérations de détritus végétaux qui se forment dans les parties basses du sol où l'eau peut séjourner.

On appelle clairs les parties de marécages ou de tourbières submergées par les eaux.

Les fondrières sont constituées par une croûte du sol desséché reposant sur un fond marécageux.

On donne aussi le nom de fondrières à des ravines plus ou moins profondes creusées à la surface du sol par les eaux sauvages et dans lesquelles séjournent ces eaux sans trouver d'écoulement.

Marais salants, salines.

39. Les marais salants, salins ou salines, sont des espaces de terre légèrement creusés sur le rivage de la mer, où l'on recueille, au moment des hautes marées, une certaine quantité d'eau que l'on retient par des digues et qui en s'évaporant dépose le sel qu'elle contenait.

Rizières.

40. Les rizières sont des espaces de terrain où l'on cultive le riz.

Cette culture nécessite la construction de digues renfermant des bassins dans lesquels on peut faire séjourner l'eau. C'est dans ces bassins que l'on sème et que l'on récolte le riz.

Il n'y a pas de rizières en France, mais on en trouve beaucoup en Italie, dans le bassin du Pô.

Mode de représentation des eaux et des objets qui s'y rapportent.

41. Que les eaux s'écoulent régulièrement dans un lit ou qu'elles soient retenues à l'état stagnant, on les définit sur les cartes par les lignes qui marquent leurs limites et où elles viennent affleurer le sol ferme. L'espace qu'elles occupent sur le plan entre ces limites est rempli de traits continus parallèles aux rives, dont la grosseur diminue et dont l'écartement augmente à mesure qu'ils s'éloignent de ces mêmes rives, de manière à former une teinte dégradée. C'est ce qu'on appelle le filé des eaux.

Les eaux de la mer se représentent également par des traits parallèles filés le long des rivages, des continents et des îles, dont ils suivent exactement tous les contours. Pour les mers qui ont des marées, on indique la ligne qu'atteignent les eaux au moment de la haute mer et celle qui les limite au moment de la basse mer. Ces deux lignes se nomment *laisses* et l'espace qu'elles comprennent, *estran*. Il est évident que lorsque le rivage, au lieu de former une plage légèrement inclinée, est constitué par ces escarpements à pic que l'on nomme falaises, les laisses de haute et de basse mer se confondent.

Lorsque l'espace occupé sur le papier par les eaux dormantes est très-restreint, on le couvre de traits parallèles au cadre inférieur de la carte. Ainsi représentées, les petites étendues d'eau, comme certains lacs, quelques étangs, les mares, les bassins artificiels creusés dans les jardins et dans les parcs, ressortent mieux au milieu des autres détails de la planimétrie. On force généralement la grosseur des traits sur les bords ou bien on intercale contre les bords d'autres petits traits moins longs entre les premiers, de manière à obtenir une teinte dégradée.

Si le cours d'eau est trop étroit pour être indiqué par deux traits, on le représente par un seul qui va grossissant de la source à l'embouchure. C'est ainsi que sont gravés, en général, au 80,000^e, les ruisseaux de peu d'importance et les torrents. Quant aux ravins ou ravines que l'on rencontre sur les pentes et qui ne sont parcourus que momentanément par les eaux sauvages à la suite de grandes pluies, on verra plus loin le moyen de les reconnaître sur la carte.

Les berges, talus ou escarpements qui encaissent le lit d'un cours d'eau en dehors des traits qui le limitent, sont figurés par de petites hachures perpendiculaires à la rive et d'autant plus serrées que la pente est plus roide. La crête supérieure du talus est indiquée par un trait plus ou moins fort qui en marque exactement la position par rapport à la rive.

Le point où un cours d'eau commence à être navigable est indiqué quelquefois par une ancre; le point
où il commence à être flottable, par une rame; la direction du courant par une flèche, lorsqu'il peut y avoir incertitude sur le sens dans lequel il coule, ce qui arrive
souvent sur les cartes ou plans qui ne représentent qu'une
portion de terrain peu étendue.

Cependant deux cours d'eau se rencontrant généralement sous un angle aigu dont le sommet est dirigé vers
l'embouchure, il est toujours facile de reconnaître le
sens du courant, si l'on considère attentivement les angles sous lesquels les affluents viennent se jeter dans
le cours d'eau principal.

Les canaux navigables se représentent à l'échelle
de $\frac{1}{80000}$ par trois traits parallèles, celui du milieu beaucoup plus fort que les deux autres. Quand la grandeur
de l'échelle le permet, on indique avec la plus grande
exactitude les digues, talus et chemins de halage qui
bordent les canaux, ainsi que les écluses qui séparent
les biefs, les ponts-levis ou ponts tournants (43) sur lesquels on peut les traverser, les gares ou bassins de sta-
tionnement des bateaux (Tableau 2).

Les digues, le long de la mer, des canaux et des
cours d'eau, sont représentées par deux traits fins peu
écartés, entre deux talus indiqués par des hachures
fines (Tableau 2).

Les petits canaux dont la destination est de détourner
les eaux pour les conduire à une usine, à un moulin,
ou pour arroser des terrains desséchés; les rigoles qui
ont pour objet de faire évacuer les eaux stagnantes d'un

marais ou d'un sol inondé, se font d'un seul trait fort.

Les fossés destinés à recueillir les eaux pluviales s'indiquent par un trait de grosseur moyenne.

Les aqueducs sont des canaux plus ou moins larges, construits en pierre ou en briques, et destinés à conduire de l'eau par une pente régulière d'un lieu à un autre. Ils sont tantôt souterrains, tantôt à ciel ouvert, quelquefois supportés par des piliers en arcades pour la traversée des dépressions du sol. On les représente par deux traits rapprochés, en éléments de ligne pour les parties souterraines. On réserve plus particulièrement le nom d'aqueducs aux canaux supportés par des arcades traversant des marais, des vallées, des rivières.

Les puits, fontaines ou sources sont marqués, sur la carte de France à $\frac{1}{80000}$, par un très-petit cercle, souvent accompagné des abrévations P^{ts}, Font^e, S^{ce}.

Représentation des parties marécageuses du sol.

42. Les parties marécageuses du sol sont représentées par des traits filés comme les eaux, parallèlement au côté inférieur du cadre de la carte, mais interrompus de place en place de manière à laisser des vides destinés à recevoir le signe conventionnel qui correspond à la nature du sol environnant. On sème au milieu des clairs quelques herbes figurées par de petites hachures irrégulières.

Les tourbières sont indiquées par de petits rectangles plus ou moins allongés ou autres figures qui simulent les fosses d'où l'on a extrait la tourbe; l'intérieur de ces fosses reçoit un filé parallèle au cadre.

L'espace occupé par les marais salants est divisé, par de gros traits, en rectangles de dimensions diverses.

Moyens de passage des cours d'eau.

43. On traverse les cours d'eau, soit sur des ponts fixes, soit sur des ponts flottants, soit sur des ponts volants, soit enfin en se servant de gués.

Ponts fixes.

Les ponts fixes sont construits en pierre, en bois ou en fer, quelquefois avec ces matériaux combinés. On les établit perpendiculairement à la direction des rives au point de passage; on redresse au besoin ces rives pour les rendre parallèles.

Les piles, massifs de maçonnerie en pierres de taille ou en moellons, quelquefois mélangés de briques, dont les fondations sont plus ou moins profondes, selon la nature du fond du lit, sont destinées à élever suffisamment le pont au-dessus de la surface des eaux pendant les grandes crues. Généralement arrondies en aval, elles forment du côté d'amont un angle aigu que l'on nomme avant-bec ou brise-glace; l'avant-bec sert à rompre le courant et à protéger le pont contre l'effort des glaces et le choc des bateaux.

Les culées sont des massifs de même nature que les piles, mais de forme différente, profondément engagés dans le sol sur chacune des rives et supportant les deux extrémités du pont.

Les arches sont les voûtes qui portent sur les piles et les culées; elles soutiennent le tablier du pont. Le nombre des arches dépend de la largeur du cours d'eau, de la nature et du degré de résistance des matériaux employés et de la hauteur qu'il convient de donner au tablier au-dessus de la surface des grandes eaux.

Le tablier est la partie ordinairement horizontale sur laquelle on traverse le pont. Des parapets à hauteur d'appui en pierre, en fer ou en bois, élevés sur le tablier, de chaque côté du pont, limitent la largeur du passage et servent de garde-fou. Le plus souvent des trottoirs destinés aux piétons règnent le long des parapets et les séparent de la chaussée qui est réservée aux voitures.

La maîtresse arche est celle du milieu d'un pont, quelquefois plus large et plus élevée que les autres. L'arche marinière ou de navigation est celle qui s'élève au-dessus de la partie la plus profonde du lit et sous laquelle les bateaux passent de préférence.

Les ponts en bois sont généralement constitués par un tablier en charpente recouvert de madriers épais. et reposant sur des piles et des culées en maçonnerie.

La portion du tablier comprise entre deux piles consécutives prend le nom de travée. Si le cours d'eau n'est pas navigable, s'il est peu profond et si une seule travée ne suffit pas, on appuie le tablier, vers son milieu, sur des poutres verticales enfoncées sous l'eau à une certaine profondeur, et dont l'ensemble porte le nom de palées.

Les ponts métalliques construits en fonte ou en tôle sont surtout employés pour les passages des cours d'eau par les voies ferrées. Ceux en fonte, adoptés pour franchir des ruisseaux de peu de largeur, dépassent rarement 9 mètres d'ouverture; ceux en tôle atteignent souvent 300 et 400 mètres de développement (V. 50).

Les ponts suspendus sont formés d'un tablier en bois soutenu par des chaînes ou des câbles de fil de fer tendus d'une rive à l'autre; ils se divisent souvent en deux ou trois parties, séparées par des piles en maçonnerie.

Le passage des troupes sur les ponts suspendus exige les plus grandes précautions. Il est interdit aux voitures d'y trotter; l'infanterie rompt le pas en les traversant.

On nomme ponceaux des ponts à ouverture très-petite, construits sur des ruisseaux de peu d'importance. Les passerelles sont des ponts étroits, de construction légère, destinés seulement aux piétons.

Les ponts-levis sont des ponts à supports fixes, formés d'un tablier de charpente d'une portée moyenne de 5 à 6 mètres, qui, au moyen d'un mécanisme particulier, peuvent être relevés verticalement sur une de leurs culées en tournant autour d'un axe horizontal. Ils servent généralement au passage des fossés devant les portes d'une place forte. On les emploie encore pour la traversée d'un canal par une route, afin d'éviter la construction d'un pont fixe qui entraverait la navigation; on les relève pour laisser passer les bateaux.

Les ponts tournants, également en usage sur les canaux, se composent d'un tablier porté par une forte charpente et pouvant, en tournant autour d'un pivot vertical, être ramené à volonté sur la rive.

Ponts à supports flottants.

Les ponts à supports flottants sont rarement employés à l'état permanent pour servir au passage des cours d'eau. Ils constituent un moyen de passage éventuel utilisé par les armées en campagne.

On range dans cette catégorie les ponts de pontons, les ponts de bateaux et les ponts de radeaux.

Le nom de pontons a été donné particulièrement à des espèces de petits bateaux fermés à leur partie supérieure et recouverts entièrement d'une enveloppe métallique qui empêche l'eau de s'y introduire, et les rend par conséquent insubmersibles. Ils ont été remplacés en France par les bateaux dits d'équipage. Ces bateaux, à fond plat, de dimensions uniformes (longueur, 9 à 10^m; largeur, 1^m,80 environ), servent à la construction des ponts militaires appelés ponts de bateaux d'équipage ou ponts de pontons. Ils ressemblent exactement aux barques de nos rivières.

Ces bateaux ou pontons, placés parallèlement aux rives, à une certaine distance l'un de l'autre, et solidement amarrés, sont reliés ensemble par un tablier formé de poutrelles recouvertes de madriers.

Lorsqu'on n'a pas à sa disposition un équipage de ponts, on remplace les bateaux dits d'équipage par des bateaux du commerce, ayant des formes et des dimensions diverses. Les ponts ainsi composés portent plus spécialement le nom de ponts de bateaux.

Enfin on substitue quelquefois, aux bateaux, des radeaux formés de troncs d'arbres, ou de tonneaux réunis par des poutrelles, etc.

Ponts volants.

On entend en général, par pont volant, un bateau ou un assemblage de deux ou plusieurs bateaux réunis par un tablier, ou bien encore un simple radeau que l'on amarre à une ancre fixée en amont dans le lit du cours d'eau au moyen d'un câble soutenu par des corps flottants. Dès que l'axe du système a reçu une inclinaison convenable par rapport au courant, à l'aide d'un gouvernail, le pont volant se meut de lui-même d'une rive à l'autre en décrivant un arc de cercle. On établit des culées en charpente aux points de départ et d'arrivée, pour que les passagers puissent passer facilement de la rive sur le pont volant et réciproquement.

Les trailles sont des espèces de ponts volants retenus par un câble qui, au lieu d'être fixé à une ancre, est muni, à son extrémité, d'une poulie roulant sur un second câble tendu d'une rive à l'autre et assez élevé pour ne pas entraver la navigation.

Les bacs dérivent des ponts volants et des trailles en ce que, comme eux, ils n'offrent pas une communication continue entre les deux rives du cours d'eau. Ce sont de grands bateaux plats que l'on fait mouvoir en prenant un point d'appui et en tirant sur un câble tendu d'une rive à l'autre. On utilise le courant de la rivière pour faciliter la translation, en donnant une certaine inclinaison à la face latérale du bac.

Les bacs à traille sont des bacs organisés à la façon des

trailles décrites ci-dessus et marchant par la seule pres-
sion du courant sur une de leurs faces latérales. Les
ponts volants, trailles ou bacs peuvent être employés au
passage des hommes, des chevaux, des bestiaux et même
des voitures, suivant leur capacité.

Gués.

Les gués offrent le moyen le plus simple pour franchir
un cours d'eau. On appelle gué tout endroit d'un fleuve,
d'une rivière, où le fond est assez ferme et l'eau assez
basse pour qu'on puisse les traverser sans danger à
pied, à cheval ou en voiture.

La profondeur d'un gué ne doit pas être supérieure à
1 mètre pour l'infanterie, à $1^m,30$ pour la cavalerie et à
70 centimètres pour les voitures d'artillerie.

Le tableau n° 1 représente les signes conventionnels
employés à différentes échelles pour indiquer sur les
cartes les moyens de passage des cours d'eau.

Voies de communication.

44. Les cours d'eau navigables peuvent être considérés comme des voies de communication naturelles, et
les canaux comme des voies de communication artificielles; mais on comprend plus généralement, sous le
nom de voies de communication, les routes de terre, les
chemins ordinaires et les chemins de fer.

Routes.

45. Les routes nationales ou de premier ordre font
communiquer sans interruption la capitale avec la frontière et au delà de la frontière avec les principales villes

des Etats voisins. Elles vont aussi de la capitale à un chef-lieu de département et d'un chef-lieu à un autre.

Elles étaient anciennement divisées en trois classes, maintenant elles n'en forment plus qu'une. Elles sont entretenues aux frais de l'Etat et portent un numéro d'ordre qui appartient à une seule série générale pour toute la France. Ce numéro est souvent inscrit sur les bornes kilométriques ; on l'écrit également sur les cartes à côté du signe qui représente la route.

Les routes nationales ont une largeur qui varie entre 12 et 20 mètres. La partie médiane, appelée chaussée, est quelquefois pavée, mais le plus ordinairement empierrée ou macadamisée ; elle est assez large pour donner passage à deux voitures de front. Les accotements sont les portions de la route comprises entre la chaussée et les fossés ; ils sont moins bien entretenus que la chaussée. Entre les accotements et les fossés règne ordinairement tout le long de la route un petit chemin nommé banquette ou plus communément trottoir, élevé de 15 à 20 centimètres au-dessus de la voie où passent les voitures, et servant aux piétons. Les banquettes sont traversées de distance en distance par des petites rigoles destinées à faciliter l'écoulement dans les fossés des eaux pluviales.

On représente les routes nationales par deux traits, dont un plus fort que l'autre. Quand la chaussée est pavée, ce qui existe généralement dans la traversée des villes et des villages importants, on trace entre ces deux traits un troisième trait en éléments de ligne. Quand la chaussée est empierrée, ce troisième trait est pointillé.

Cette distinction, à laquelle on s'astreint pour les échelles à $\frac{1}{40000}$ et à $\frac{1}{20000}$, n'existe pas sur le 80000ᵉ de la carte de France ; elle paraît d'ailleurs tombée en désuétude.

. Les routes départementales ou de deuxième ordre font communiquer le chef-lieu avec les villes principales du même département ou d'un département voisin. Elles ont de 8 à 10 mètres de largeur ; leur entretien est à la charge du département. On les indique par deux traits fins égaux. Elles portent comme les routes nationales un numéro d'ordre, qui sert à les désigner et qui dans chaque département appartient à une série particulière.

Chemins.

46. Le nom de chemins s'applique aux voies de communication d'une largeur inférieure à celle des routes.

Les chemins vicinaux de grande communication sont ceux dont l'utilité s'étend à plusieurs communes. Ils sont à la charge des communes dont ils traversent le territoire, et quelquefois subventionnés par le département. Leur largeur varie de 6 à 8 mètres. On les représente, comme les routes départementales, par deux traits fins, mais plus rapprochés. Ils ont également un numéro d'ordre dans le département.

Les chemins placés au-dessous de cette catégorie, et que l'on désigne sous les noms de chemins de moyenne ou de petite communication, de moyenne ou de petite vicinalité, ou d'intérêt commun, sont indiqués par deux traits, dont l'un est en éléments de lignes, mais seulement lorsqu'ils sont viables sur tout leur parcours, lorsqu'ils sont entretenus et qu'ils présentent une largeur suffisante pour le passage de deux voitures. S'ils ne remplissent pas ces conditions, on les range dans la catégorie suivante.

Les chemins d'exploitation ou chemins ruraux, ordinairement tracés en terrain naturel, qui ne sont l'objet d'aucun entretien et qui servent seulement aux travaux agricoles, sont indiqués aux échelles de $\frac{1}{10000}$ et $\frac{1}{20000}$ par deux traits ponctués, à $\frac{1}{40000}$ et à $\frac{1}{80000}$ par un seul trait fort, ainsi que les chemins muletiers et les sentiers importants dans les pays montagneux (Tableaux 1, 2, 3).

Sur les cartes à grande échelle, les sentiers sont représentés par des éléments de ligne très-petits et très-rapprochés. Sur celles à petite échelle, on ne les indique que dans les pays de montagne dénués de voies de communication et où le moindre passage peut avoir une grande importance sous le rapport militaire.

Les cartes dont l'échelle est égale ou supérieure à $\frac{1}{20000}$ représentent toujours les voies de communication avec leurs largeurs réelles exactement réduites. Lorsque l'échelle est inférieure à $\frac{1}{20000}$, la convention fixe l'intervalle compris entre les deux traits qui limitent la route ou le chemin.

Les vestiges encore apparents d'anciennes voies se représentent par deux traits en éléments de ligne.

Les chemins de charroi sont ceux qui sont praticables aux voitures; les chemins charretiers ceux par lesquels peuvent passer les charrettes employées par l'agriculture.

Les chemins de traverse abrègent la longueur d'une route dans certaines parties.

Les chemins de terre sont créés par l'usage à travers les cultures.

Les chemins ferrés sont ceux dont le sol est de roche vive ou qui sont, soit pavés d'une pierre très-dure, soit formés d'un cailloutis résistant.

Perré est un mot ancien qui s'applique aux chemins empierrés.

Les avenues sont des chemins en ligne droite bordés d'arbres formant des allées simples ou doubles et qui conduisent à une habitation importante située à quelque distance d'une route.

Les arbres qui bordent les voies de communication sont indiqués par des points placés extérieurement vis-à-vis les uns des autres, si la route est à deux traits; alternés, si c'est un chemin à un seul trait.

Les bornes kilométriques qui s'élèvent le long des routes sont représentées par le chiffre qui indique leur distance en kilomètres du point de départ. Ce chiffre est souligné. Cette règle, appliquée dans l'origine au 80000ᵉ, est tombée en désuétude.

Les signes conventionnels relatifs aux communications sont figurés Tableaux 1, 2, 3.

Routes en déblai, en remblai, en revers, en corniche ; chemins creux, chemins haussés.

47. On est parfois dans la nécessité, afin de conserver aux routes une pente uniforme accessible aux charrois de toutes sortes, et pour éviter des détours inutiles, de creuser la voie en déblai au-dessous du sol environnant. Dans ce cas, les talus qui s'élèvent de chaque côté sont

indiqués par de petites hachures qui partent de la crête supérieure de l'escarpement et s'arrêtent en s'amincissant au trait qui limite la route de chaque côté. Les chemins encaissés se font de la même manière. Si au contraire la route est élevée au-dessus du terrain environnant, ce qui arrive lorsqu'elle traverse une dépression du sol ou des marécages, elle est dite alors « en levée, en chaussée» ou « en remblai», et les talus qui la soutiennent à droite et à gauche sont marqués par de petites hachures qui partent du bord de la route et vont en s'amincissant vers l'extérieur.

Il est de règle générale de représenter de cette manière les talus ou petits escarpements de toute nature, en ayant soin d'en marquer la crête supérieure par un trait fort, mais irrégulier, si elle n'est pas en ligne droite. Les hachures vont toujours en diminuant de la crête à la base, qui reste vague et indécise. On peut ainsi reconnaître facilement le sens de la pente.

Les routes qui s'élèvent le long des pentes rapides sont construites en remblai d'un côté, en déblai de l'autre ; on les nomme « routes en revers ». On appelle « route en corniche » une route établie sur le flanc des montagnes, à la partie supérieure des escarpements qui forment les berges de la vallée, là où commencent les pentes plus douces qui s'élèvent jusqu'au sommet. Les routes en corniche se trouvent exactement placées sur ce qu'on appelle la « crête militaire », expression que nous aurons l'occasion d'expliquer plus loin (142).

Les chemins creux ou encaissés sont des chemins en déblai ; les chemins haussés, des chemins en remblai.

Carrefour, patte d'oie, étoile, rond-point.

48. On appelle carrefour le point où se croisent deux
voies de communication. L'endroit où un chemin se divise en plusieurs branches qui se détachent dans des
directions divergentes, se nomme patte d'oie. Dans les
forêts, le point de concours de plusieurs chemins qui
rayonnent dans toutes les directions, prend le nom
d'étoile. Si l'on a ménagé à ce point de concours un grand
espace circulaire sans arbres, l'étoile devient un rond-
point.

Chemins de fer.

49. De toutes les voies de communication, les chemins de fer sont certainement celles qui ont le plus
d'importance à la guerre, non-seulement à cause de la
rapidité avec laquelle elles peuvent transporter les
troupes et le matériel, mais aussi parce qu'elles constituent de véritables lignes d'opérations généralement plus
courtes que les voies de terre et qui, sans presque cesser
d'être horizontales, traversent les montagnes au moyen
de tunnels et franchissent les vallées sur des viaducs.
Aussi les indique-t-on avec soin sur toutes les cartes,
quelle que soit leur échelle.

Sur les cartes topographiques à une échelle plus
grande que $\frac{1}{20000}$, on les représente par deux traits fins
parallèles séparés par un intervalle égal à leur largeur
réduite. Cet intervalle est rempli de petits traits perpendiculaires à la direction de la voie.

Aux échelles plus petites que le $\frac{1}{20000}$, les chemins de
fer sont indiqués par un trait fort plus gros que tous les

autres traits de la planimétrie, afin d'attirer immédiatement les regards.

Tous les détails de la voie, gares, embarcadères, stations, déblais, remblais, tunnels, viaducs, ponts, passages en dessus, en dessous, à niveau, sont figurés sur la carte à $\frac{1}{80000}$ avec la plus grande exactitude, conformément aux signes conventionnels du tableau n° 2.

Ces détails sont d'un grand intérêt à la guerre, car ils fixent les points où la voie est abordable de plain-pied, ceux qu'il importe le plus d'occuper pour la défense, enfin les endroits où l'on peut facilement l'encombrer, la rendre impraticable ou même la détruire en la coupant.

Le trait qui représente la voie est toujours interrompu quand elle passe sous un pont; lorsqu'elle traverse en souterrain une protubérance du sol, on la trace en éléments de ligne de la même grosseur que le trait principal. Si la voie est supportée par un pont ou un viaduc de quelque longueur que ce soit, elle est bordée d'un trait fin qui se termine aux deux extrémités par un petit crochet.

On réduit souvent à un trait fin le gros trait employé pour représenter une voie ferrée, afin de ne pas couvrir des écritures importantes. Ce cas se présente fréquemment lorsqu'on ajoute à une carte déjà établie un chemin de fer de construction récente. Le trait fin dont on peut suivre la direction sous les écritures permet de reconstituer par la pensée le gros trait qui figure la voie.

Définitions relatives aux voies ferrées.

50. On trouvera ci-après quelques définitions qu'il im-

porte de connaître, si l'on est appelé à faire la reconnaissance d'un chemin de fer :

Voie, espace compris entre les deux rails sur lesquels circulent les voitures et wagons.

En France, et dans la plupart des états de l'Europe, la largeur de la voie entre les axes des rails est de 1^m50 ou $1^m,51$.

En Russie, la voie est de $1^m,62$; en Espagne, de $1^m,70$.

Pour les chemins de fer à deux voies, la largeur de l'entrevoie est de $1^m,80$ à $2^m,20$.

Ballast, couche de matériaux perméables d'une certaine épaisseur, qui recouvre la chaussée d'une voie ferrée et qui est destinée à la protéger contre les détériorations produites par les trépidations du sol au passage des trains.

Station, point d'une ligne ferrée où s'arrêtent les trains pour prendre ou déposer des voyageurs.

Embarcadère, débarcadère, stations de départ et d'arrivée des voyageurs.

Gare, ensemble des bâtiments servant de bureaux, de salles d'attente, de magasins, d'ateliers ou de remises, qu'on élève, soit aux deux extrémités d'une ligne, soit autour d'une station importante où des lignes secondaires s'embranchent à la ligne principale.

Gares de rebroussement; ce sont ordinairement des gares têtes de ligne, où l'entrée et la sortie des trains ont lieu par la même issue, ce qui nécessite une manœuvre longue et compliquée pour faire passer les machines et les wagons d'une voie sur l'autre.

Gare d'évitement, portion de voie supplémentaire pratiquée de distance en distance sur les chemins de fer à une seule voie, pour permettre le croisement de deux trains marchant en sens différent.

Voie de garage, conduisant aux remises, aux ateliers, aux hangars couverts.

Changement de voie, sert à faire passer, au moyen des aiguilles, des wagons d'une voie à une autre.

Plaque tournante, disque mobile tournant sur une fosse circulaire, a la même destination que le changement de voie.

Croisement de voies, deux voies qui se traversent.

Tranchée, portion de voie ferrée plus basse que le sol environnant. On la nomme aussi déblai.

Remblai, portion de voie ferrée plus haute que le sol environnant.

Ouvrage d'art, s'entend d'un pont, d'un viaduc, d'un tunnel.

Rampe, inclinaison d'une voie en montant (121).

Pente, inclinaison d'une voie en descendant.

Palier, partie horizontale de la voie.

Ponts droits, ponts perpendiculaires à la direction d'une route ou d'un cours d'eau traversés en dessus par une voie ferrée, ou d'une route passant au-dessous de la voie.

Ponts biais, obliques à cette direction.

Passage, en dessus, en dessous, à niveau, se dit d'une route ou d'un chemin qui traverse une ligne ferrée au-dessus, au-dessous ou au niveau de la voie. Près d'un passage à niveau, il y a toujours une maison de garde.

Pont tubulaire, espèce de tube creux rectangulaire reposant sur des culées et des piles, et à l'intérieur duquel passent les trains comme dans un tunnel suspendu.

Ponts à treillis, ponts à tablier métallique avec treillis formant parapet des deux côtés.

Courbes, portions de la voie formant un arc de cercle. Elles doivent avoir au moins 300 mètres de rayon.

Des lieux habités et constructions de toute nature.

51. On comprend en topographie, sous le nom de lieux habités, toutes les constructions qui s'élèvent sur la surface du sol et qui sont destinées à abriter les hommes, les animaux et les objets matériels.

Les lieux habités sont, ou bien de simples maisons isolées, comme celles que l'on rencontre en pleine campagne, et qui servent d'habitation au paysan qui exploite le sol, ou bien ils sont constitués par une agglomération plus ou moins compacte de maisons réunies sur un même point pour la facilité des relations sociales. Ces agglomérations portent, suivant leur importance, les noms de hameaux, villages, bourgs ou villes.

Définitions relatives aux diverses constructions.

52. Bâtiment se dit de toutes les constructions composées d'une ou de plusieurs espèces de matériaux, pierres de taille, moellons ou briques, et plus particulièrement de celles qui sont destinées à l'habitation.

Les bâtiments d'exploitation sont des fermes, des granges, des étables.

Les hôtels de ville, théâtres, églises, hôpitaux, halles, sont des bâtiments publics; les casernes, magasins, poudrières, manutentions, des bâtiments militaires. Les bâtiments civils sont ceux qui servent de demeure à des fonctionnaires de l'ordre civil ou religieux.

Les bâtiments sont réguliers ou irréguliers, suivant qu'ils sont ou non symétriques par rapport à un axe; isolés quand ils sont entourés de cours, de jardins, de rues; adossés, lorsqu'ils s'appuient sur des bâtiments voisins.

On appelle avant-corps une construction en saillie sur la façade d'un bâtiment; arrière-corps, la partie d'une façade qui se trouve en arrière de l'alignement général. L'avant-cour est un espace libre qui précède la cour principale d'un grand bâtiment; l'arrière-cour une petite cour pratiquée dans l'intérieur d'un bâtiment pour éclairer les pièces qui ne peuvent tirer le jour du dehors.

Les constructions, de quelque nature qu'elles soient, sont élevées sur des fondations dont la profondeur varie suivant la nature du terrain. Ces fondations se prolongent verticalement à l'extérieur par des murs. Les gros murs d'un bâtiment sont ceux qui en forment l'enceinte et qui supportent la toiture. On nomme mur de face celui qui forme la façade; murs latéraux, ceux qui s'élèvent sur les côtés; murs de refend, ceux qui divisent le bâtiment à l'intérieur; murs de pignon, des murs latéraux qui s'élèvent jusqu'au faîte du toit; murs mitoyens, ceux qui séparent deux propriétés contiguës; murs d'appui, ceux qui n'ont qu'un mètre environ de hauteur. Un bâtiment dont un mur de refend suit la ligne de faîte du toit est dit double en profondeur, sinon il est simple·en profondeur.

Les appentis sont des constructions en forme de hangar appuyées contre un bâtiment plus élevé et dont le toit a une seule pente.

Dans les pays où la pierre manque, on construit les murs, soit en mortier remplissant les vides laissés par une légère charpente, soit en pisé, mélange de terre argileuse et de paille hachée qui sèche assez rapidement à l'air.

Les toits qui terminent la partie supérieure d'un bâtiment sont formés de bois de charpente recouverts de tuiles, d'ardoises ou de chaume.

Les baraques sont des bâtiments de petites dimensions construits en planches légères et n'ayant qu'un rez-de-chaussée.

Habitations isolées.

53. Les maisons isolées, quelles que soient leurs dimensions, sont toujours représentées sur les cartes à $\frac{1}{20000}$ et au-dessus, par une figure polygonale de forme variable dont l'intérieur est couvert de hachures obliques au cadre du dessin (ces hachures portent le nom de grisé). Sur les cartes à plus petite échelle, elles sont indiquées par un très-petit rectangle rempli de noir. Celles qui ont une destination particulière comme les châteaux, les fermes, les moulins à eau, les usines, scieries, tuileries, verreries, chapelles, ermitages, etc., se distinguent par un signe variable que l'on trouvera indiqué dans les tableaux de signes conventionnels. (Tableaux 1, 2, 3.)

Hameau.

54. Le hameau est une réunion d'habitations plus ou moins éloignée du chef-lieu de la commune dont il dépend; ordinairement il n'a pas d'église et n'est guère habité que par des cultivateurs.

Village, écart.

55. Le village suppose un plus grand nombre de maisons que le hameau; c'est le centre administratif de la commune; il possède une église paroissiale et on y trouve, outre les cultivateurs, des artisans en fer ou en bois. L'écart est un groupe de plusieurs maisons situées à une petite distance du village dont elles font partie; il porte quelquefois un nom particulier.

Bourg, bourgade.

56. Le bourg est un grand village où se tiennent les marchés, où se font les transactions commerciales. Il est souvent chef-lieu d'une circonscription territoriale qui comprend un certain nombre de communes et que l'on nomme canton. Le bourg est quelquefois l'agglomération principale d'une commune qui comprend un grand nombre de hameaux et d'écarts.

Une bourgade est un petit bourg dont les maisons sont disséminées sur un grand espace.

Ville.

57. Enfin la ville forme un centre de population plus

considérable, une agglomération d'habitations plus compacte que le bourg ou le village. Les maisons y sont
disposées plus régulièrement le long des rues, et la surface de terrain qu'elles occupent dans leur ensemble est
mieux circonscrite. On y trouve des artisans de toute
espèce, tous les genres de commerce et quelques genres
d'industrie.

Mode de représentation des lieux habités.

58. Les villages, ainsi que les hameaux qui en dépendent ont assez souvent leurs habitations réparties le
long d'un ou de plusieurs chemins ou sur le bord d'un
ruisseau. Les maisons, sans contiguïté, sont séparées par
des cours, des jardins, des vergers, des champs cultivés
même. Quelquefois elles sont disposées de chaque côté
d'une route ou d'un chemin, serrées les unes contre les
autres et formant une véritable rue, ou bien elles se
trouvent toutes réunies autour d'une place centrale où
s'élève ordinairement l'église.

Dans tous les cas, les maisons qui composent le village ou le hameau sont représentées comme des maisons
isolées, c'est-à-dire par de petits rectangles noirs juxtaposés ou séparés de manière que leur ensemble ait sur
le papier la même disposition que sur le terrain.

Lorsque les agglomérations d'habitations deviennent
plus considérables, comme dans les bourgs ou dans les
villes, lorsqu'elles forment de véritables massifs de
maisons accolées les unes aux autres sans discontinuité
et que ces massifs ou îlots sont nettement séparés par
des rues, on cesse alors de représenter chaque maison en

particulier. Les limites de chaque massif sont indiquées par un trait fin, et on fait un grisé dans l'espace qu'elles circonscrivent (53). Ce grisé couvre également les cours intérieures des habitations et les jardins de petites dimensions.

Cependant, à mesure que l'échelle augmente et que les détails peuvent trouver place sur le plan, on ne représente plus par un grisé que les parties du sol où s'élèvent des constructions; on laisse les cours en blanc et on indique par le signe conventionnel qui leur est propre les jardins, les bosquets, les vergers, etc.

Pour faire ressortir les massifs de constructions il est d'usage de grossir le trait qui les limite du côté opposé à la lumière qu'on suppose venir du nord-ouest.

Les édifices publics d'une ville devant toujours se distinguer au milieu des autres constructions, on les indique en remplissant d'une teinte noire la surface qu'ils occupent sur le plan.

A l'échelle de $\frac{1}{80000}$, les églises sont toujours marquées par un très-petit cercle dont le centre indique l'emplacement du clocher.

Les faubourgs d'une ville sont représentés comme les villages.

Diverses appellations appliquées en France à certaines habitations isolées.

59. On trouve sur les feuilles de la carte de France à $\frac{1}{80000}$ des habitations isolées auxquelles sont appliquées diverses dénominations, suivant le pays où elles sont situées et la destination qui leur est affectée.

Les châteaux, églises, temples, chapelles, briqueteries, tuileries, fabriques, usines, manufactures, fonderies, forges, scieries, moulins à vent et à eau, sont assez connus pour ne pas avoir besoin d'être définis.

Les santons sont de petites chapelles.

Les mosquées (cartes de l'Algérie) sont des temples consacrés au culte mahométan. Contre la mosquée s'élève ordinairement un minaret, espèce de tour du haut de laquelle on appelle les musulmans à la prière. Les marabouts sont des tombeaux de chefs arabes ou de prêtres vénérés de la religion musulmane.

Ferme se dit de l'ensemble d'une exploitation agricole, comprenant les terres de culture et les bâtiments de toute espèce qui s'élèvent sur le sol,

Le nom de métairie s'applique souvent à une petite ferme pour laquelle le fermier paie au propriétaire une redevance annuelle en nature ou en argent.

Les bastides sont des maisons de campagne; les mas, des maisons de paysans ; les bordes ou borderies, censes, closeries, cours, locatures, locateries, des espèces de fermes ou de métairies ; les cortals, des dépendances de métairies ; les cayolars, les burons, les haberts, les orry, les jasses, des espèces de chalets où l'on fait les fromages ou qui servent d'abri aux troupeaux.

Ker est un mot breton qui signifie habitation; il sert de préfixe en Bretagne à un grand nombre de localités habitées, villages, hameaux, maisons isolées

Villes ouvertes, fermées, fortifiées.

60. Les villes sont dites ouvertes quand on peut communiquer librement de l'intérieur à l'extérieur par

tous les points de leur enceinte; fermées, quand elles sont entourées d'un simple mur ouvert seulement pour donner passage aux routes qui les traversent; fortifiées quand elles sont entourées d'une enceinte continue de fortifications. Dans ce dernier cas on les nomme places fortes.

Ouvrages de fortification, lignes de retranchements, forts, redoutes,
batteries.

61. L'enceinte continue d'une place forte est ordinairement bastionnée, c'est-à-dire formée de bastions réunis par des courtines. On appelle extérieurs les ouvrages de défense élevés en dehors de l'enceinte continue, mais assez rapprochés de celle-ci pour qu'elle exerce sur eux une protection immédiate. Les ouvrages détachés occupent à quelque distance de la place des points élevés ou des passages importants dont il est nécessaire d'empêcher l'ennemi de se rendre maître.

On distingue en fortification deux espèces d'ouvrages, ceux de fortification permanente que l'on élève pour la défense des places et ceux de fortification passagère que l'on construit éventuellement, en pleine campagne, pour servir de points d'appui ou de résistance à une troupe, ou sur les bords d'un cours d'eau pour défendre un passage important. On appelle encore ces derniers, ouvrages de campagne ou simplement retranchements.

Quel que soit leur but, les ouvrages de fortification sont constitués par un rempart en avant duquel est creusé un fossé. Seulement, dans les ouvrages permanents, l'escarpe ou talus qui soutient le rempart du côté du fossé, est construit en maçonnerie, tandis que le même talus dans les ouvrages de campagne est simplement gazonné.

Toutes les lignes qui composent les ouvrages de fortification sont indiquées sur un plan par des traits fins, excepté le mur d'escarpe des ouvrages permanents et la ligne de feu des ouvrages de campagne que l'on représente par un gros trait. La ligne de feu est la ligne la plus élevée d'un ouvrage, celle sur laquelle les hommes d'infanterie appuient leurs fusils pour tirer dans la campagne.

On entend par ouvrages fermés ceux qui sont constitués par un rempart et un fossé qui entourent de toutes parts l'espace qu'une troupe doit occuper et défendre. Tels sont les forts, les redoutes, les blockhaus. Les ouvrages ouverts sont ceux qui n'ont pas de rempart du côté opposé à l'ennemi, comme les lunettes, les redans, les batteries.

Un fort est un ouvrage en terre ou en maçonnerie, dont les angles saillants et rentrants sont combinés de telle sorte, qu'il puisse se défendre par lui-même et couvrir de feux tout le terrain environnant. Les fortins sont de petits forts.

Les redoutes forment ordinairement un quadrilatère plus ou moins régulier, n'offrant que des angles saillants et qu'il est par conséquent nécessaire de flanquer au moyen d'autres ouvrages.

Les blockhaus, employés anciennement en Algérie, ont la forme d'une maison dont les murs sont construits avec de fortes pièces de bois et percés de créneaux. Ils peuvent servir de réduit défensif à un petit nombre d'hommes occupant un point important du terrain, mais ils ne résistent pas à l'artillerie.

Les redans sont formés de deux faces se rencontrant sous un angle dont le saillant est dirigé vers l'ennemi. Si les faces du redan sont repliées vers l'intérieur, l'ouvrage devient une lunette.

Un simple épaulement ou massif de terre qu'on élève devant des pièces d'artillerie pour les abriter contre les projectiles ennemis, constitue une batterie. On emploie surtout ces sortes d'ouvrages pour l'attaque des places et la défense des côtes.

Les lignes de retranchements ou lignes défensives sont des ouvrages de fortification passagère construits sur une ligne étendue pour couvrir le front d'une armée occupant une position défensive. Elles sont continues lorsqu'elles se développent sans interruption d'une extrémité à l'autre du front; à intervalles, quand elles sont formées d'ouvrages isolés les uns des autres.

Les tranchées-abris sont également des lignes défensives, mais de moindre importance, que l'on construit rapidement et irrégulièrement en avant des troupes disposées pour le combat, afin de les abriter contre le feu de l'ennemi. Elles sont constituées par un simple fossé peu profond dont on rejette les terres du côté opposé à la position qu'on occupe.

Objets divers, phares, sémaphores.

62. On peut encore classer les objets suivants parmi ceux de la troisième catégorie que représente la planimétrie d'une carte : les murs de clôture de propriété que

l'on indique par un trait fort; les cimetières qui sont figurés par le mur qui les limite et dont l'espace intérieur est semé de petites croix; les ruines, indiquées par de petits traits forts simulant des vestiges de murs; les anciennes tours de télégraphe, les phares, les sémaphores qui ont un signe conventionnel particulier. (Planches 1, 2, 3).

Les phares sont des tours plus ou moins élevées, construites, soit sur des points dangereux des côtes, soit à l'entrée des ports, et sur lesquelles on allume de grands fanaux destinés à guider les vaisseaux pendant la nuit et à leur indiquer la route qu'ils doivent suivre. Ces fanaux, qu'on nomme aussi feux, sont de trois espèces différentes : 1º les feux fixes; 2º les feux à éclipses; 3º les feux variés par des éclats précédés ou suivis de courtes éclipses.

Les sémaphores sont des télégraphes aériens ou électriques dont les stations sont établies le long des côtes et qui servent à signaler à un point de l'intérieur, ou à un autre point de la côte, les navires qui passent au large, ceux qui croisent en vue des côtes, ou les changements brusques de temps qui pourraient compromettre la navigation.

Détails concernant la constitution particulière du sol.

63. Le sol est la partie superficielle de la terre. Considéré par rapport à sa nature, il est pierreux, sablonneux ou argileux, et présente plus ou moins de difficultés à la marche et au campement des troupes. Considéré relativement aux ressources qu'il offre pour l'alimentation

et la satisfaction de quelques autres besoins primitifs, le sol est productif ou improductif.

Le sol productif est celui qui, naturellement ou artificiellement, produit des choses nécessaires à la vie ou utilisées par les diverses industries. A ce titre, il est peu de parties du sol qui ne soient productives ; mais on applique surtout cette qualification à celles qui sont l'objet particulier des soins de l'agriculture. Telles sont les terres labourables, quelque produit qu'on en retire, les prairies, les vignes et les bois.

Terres labourables.

64. Les terres labourables sont celles qui sont propres à être labourées. Les prairies naturelles et quelques autres espèces de terrains sont labourables, mais non labourées. Les prairies artificielles sont considérées comme terres labourées, de même que les terres en jachère.

Sur les cartes gravées on n'applique aucun signe conventionnel aux terres labourées ; l'espace qu'elles occupent sur le papier reste blanc.

Vignes, près, vergers.

65. Les vignes sont représentées par des points très-rapprochés disposés sur des lignes parallèles formant des groupes diversement inclinés ; les prés, par des éléments de lignes parallèles et très-serrés ; les vergers, par des points de grosseur moyenne disposés en quinconce.

Définitions relatives aux prairies, pâturages, etc.

66. On comprend généralement par le mot prairie toute portion du sol produisant des plantes fourragères

destinées à la nourriture du bétail ; un pré n'est qu'une prairie de petites dimensions. Cependant en topographie le mot pré a prévalu pour désigner toute espèce de prairies, quelles qu'en soient les dimensions.

Les prairies situées sur des pentes fournissent une foin moins abondant et de moins bonne qualité que celles qui sont en plaine ou dans de légères dépressions du sol sur un terrain frais sans être humide. Les prairies situées sur des terrains imperméables à l'eau donnent un foin de mauvaise qualité mêlé de roseaux et de joncs.

Les pâturages, pacages ou herbages sont des prairies naturelles où les bestiaux s'alimentent en plein air et qui ne sont jamais fauchées.

Terrains boisés et définitions qui s'y rapportent.

67. Les parties boisées du sol sont indiquées par de très-petits cercles de rayons différents, plus ou moins rapprochés les uns des autres et formant des groupes de dimensions variées, de manière à imiter le feuillage des arbres. L'intérieur de ces petits cercles est légèrement grisé par des traits parallèles au cadre.

Lorsque les surfaces boisées occupent une étendue considérable elles prennent le nom de forêts.

On appelle bouquet de bois, boqueteau, un bois de très-petites dimensions.

Les futaies sont des parties de forêts ou de bois formées d'arbres de grandes dimensions, dont les troncs sont assez éloignés les uns des autres, mais dont les branches se rapprochent et s'entrelacent.

Les taillis sont des bois que l'on coupe ordinairement assez jeunes et qui se distinguent des futaies en ce qu'on les laisse repousser de leurs souches.

Un taillis de peu d'étendue, planté dans la campagne pour servir de retraite au menu gibier, se nomme remise.

Les taillis sous futaie sont composés de taillis dans lesquels on réserve de place en place des arbres de haute futaie.

Les hautes futaies sont praticables à l'infanterie, à la cavalerie et même quelquefois à l'artillerie.

Les taillis ne sont praticables qu'à l'infanterie.

Les hautes futaies sont généralement formées des essences forestières suivantes : bouleau, chêne, hêtre, orme, pin, sapin, mélèze, charme, frêne, merisier, aune, châtaignier. On emploie principalement pour les taillis, l'aubépine, le bouleau, le chêne, le peuplier-tremble, les poiriers, pommiers et prunelliers sauvages, les aliziers, bourdaines, chênes verts, cornouillers, érables, fusains, houx, noisetiers, peupliers blancs, tilleuls, etc.., suivant la nature du sol.

On nomme arbres à feuilles persistantes, ceux qui conservent leur feuillage vert toute l'année, comme les pins, les sapins, les cèdres, les mélèzes. Les arbres à feuilles caduques sont ceux qui se dépouillent à l'entrée de l'hiver.

Un fourré est la partie d'un bois où les arbres et les arbustes sont tellement serrés les uns contre les autres que les hommes isolés ont de la peine à y pénétrer. Les clairières sont les parties complétement dégarnies d'arbres.

Éclaircie se dit de portions plus ou moins grandes d'un bois, futaie ou taillis, où les arbres sont plus clair-semés qu'ailleurs, qui sont moins touffues, et qui, par conséquent, n'offrent à la vue qu'un obstacle insignifiant.

La lisière d'un bois est la partie qui le termine, qui le sépare de la campagne découverte.

Outre les routes et chemins ordinaires qui traversent les bois et les forêts, on y trouve de longues percées en ligne droite établies dans le but de faciliter l'exploitation. Ces percées, que l'on nomme *laies*, sont représentées par deux traits fins comme les chemins de grande communication.

On dit qu'un bois est aménagé lorsqu'il est divisé en parties égales ou à peu près égales, destinées à être successivement mises en coupe à des époques déterminées et régulières.

Dans un bois aménagé on trouve par conséquent des parties de tous les âges, jusqu'à la limite supérieure adoptée selon les essences des arbres et le parti qu'on veut en tirer.

Les taillis s'aménagent aussi bien que les bois.

Les forêts et les bois de l'Etat sont soumis à des aménagements réglés par des ordonnances.

Les châtaigneraies, bois de châtaigniers; les sapinières, bois de sapins; les saussayes, les oseraies, lieux plantés de saules ou d'osiers, et les bosquets plantés d'arbres d'agrément, s'indiquent comme les bois ordinaires.

Jardins, parcs.

68. Les espaces clos occupés par des jardins autour des habitations sont divisés en petits carrés ou en rectangles limités par des traits fins et séparés par des allées bordées de points pour figurer des arbres.

Les parcs comprennent généralement des parties boisées ou bosquets, des prés ou pelouses, et des jardins, que l'on figure par le signe conventionnel propre à chacune de ces cultures.

Arbres en ligne, arbres isolés.

69. Les cartes topographiques indiquent par des points les lignes d'arbres qui bordent les routes, les chemins, les cours d'eau, les canaux.

Les plantations d'arbres en quinconce ou en pépinière sont également représentées par des lignes de points parallèles couvrant toute la surface occupée.

Des arbres isolés au milieu de larges espaces découverts sont indiqués quelquefois, surtout quand ils ont servi de point géodésique (82). Dans ce cas on les représente par un point occupant le milieu d'un triangle. On trouve souvent sur la carte de France à $\frac{1}{80000}$ ce triangle accompagné de l'abréviation : arb. sig^é, qui veut dire arbre signalé.

Les arbres isolés indiqués sur les cartes servent avec avantage à l'orientation (158) dans les pays très-découverts.

Quelques cartes topographiques allemandes représentent les arbres isolés par une certaine figure à côté de laquelle on trouve le mot *Linde* (tilleul), le mot *Eiche* (chêne), ou tout autre nom d'arbre.

Terrains incultes.

70. Les sables, les landes, les terres en friche et de vaine pâture, les parties du sol couvertes de bruyères ou de broussailles, celles où le rocher se montre à découvert, les carrières, les galets, les escarpements, sont classés dans les terrains improductifs, incultes ou stériles.

Sables, dunes.

71. Les grandes étendues de sables qui constituent les plages de la mer, celles que l'on rencontre sur les rives des cours d'eau et dans leur lit où elles forment des îles basses, sont indiquées par un pointillé fin un peu plus gros vers les contours qui les limitent.

Les rivages de la mer à inclinaison douce sont ceux sur lesquels se forment principalement les dunes, monticules de sable que les vents dominants poussent constamment vers l'intérieur des terres et qui atteignent jusqu'à 50 mètres de hauteur. Les dunes s'allongent généralement dans une direction parallèle à celle du rivage. Leurs pentes sont indiquées par des hachures légères, conformément aux règles adoptées pour la représentation des formes du terrain et qui seront expliquées plus loin (144).

Les dunes sont quelquefois plantées d'arbres résineux d'une certaine espèce, destinés à les fixer.

Landes.

72. On appelle landes de vastes étendues de terrain
sablonneux, entièrement stériles et où l'on ne rencontre
que quelques arbrisseaux rabougris et des mares d'eau
stagnante. Leur signe représentatif participe des sables,
des bruyères (73) et des marais; il se compose de points
généralement petits, disposés par masses, mais toujours
sur des lignes parallèles au cadre inférieur de la carte;
leur ensemble ne forme pas une teinte uniforme comme
celle des sables. Le pointillé de chaque masse est en
outre surmonté de petits bouquets d'éléments de lignes
tracés dans divers sens; on ajoute de place en place
quelques feuillés pour figurer des broussailles. Les parties marécageuses sont indiquées par leur signe carac-
téristique (38).

Bruyères, friches, broussailles.

73. Les bruyères sont des landes où croissent les
plantes de ce nom mêlées de ronces et de genêts. Elles
sont également représentées par le signe des sables, mais
on y sème de distance en distance quelques feuillés de
bois très-petits formant une teinte très-légère.

Les terres en friche ou de vaine pâture se représentent
comme les sables ou comme les bruyères, selon qu'elles
participent de la nature des uns ou des autres.

Les essarts sont des espèces de friches, les hernes de
très-petites landes.

Les broussailles sont des touffes d'arbustes épineux
qui croissent dans les terrains vagues, dans les bois à

l'ombre des taillis et des hautes futaies, ou dans les landes au milieu des bruyères. Ce sont les broussailles qui rendent le plus souvent les bois impraticables à l'infanterie. Les buissons ou halliers sont des touffes d'arbrisseaux ou d'arbustes sauvages et épineux de peu de hauteur, qui croissent dans les terrains incultes.

Hallier se dit aussi d'un bois de peu d'étendue.

Rochers, falaises.

74. Les rochers sont des masses de pierre solidement agrégées qui affleurent le sol ou font saillie sur sa surface. Sur les bords de la mer ils sont quelquefois plats ou s'élèvent en falaises à pic. Souvent ils forment les flancs des montagnes ou hérissent leurs crêtes.

Le figuré des rochers tient plutôt du pittoresque que de la convention. On cherche à rappeler par le dessin leurs formes générales et leurs caractères particuliers; ils sont divisés en blocs, par assises parallèles ou en aiguilles verticales; leurs facettes, séparées par des lignes brisées plus ou moins accentuées, sont couvertes de hachures plus ou moins fines diversement inclinées.

Carrières.

75. Les carrières sont des excavations ordinairement à ciel ouvert, d'où l'on extrait la pierre et autres espèces de matériaux employés à divers usages. Elles prennent le nom de marbrières, plâtrières, gresseries, ardoisières, glaisières, sablières, suivant qu'on en tire du marbre, du plâtre, du gré, des ardoises, de l'argile ou du sable.

Une carrière est définie sur la carte par la crête supérieure de l'escarpement qui limite l'excavation ; cet escarpement est indiqué par des hachures dirigées vers le fond de l'excavation.

Galets.

76. Les galets sont des amas plus ou moins considérables de cailloux roulés que l'on trouve sur les rives de quelques grands cours d'eau, et particulièrement sur les bords de la mer, où ils forment des bandes irrégulières, mais disposées toujours parallèlement au rivage. Ils proviennent de débris de roches arrachés soit aux montagnes par les torrents, soit aux falaises par la violence des flots.

Escarpements, rideaux, arrachements, anfractuosités.

77. Les pentes roides du terrain, que l'on ne peut gravir qu'avec difficulté, se nomment en général escarpements. Les petits escarpements dont la hauteur ne dépasse pas quelques mètres sont représentés sur les cartes comme les talus en déblai ou en remblai des routes et des chemins de fer (47).

Les escarpements que l'on rencontre sur les flancs d'un grand nombre de collines, principalement dans le nord de la France, et qui sont causés par la surélévation progressive de la partie inférieure d'une pièce de terre cultivée, aux dépens de la partie supérieure, se nomment rideaux.

Les arrachements sont des escarpements très-petits, mais qui sont multipliés à l'infini sur une pente du terrain. Ils sont généralement parallèles et forment comme des gradins de la base au sommet de la pente.

Les anfractuosités sont les inégalités d'un sol bouleversé, offrant de nombreuses et très-petites élévations, entre lesquelles se trouvent des cavités peu profondes.

Objets divers qu'exprime encore la planimétrie.

78. La dernière catégorie d'objets que représente la planimétrie, comprend :

Les différentes espèces de clôtures ;

Les limites de territoire ;

Les bornes milliaires, les bornes limites, poteaux indicateurs, calvaires, croix isolées, signaux géodésiques, etc., etc.

Clôtures.

79. On entend par clôture une enceinte de murs, de palissades, de haies, de fossés qui ferme entièrement une propriété ou seulement une de ses parties.

Les murs en maçonnerie, qui offrent un obstacle réel à la marche des troupes, se représentent seuls par un trait fort ; ceux en pierres sèches ou en pisé, qui d'ailleurs ne sont pas ordinairement très-élevés, n'ont pas de signe particulier sur les cartes.

Les clôtures formées par des fossés assez profonds pour entraver la marche de la cavalerie ou de l'artillerie sont indiquées par des éléments de ligne ; les haies vives ou mortes, par des points de diverses grosseurs à la suite les uns des autres.

Les clôtures en levées de terre, comme celles que l'on trouve en Normandie et en Bretagne, sont représentées par des traits moins épais que les murs. Ces espèces de clôture ont quelquefois une hauteur de 2 mètres ; quand elles sont plantées d'arbres, elles forment des obstacles sérieux qui rendent le parcours du pays excessivement difficile.

Les clôtures en palissades n'ont pas de signe représentatif.

Limites de territoire.

80. Les limites de territoire sont des lignes de convention établies par les hommes pour séparer deux États voisins régis par des gouvernements différents et par des lois particulières, ou pour diviser administrativement un État en portions de formes et de dimensions variées.

Ces limites ne sont saisissables sur le terrain que lorsqu'elles suivent des lignes du sol parfaitement déterminées, comme un cours d'eau, une route, un chemin, la lisière d'un bois; dans tous les autres cas on ne les retrouve sur le terrain que quand leur emplacement a été exactement marqué par des bornes ou des poteaux indicateurs, ce que l'on ne fait guère que pour la délimitation des frontières d'Etat.

En France, le département constitue la plus grande unité administrative. Il se divise en arrondissements, l'arrondissement en cantons, le canton en communes.

Sur les cartes françaises officielles, les limites d'Etat sont représentées par une suite de gros traits courts, traversés de deux en deux par un trait de même force et de même longueur, de manière à former des croix; les limites de département, par une suite continue d'éléments de ligne; les limites d'arrondissement, par des éléments de ligne séparés par deux points; les limites de canton, par une suite de points, deux gros, deux petits et ainsi de suite; les limites de commune, par des points égaux de moyenne grosseur (V. tableaux 1, 2, 3).

Bornes milliaires, bornes-limites, poteaux indicateurs,
croix, calvaires.

81. En principe, les bornes milliaires devaient être indiquées de kilomètre en kilomètre le long des routes de la carte à $\frac{1}{80000}$; mais, par suite des rectifications que subissent constamment les voies de communication, il eût fallu déplacer fréquemment le signe qui les représente; on y a donc renoncé.

On trouve, mais assez rarement, sur la carte, quelques bornes limites des grandes forêts, propriétés de l'Etat.

Les poteaux indicateurs placés quelquefois aux carrefours des routes, et qui font connaître la direction des localités les plus voisines, n'ont pas de signe représentatif.

Les poteaux kilométriques placés le long de la voie d'un chemin de fer indiquent la distance à partir de la tête de ligne.

Les poteaux indicateurs des rampes et paliers placés également le long des voies ferrées sont décrits au paragraphe 121.

Les calvaires que l'on construit ordinairement sur de petites élévations de terrain, et les croix isolées que l'on rencontre sur le bord des routes et des chemins, s'indiquent par une petite croix.

Signaux géodésiques.

82. On appelle signaux géodésiques des objets du terrain dont la position a été fixée au moyen d'opérations rigoureuses et qui ont servi à la détermination de tous les détails de la planimétrie. Ces points sont constitués sur le terrain par des clochers, des tours, des moulins, des arbres isolés, des cheminées de maison, une pointe de rocher, etc..., et, quand ces objets font défaut, par des bornes maçonnées ou en pierres sèches de forme tronc-conique ou pyramidale, auxquelles on donne 2 à 4 mètres de hauteur. Les signaux géodésiques sont indiqués sur la carte par un petit triangle, dont le milieu est marqué par un point. Le petit cercle qui marque l'emplacement du clocher d'une église dans les villes ou villages, reçoit également un point à son centre quand il a été déterminé par des opérations géodésiques.

Ordre d'importance des signes planimétriques.

83. Les signes conventionnels employés pour représenter les divers objets de la planimétrie n'ont pas tous une importance égale au point de vue militaire. On comprend en effet que ceux qui indiquent les voies de communication destinées à faciliter la marche des troupes, les lieux habités où celles-ci trouvent des abris et des ressources de toute nature, les cours d'eau que l'on ne peut traverser qu'à des points déterminés, les bois qui, suivant le cas, constituent soit des obstacles, soit des points d'appui, doivent tout d'abord frapper les regards et être plus franchement accusés. Les vignes, les prés, les sables, landes, bruyères et autres indications de la

nature du sol, sont plus légèrement dessinés. Enfin les signes conventionnels qui représentent des objets d'une importance médiocre, disparaissent au milieu des autres détails de la planimétrie, et il faut pour ainsi dire les chercher pour les voir. Souvent même ils resteraient complétement inaperçus sur la carte si les écritures, en attirant les yeux sur des caractères à la forme desquels on est habitué, n'en indiquaient exactement la place.

Teintes conventionnelles.

84. Pour représenter sur les cartes manuscrites les diverses natures du sol productif ou improductif que la gravure en noir indique par des signes particuliers, on emploie des teintes de différentes couleurs étendues sur le papier au moyen de pinceaux. Les teintes sont plates, fondues ou panachées : plates, lorsqu'elles sont d'une couleur uniforme et que leur intensité est la même sur toute la surface qu'elles recouvrent; fondues ou dégradées, lorsque leur intensité diminue des bords vers l'intérieur; panachées, lorsqu'elles sont composées de deux couleurs distinctes, étendues chacune avec un pinceau différent, de manière que ces deux couleurs se fondent seulement sur leurs bords.

On n'emploie que les trois couleurs simples : carmin, indigo, gomme-gutte.

Les couleurs composées sont celles qui sont formées d'un mélange de deux ou trois de ces couleurs, dans certaines proportions fixées par l'expérience.

Les teintes indiquées ci-après sont celles qui sont en usage au Dépôt de la guerre, savoir :

Eaux (teinte fondue), indigo pour les cours d'eau, lacs, étangs, avec une faible partie de gomme-gutte pour les mers.

Vignes (teinte plate), carmin, indigo et une très-faible partie d'encre de Chine.

Bois (teinte plate), gomme-gutte mêlée avec une faible partie d'indigo.

Prés (teinte plate), indigo mêlé avec une faible partie de gomme-gutte.

Vergers (teinte plate), indigo et gomme-gutte en même quantité.

Sables et dunes (teinte plate), gomme-gutte mêlée avec un peu de carmin.

Galets (teinte plate), teinte de sable mêlée avec un peu d'encre de Chine.

Bruyères (teinte panachée), teinte de prés très-faible et teinte légère de carmin.

Marais (teinte panachée), teinte de prés avec des flaques d'eau en indigo.

L'intensité de ces teintes est généralement très-faible ; on la proportionne à l'importance des objets qu'elles sont destinées à représenter, considérée au point de vue des obstacles qu'ils présentent à la marche des troupes. Les eaux, les marais, les bois, les vignes doivent être nécessairement d'une teinte plus forte que les prés, les sables et les bruyères.

Les limites administratives sont indiquées sur les cartes manuscrites par des lisérés de couleur mis au pinceau. On emploie, au Dépôt de la guerre :

Le *jaune* pour les limites de la France ;

Le *bleu* pour les départements;

Le *carmin* pour les arrondissements;

Le *vert* pour les cantons;

Le *minium* pour les communes.

Sur les plans à grande échelle, les massifs de maisons dans les villes sont teintés d'une couche légère de carmin; les édifices publics sont en carmin foncé; les bâtiments militaires en bleu gris foncé ou en violet foncé, suivant qu'ils dépendent du génie ou de l'artillerie.

Sur les cartes à petite échelle, les murs et les constructions de tout genre sont en carmin foncé.

Sur les levés à vue ou les croquis au crayon, on indique les natures de culture par les initiales B pour les bois, V pour les vignes, P pour les prés.

CHAPITRE II.

FIGURÉ DU TERRAIN.

Définition.

85. Outre les lignes et signes conventionnels de toute nature qui constituent la planimétrie, on remarque sur les cartes topographiques une multitude de traits plus ou moins longs, plus ou moins gros, plus ou moins serrés les uns contre les autres, tracés dans des directions diverses, quelquefois rapprochés par l'une de leurs extrémités sans jamais se rencontrer, souvent parallèles, mais juxtaposés sans jamais se confondre, traversant les lignes de la planimétrie, se superposant aux signes conventionnels, disposés régulièrement par bandes plus ou

moins sinueuses, formant enfin un ensemble complet et produisant à la vue des teintes plus ou moins foncées, depuis le noir presque intense jusqu'au blanc à peu près parfait.

Ces traits, que l'on appelle hachures, ont pour but de représenter les diverses inégalités du sol, de rendre le relief du terrain sensible à la vue, et leur ensemble prend le nom de *figuré du terrain.*

Le figuré du terrain s'exprime aussi par des courbes continues qui se superposent également aux traits de la planimétrie et aux objets qu'elle représente (128).

De la connaissance du terrain, considérations générales.

86. Avant d'expliquer le mode d'emploi des courbes ou des hachures pour exprimer le relief et les formes du terrain, il est nécessaire de définir certaines expressions fréquemment employées dans le langage topographique, et avec lesquelles il importe de se familiariser si on veut lire une carte avec fruit et appliquer sans hésitation aux divers accidents du sol qu'elle représente, le nom qui leur convient (1).

---

(1) Afin de faire bien comprendre les explications qui suivent et qui sont relatives aux formes diverses qu'affecte le terrain, l'officier chargé du cours de topographie fera bien de rappeler en peu de mots ce qu'on entend par surface plane, courbe, concave, convexe, intersection de deux plans, et de définir quelques solides géométriques, comme le prisme triangulaire, la sphère, le cône et le tronc de cône.

Par leur forme générale, les protubérances du sol rappellent en effet l'un ou l'autre de ces solides.

Ainsi, on peut assimiler, en général, une montagne à un prisme tronqué reposant sur une de ses faces, les deux autres représentant les versants ou flancs, et leur intersection la crête ou arête. Les sommets affec-

Le terrain est une étendue limitée ou illimitée de la surface de la terre avec toutes ses inégalités, avec tous les objets naturels ou artificiels qui couvrent cette étendue.

La connaissance du terrain s'applique donc aussi bien aux objets définis par la planimétrie qu'à l'expression des formes du sol. Elle est indispensable à la conception comme à l'exécution de toutes les opérations militaires. C'est un des principaux éléments du succès.

La nature du pays où l'on fait la guerre modifie la composition des armées. Dans un pays couvert, coupé, accidenté (92), l'infanterie rend évidemment plus de services que la cavalerie; dans un pays découvert et peu accidenté la cavalerie, dont la mission est d'éclairer l'armée dans toutes les directions en avant de son front et sur ses ailes, doit être plus nombreuse que dans un pays montagneux et couvert; dans les pays de montagne, l'artillerie légère peut seule être employée. Les terrains coupés de haies, de murs, de fossés sont favorables à l'action des tirailleurs, désavantageux pour la cavalerie. A la seule inspection de la carte, le commandant d'une troupe doit pouvoir déterminer son mode d'action, reconnaître le point faible d'une position, le point vers lequel il lui faudra diriger ses efforts, celui qui sera de nature à faciliter la résistance. L'intelligence de la carte

---

tent presque toujours une des formes demi-sphérique, conique ou tronc-conique. Ces définitions devront d'ailleurs arriver autant que possible au moment opportun.

et la connaissance du terrain lui permettront de résoudre ces questions.

Orographie, hydrographie, Oro-hydrographie.

87. Les inégalités qui affectent le sol constituent des élévations et des dépressions ou, pour mieux dire, des hauteurs et des vallées. La description de ces inégalités s'appelle orographie quand elle concerne exclusivement les élévations du sol au-dessus des plaines et des vallées; elle prend le nom d'hydrographie quand elle envisage principalement les dépressions de la surface au fond desquelles se rassemblent et s'écoulent les eaux pluviales et fluviales.

Entre deux élévations du sol non contiguës se trouve toujours nécessairement une dépression dans laquelle peuvent se réunir les eaux qui coulent sur leurs flancs. Il est donc difficile, dans la description d'un pays, de séparer l'orographie de l'hydrographie, de parler des hauteurs sans considérer les vallées ou les plaines qui les séparent. De cette nécessité est résulté l'emploi du mot oro-hydrographie ou description générale d'un pays envisagé dans l'ensemble de ses formes naturelles, aussi bien sous le rapport des élévations du sol que sous celui des bassins dans lesquels se réunissent les eaux qui en découlent.

Les cartes appelées orographiques, hydrographiques, oro-hydrographiques sont celles qui représentent soit seulement l'orographie, soit seulement l'hydrographie d'un pays, soit enfin les deux réunies.

Inégalités du sol.

88. Les inégalités terrestres ou, autrement dit, les élévations et les dépressions du sol, prennent différents noms suivant leur importance et leur forme générale ou particulière.

ÉLÉVATIONS DU SOL.

Montagnes.

89. Les montagnes sont des élévations considérables du terrain, caractérisées par des formes généralement abruptes et l'absence de végétation sur leurs sommets.

Collines, monticules.

90. Les collines sont des protubérances du sol moins élevées que les montagnes. Elles ont les formes plus ar-rondies et sont presque généralement cultivées jusqu'à leur sommet ; leurs pentes vont se perdre doucement dans les vallées ou dans les plaines voisines.

Les plus hautes collines atteignent rarement plus de 1000 mètres de hauteur, tandis que les montagnes, dont les plus basses ne sont guère au-dessous de 1000 mètres, s'élèvent jusqu'à plus de 4000 mètres dans les Alpes françaises.

On peut donner le nom de monticules à des aspérités du sol qui ne dépassent pas 100 mètres.

Pays montagneux, montueux.

91. Les pays couverts de montagnes sont dits monta-gneux. On applique plus particulièrement la qualifica-tion de montueux aux pays de collines ; les communica-tions y sont moins rares, la population y est plus dense que dans les pays de montagnes.

Accident de terrain, mouvement de terrain.

92. Tout ce qui peut empêcher ou seulement gêner la marche des troupes sur le terrain se nomme accident de terrain; accident et obstacle sont donc à peu près synonymes.

On entend par mouvement de terrain toute déformation du sol qui s'écarte de la surface plane parfaitement horizontale.

Les mouvements de terrain sont toujours naturels; les accidents de terrain sont souvent artificiels, comme les talus en déblai ou en remblai le long des routes ou des chemins de fer, les levées ou digues le long des canaux et des fleuves.

Terrain découvert, couvert, coupé, accidenté, mouvementé, ondulé.

93. Le terrain est découvert lorsque, dans toute son étendue, il n'offre rien qui s'oppose à la vue ou qui empêche la marche des troupes, lorsqu'il n'offre aucun obstacle derrière lequel une troupe puisse dissimuler sa présence.

Il est couvert, lorsque des bois, des amas de maisons, des groupes d'arbres, des vignes ou même des céréales d'une haute croissance empêchent la vue de s'étendre au loin dans la direction que suit une troupe, quand même ces objets ne seraient pas un obstacle à sa marche.

Le terrain est coupé lorsque le libre parcours en est empêché par des fossés, des cours d'eau, des canaux, des murs, des haies, etc.

Accidenté se dit d'un terrain inégal, de formes variées

où les élévations et les dépressions du sol se succèdent à courte distance.

Un terrain est mouvementé quand les protubérances arrondies du sol, d'une hauteur médiocre et à peu près uniforme, paraissent jetées pêle-mêle sans ordre et sans suite, séparées les unes des autres seulement par des dépressions étroites.

Les ondulations du terrain sont des inflexions presque insensibles de la surface, ressemblant assez à celles d'une mer légèrement agitée.

Pli de terrain, rideau, coteau.

94. Un pli de terrain est une très-petite ondulation formant une légère dépression dans laquelle des troupes peuvent se dérober à la vue de l'ennemi.

Un rideau est une élévation du terrain qui a quelque étendue en longueur et derrière laquelle on peut cacher des mouvements de troupe.

Coteau indique surtout une ondulation de terrain très-allongée dont le faîte est plus élevé qu'un rideau. Ce nom s'applique aussi aux versants cultivés des petites collines allongées.

Massif de montagnes, chaîne, chaînon, contre-fort, croupe.

95. Les protubérances du sol, qu'elles soient monticules, collines ou montagnes, sont rarement isolées ; elles sont le plus ordinairement juxtaposées, contiguës, rentrant pour ainsi dire l'une dans l'autre, séparées par leur partie supérieure, mais soudées par leurs bases. Elles forment par leur réunion, suivant la manière dont elles sont disposées, soit des massifs, soit des chaînes.

Un massif est un ensemble de montagnes ou de collines limité de tous côtés par des dépressions remarquables du sol et occupant une surface de forme et de dimensions variables.

Si les élévations du sol sont rangées à la suite les unes des autres en ligne droite ou courbe plus ou moins développée, de manière à présenter une direction générale parfaitement définie; elles forment une chaîne.

Un chaînon est une chaîne de moindre importance; un chaînon très-court détaché d'une chaîne se nomme contre-fort. Une croupe est un petit contre-fort qui, du point où il s'appuie, descend jusqu'à la plaine et s'arrondit entre deux dépressions contiguës plus ou moins profondes; c'est souvent l'extrémité d'une colline ou d'une montagne allongée, ou la terminaison d'une chaîne.

Groupe de montagnes, nœuds.

96. Un groupe de montagnes est la réunion dans un espace déterminé de plusieurs chaînes de montagnes parfaitement distinctes. Les points où les chaînes secondaires se rattachent à la chaîne principale se nomment nœuds.

Mont, tertre, butte, mamelon, motte.

97. Mont se dit, soit d'une montagne isolée, soit du sommet le plus élevé d'un massif ou d'une chaîne.

Le mot mont est toujours accompagné d'un nom propre qui sert à le désigner particulièrement; l'expression de montagne peut s'en passer.

Les mots tertre, butte s'appliquent à de très-petites collines isolées dans une plaine ou sur un plateau.

Un mamelon est une colline dont la partie supérieure affecte une forme à peu près demi-sphérique.

Une motte est une hauteur isolée, détachée d'un massif et se dressant parfois au milieu d'une vallée. On appelle aussi de ce nom une butte artificielle sur laquelle s'élève un moulin à vent.

Différentes parties d'une montagne.

98. On distingue dans toute élévation du sol, montagne ou colline :

Le sommet ou cime, partie la plus élevée ;

La base ou pied, partie du terrain sur laquelle elle repose ;

Les flancs, qui s'étendent du sommet à la base, suivant des pentes plus ou moins inclinées.

Sommet, cime, point culminant, plateau.

99. Le mot cime s'applique de préférence aux sommets escarpés des montagnes.

Le point culminant est le point le plus élevé de la calotte qui forme le sommet d'une montagne, d'une colline. Le sommet offre assez souvent une petite surface plane à peu près horizontale et se raccordant avec les flancs par une pente douce ; lorsque cette surface est d'une assez grande étendue et qu'elle est limitée par des flancs escarpés, elle prend le nom de plateau.

Les plateaux sont aussi de grandes étendues de terrain, d'un niveau à peu près uniforme, qu'on trouve à

des hauteurs variées et qui dépassent le niveau général
de la contrée. Leur surface n'est pas nécessairement
unie et régulière; elle est le plus souvent ondulée et interrompue par des dépressions plus ou moins profondes.

Dénominations diverses appliquées aux sommets de montagnes.

100. Les sommets prennent, suivant leur forme, leur
nature et le pays où ils s'élèvent, les noms de pic, aiguille, dent, dôme, ballon, piton, puy, etc.....

Pic est un terme général appliqué indistinctement à
toutes les cimes pointues et difficiles à gravir. Quand le
pic est très-allongé et qu'il se termine par des rochers
de forme prismatique et anguleuse, il prend le nom
d'aiguille. Les brics ou brecs des Alpes, les tucs des
Pyrénées sont des espèces de pics. On appelle dents, en
Savoie et en Suisse, des pics un peu plus aplatis que les
aiguilles.

Les dômes sont des sommets à contours arrondis en
forme de coupole.

Dans certains pays on leur donne le nom de soums;
ils s'appellent ballons dans les Vosges. Leur base est
ordinairement très-large et leurs pentes extrêmement
faciles.

Les pitons sont des sommets de forme conique ou
pointue.

Le mot puy s'applique, dans le centre de la France, à
un grand nombre de sommets plus ou moins élevés, de
formes variées, qui font saillie sur les crêtes, dans la
plaine ou sur les plateaux. Les mots pech et puech ont
la même signification.

Les cornes (Horn des Allemands) sont des sommets qui s'élèvent sur des crêtes à pente convexe d'un côté, concave de l'autre (120). Vus de profil, ces espèces de sommets ont en effet la figure d'une corne.

Crête, faîte, arête, crêt.

101. On appelle crête ou faîte d'une chaîne la suite des sommets ou des cimes qu'elle présente sur son parcours. C'est la ligne de plus grande élévation de la chaîne; elle s'abaisse généralement vers ses extrémités.

On donne le nom d'arête au faîte d'une montagne allongée qui ressemble au toit d'une maison.

Les crêts sont des arêtes rocheuses très-allongées, comme celles qu'on rencontre en grand nombre dans le Jura.

Flancs, gradins, terrasses, ressauts.

102. Les flancs d'une montagne sont quelquefois disposés en gradins, c'est-à-dire qu'ils sont formés de plusieurs pentes séparées par des parties horizontales ou à peu près horizontales que l'on nomme terrasses. Les escarpements ou parties en pente roide des flancs qui se trouvent entre deux terrasses successives, se nomment ressauts. Le ressaut est brusque lorsqu'on passe sans transition de la partie horizontale de la terrasse à l'escarpement. On nomme aussi ressauts les relèvements brusques d'une arête ou d'une crête de montagne.

Quelle que soit leur inclinaison, les flancs forment rarement une surface plane, unie; ils sont le plus souvent tourmentés par des accidents de diverse nature, et sillonnés de rigoles ou ravines creusées par les eaux pluviales. La pente la plus roide est tantôt à la partie supérieure du flanc près du sommet, tantôt à la partie moyenne, tantôt à la partie inférieure près de la base. Quand les flancs forment une surface plane, le pied de la montagne est en ligne droite; il est rare dans ce cas que le sommet ne soit pas constitué par une arête vive ou ne forme pas plateau. Mais le plus souvent les flancs sont formés alternativement de parties creuses ou concaves et de parties saillantes ou convexes. Le pied de la montagne décrit alors une ligne sinueuse.

Revers.

103. Le mot revers n'est qu'une appellation relative. Il s'applique au flanc d'une montagne, d'une colline, d'une croupe, opposé à celui dont on vient de parler. On emploie souvent ce mot en le faisant accompagner des qualifications méridional, septentrional, oriental, occidental, suivant celui des quatre points cardinaux vers lequel le flanc s'abaisse.

Cols, ports, pertuis, brèches.

104. La succession non interrompue de sommets, qui constitue une chaîne, implique nécessairement l'existence entre ces sommets de dépressions plus ou moins profondes. Ces dépressions se nomment cols. Les cols sont toujours l'origine de deux vallées ou vallons (106 qui descendent sur chacun des versants opposés (105). On les utilise en y faisant passer les routes ou chemins qui permettent de communiquer d'un côté à l'autre de

la chaîne. Les cols prennent quelquefois le nom de pas ou passages; on les appelle ports dans les Pyrénées, pertuis dans le Jura. On nomme brèches ou fourches, dans les Pyrénées, des cols produits par une étroite fissure dans une crête de rochers; les cols de cette nature ne sont pas toujours l'origine de deux cours d'eau coulant en sens opposé.

Versants, lignes de partage.

105. De chaque côté de la ligne de faîte d'une chaîne, d'un chaînon, d'un rameau, d'un contre-fort, le terrain s'abaisse en formant deux versants sur lesquels, comme le nom l'indique, se déversent, s'écoulent les eaux de source, les eaux pluviales, celles qui proviennent de la fonte des neiges, pour se rendre dans les dépressions contiguës. La suite continue des points à partir desquels les eaux suivent des directions opposées s'appelle ligne de partage, ligne de séparation des eaux. Cette ligne passe toujours par les sommets et par les cols.

La ligne de partage des eaux n'est pas tracée sur les cartes, mais il est toujours facile d'en reconnaître la situation. Entre deux cours d'eau, de quelque importance qu'ils soient, indiqués par la planimétrie, il y a toujours une ligne de séparation des eaux. On en trouve sur tous les terrains, même les moins accidentés, dans les plaines comme sur les plateaux où l'œil le plus exercé chercherait en vain une différence de niveau. D'après leur définition même, les lignes de partage ne traversent jamais un cours d'eau, mais elles suivent des courbes plus ou moins sinueuses entre les sources des ruisseaux qui coulent dans des directions opposées et se subdivisent à l'infini, à droite et à gauche de la ligne principale, en d'autres lignes de séparation de 2e, 3e, 4e ordre qui passent entre deux ruisseaux voisins pour aller se terminer à leur confluent.

DÉPRESSIONS DU SOL.
Vallées, vallons.

106. Les grandes dépressions que laissent entre elles les chaînes de montagnes ou de collines se nomment vallées ; les vallons sont de petites vallées. Les eaux qui tombent ou s'écoulent sur les versants se réunissent au fond de ces dépressions pour former les cours d'eau.

Val, combe, cirque.

107. Val a la même signification que vallée ou vallon, mais dans un sens plus restreint ; ce mot ne s'applique qu'à quelques vallées particulières.

On donne le nom de combe à un vallon plus ou moins large où une vallée prend son origine. La combe a dans ce cas une forme évasée, peu de profondeur, des talus en pente douce, et une faible inclinaison dans le sens de l'écoulement des eaux. Elle est alors située sur un plateau, sur une terrasse ou sur le flanc d'un massif.

Les cirques sont de vastes et profonds entonnoirs, de forme circulaire ou elliptique, à flancs plus ou moins abrupts, quelquefois à gradins. Les eaux venant des combes supérieures se précipitent en cascades à travers ces gradins et s'échappent généralement au dehors par un étroit défilé. Les cloups du Lot sont des espèces de cirques où les eaux se perdent dans des gouffres souterrains.

Bassin.

108. Le bassin d'un cours d'eau, qu'il soit ruisseau, rivière, ou fleuve, comprend toute la surface de terrain dont les eaux s'écoulent dans le ruisseau, la rivière ou le fleuve. Il est limité par une ligne de partage qui le sépare des bassins contigus. Cette ligne de partage se recourbe sur elle-même et est nécessairement interrompue au point où le ruisseau se jette dans la rivière, la rivière dans le fleuve, le fleuve dans la mer.

Bassin fermé, trou.

109. Quand la ligne de partage se referme sur elle-même, le bassin est dit fermé. Dans ce cas, les eaux se réunissent à la partie intérieure du bassin, où elles forment un lac. Les bassins fermés de très-petite étendue se nomment trous; les eaux pluviales y sont absorbées par l'infiltration dans le sol.

Parties constituantes d'une vallée.

110. On distingue dans une vallée :

Le lit du cours d'eau;

Les berges, flancs des hauteurs qui encaissent la vallée;

Le fond de la vallée, plaine plus ou moins large qui s'étend de chaque côté du lit.

Les glacis de la vallée sont les pentes douces qui vont du lit jusqu'au pied des flancs des hauteurs voisines.

L'origine ou tête de la vallée est le point où elle commence, où le cours d'eau qui y coule prend naissance;

son débouché, l'endroit où elle se termine, soit dans une vallée plus grande, soit dans une plaine.

Thalweg.

111. Le thalweg, mot allemand qui signifie chemin de la vallée, est la ligne de réunion des eaux qui s'écoulent sur les deux versants qui se font face, par opposition à la ligne de partage ou de séparation des eaux.

Quand le cours d'eau occupe un large lit dans le fond de la vallée, le thalweg est la ligne de plus grande profondeur du lit dans le sens du courant.

Dans certains vallons cultivés, le thalweg est à peine sensible. Les hauteurs qui encaissent un cours d'eau sont parfois tellement rapprochées que le fond de la vallée se réduit à la ligne du thalweg.

Ravins, ravines.

112. Un ravin est le lit d'un ruisseau torrentueux resserré entre des berges très-escarpées. Les ravins sont souvent à sec. Les ravines sont des sillons plus ou moins profonds creusés sur les pentes par des eaux de pluie subites et considérables.

Etranglements, gorges.

113. Les points où une vallée se rétrécit subitement se nomment étranglements. Des portions de vallée très-étroites et très-profondes entre des flancs escarpés et rocheux se nomment gorges.

Clue ou cluse.

114. On appelle clue, clus ou cluse une profonde fissure, une étroite coupure perpendiculaire à la direction générale d'une chaîne, et qui fait communiquer deux portions de la même vallée. Les eaux du bassin supérieur s'y engouffrent à travers les rochers pour se précipiter dans le bassin inférieur. Souvent, au fond ou sur les parois presque verticales de ces énormes crevasses, se trouvent des chemins complétement taillés dans le roc.

Dans le Jura, les cluses sont de grandes vallées qui traversent à la fois les crêts (101) et les combes (107), et livrent passage à des cours d'eau assez importants.

Défilés, pas, passages.

115. On entend par défilé tout passage assez étroit pour obliger une troupe en marche à diminuer son front.

Les défilés sont généralement constitués par une voie de communication resserrée entre des obstacles naturels ou artificiels.

Les ponts sur lesquels les routes traversent les cours d'eau, les routes en chaussée dans les marais, les rues bordées de maisons dans les villes et les villages, les routes et les chemins au fond d'une gorge resserrée entre des flancs abrupts de montagne, sont des défilés à flancs inaccessibles ; les routes à travers les bois, celles qui suivent le fond d'une vallée à berges praticables sont des défilés à flancs accessibles.

Le mot défilé est encore employé pour désigner un col à travers une chaîne de montagnes, un passage resserré entre une montagne et la mer (Ex. les Thermopyles) ; entre la rive d'un fleuve et une berge escarpée.

On applique plus particulièrement le mot de passage à toute la partie d'une route qui fait communiquer deux vallées appartenant à des bassins différents, en traversant la crête de montagnes qui les sépare. Le col est ordinairement le point le plus élevé de cette portion de route.

Les pas sont des passages étroits et difficiles que traversent les chemins dans les pays montueux ou accidentés.

Les rétrécissements de certaines vallées forment quelquefois des défilés que l'on peut assimiler à des clues (114) et que l'on appelle portes des nations (Ex. les Portes de Wesphalie).

NOTIONS SUR LES PENTES.

116. On vient de voir que les sommets des hauteurs se rattachent aux plaines voisines ou aux fonds de vallée par des surfaces inclinées qui prennent, suivant le cas, les noms de versants, flancs, berges, talus, glacis. Ces surfaces sont assez rarement planes, elles offrent les courbures les plus variées. Cependant, on peut, quelles que soient les formes du terrain, considérer sa surface comme composée d'un nombre infini de facettes parfaitement planes et diversement inclinées sur le plan horizontal.

Pente d'une ligne, d'un plan, ligne de plus grande pente d'un plan.

117. L'inclinaison d'une ligne ou d'une facette du terrain sur le plan horizontal prend en particulier le nom de pente.

La pente d'une ligne se mesure par l'angle qu'elle fait avec sa projection sur le plan horizontal (15).

Supposons un plan M N P R (*fig .2*) incliné sur le plan
horizontal S T U V et soit R P l'intersection de ces deux
plans. D'un point O pris sur le plan incliné, on peut

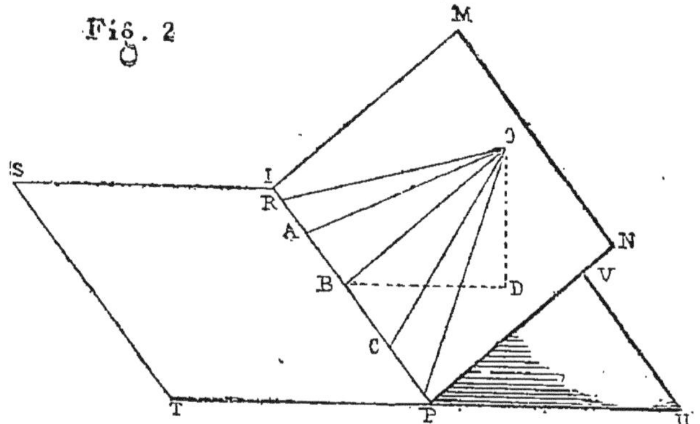

mener dans ce plan un grand nombre de lignes O R,
O A, O B, O C, O P, etc., qui vont jusqu'au pied R P du
plan incliné. Mais, parmi toutes ces lignes, il en est une
O B, qui est plus courte que toutes les autres, car elle
est perpendiculaire à R P, et elle jouit en outre de cette
propriété qu'elle fait avec le plan horizontal un angle
O B D plus grand que celui que font toutes les autres lignes
passant par le point O, avec le même plan. C'est ce qui
lui a fait donner le nom de ligne de plus grande pente.

C'est la ligne que suivrait une boule qui, abandonnée
à elle-même au point O du plan incliné, roulerait sur sa
surface jusqu'au bas de ce plan.

La pente de la ligne O B est mesurée par l'angle O B D
qu'elle fait avec sa projection B D sur le plan S T U V.

La ligne de plus grande pente O B du plan incliné

MNPR est en même temps une ligne de plus courte pente, c'est-à-dire celle qui conduit le plus rapidement, par le chemin le plus court, du point O au pied RP du plan incliné.

A tout autre point de la surface inclinée, pris en dehors de la ligne de plus grande pente qui passe par le point O, correspond une autre ligne de même espèce, parallèle à la première, et faisant toujours le même angle avec le plan horizontal.

Les rigoles creuses formées par les tuiles à recouvrement d'un toit depuis le faîte jusqu'aux gouttières, sont des lignes de plus grande pente du long-pan du toit; elles ont toutes la même inclinaison. Les eaux de pluie qui tombent sur un toit d'ardoise formant une surface plane, s'écoulent parallèlement, suivant les lignes de plus grande pente.

On mesure la pente d'un plan incliné par l'angle que fait sa ligne de plus grande pente avec la projection de cette ligne sur le plan horizontal.

Lignes de plus grande pente d'un terrain.

118. Les diverses facettes planes, dans lesquelles peut se décomposer la surface du terrain, ont chacune leur ligne de plus grande pente particulière.

Supposons qu'on trace la ligne de plus grande pente d'une des facettes située à la partie supérieure d'une portion inclinée de la surface, qu'on la prolonge suivant la ligne de plus grande pente de la facette immédiatement inférieure, et que l'on continue ainsi jusqu'à ce qu'on arrive au plan horizontal de la plaine, la ligne ainsi formée d'une série de lignes de plus grande pente, appartenant chacune à diverses facettes planes du sol, affectera la forme d'une courbe, dont tous les éléments sont diversement inclinés sur le plan horizontal.

Cette courbe est la ligne de plus grande pente du terrain qui correspond à la facette plane supérieure, prise comme point de départ ; c'est le chemin que suivrait une goutte d'eau qui, tombant sur la facette supérieure, s'écoulerait jusqu'au bas de la pente, si elle n'était arrêtée par aucun obstacle. Pour toute autre facette du terrain, située en dehors de ce chemin, on obtiendrait une ligne de plus grande pente différente.

Remarquons bien qu'une seule ligne de plus grande pente suffit pour définir un plan incliné, puisque toutes celles qu'on pourrait mener par les divers points de sa surface sont parallèles, tandis que la surface du terrain, recourbée dans tous les sens, nécessiterait, pour être exactement définie, la détermination de la ligne de plus grande pente particulière à chacune des facettes planes dont l'ensemble constitue cette surface courbe.

Il est essentiel de bien se pénétrer des principes relatifs aux lignes de plus grande pente, car c'est sur leurs propriétés qu'est basée la représentation des formes du terrain par les hachures.

Évaluation des pentes.

119. Les pentes s'évaluent en degrés, comme tous les angles ; cependant il est d'un usage plus fréquent en topographie de les exprimer par le rapport de la hauteur à la base.

Pour bien faire comprendre ce rapport, supposons (*fig.* 3) une ligne AB inclinée sur l'horizontale AC, et d'un point B de la première abaissons la perpendiculaire BC sur la seconde : nous aurons formé ainsi un triangle rectangle dont BC est la hauteur et AC la base. Si BC est contenu 4 fois dans AC, on dit que le rapport de la hauteur à la base est de $\frac{1}{4}$. On démontre en géométrie que le rapport de BC à AC est le même que celui de DE à AE, ou de FG à AG, en supposant que DE et FG soient aussi perpendiculaires à AC. Le rapport de la hauteur à la base sera donc toujours de $\frac{1}{4}$, quel que soit le point de la ligne AB que l'on considère.

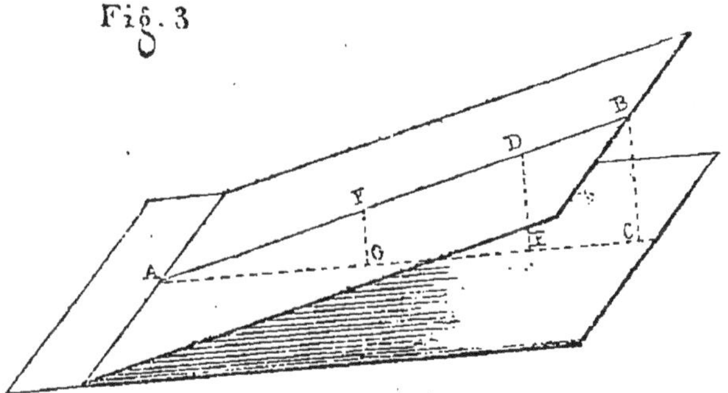

Fig. 3

Une route a une pente de 1 centimètre par mètre, ou de $\frac{1}{100}$, lorsqu'elle s'élève ou s'abaisse uniformément de 1 mètre par 100 mètres de distance horizontale, ou, ce qui revient au même, de 1 centimètre pour 100 centimètres.

On verra dans la suite de cette instruction que le

7

figuré du terrain régulièrement établi au moyen de courbes horizontales fournit un moyen d'évaluer approximativement les pentes par une opération de calcul des plus simples (134).

Dans le langage usuel, surtout dans les rapports écrits qui accompagnent les reconnaissances du terrain, et lorsqu'on n'a pu évaluer une pente par le rapport de sa hauteur à sa base, on dit, pour exprimer le plus ou moins de facilité qu'elle présente à la marche des troupes, qu'elle est imperceptible, insensible, douce, aisée, difficile, rapide, roide, escarpée, abrupte, à pic.

Au delà de l'inclinaison naturelle des terres, c'est-à-dire de celle dont la base est égale à la hauteur, la pente devient escarpement (77).

Diverses espèces de pentes.

120. Les pentes sont ascendantes ou descendantes, suivant qu'on les considère de bas en haut, ou de haut en bas.

Fig. 4

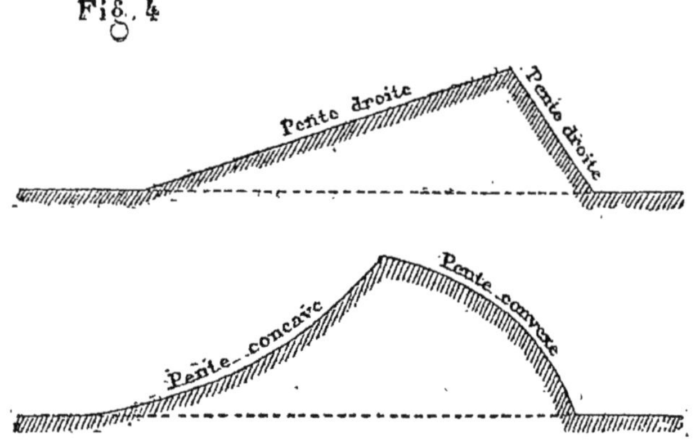

Elles sont droites ou uniformes, quand, pour des distances égales, on s'élève toujours de la même quantité. Elles sont concaves ou convexes, suivant l'aspect qu'elles présentent, vues de profil (*fig.* 4).

Les flancs des collines à sommet arrondi sont généralement à pentes convexes dans la partie supérieure, à pentes droites dans la partie moyenne, et à pentes concaves dans la partie inférieure. Dans les montagnes dont le sommet est en arête, la pente concave est à la partie supérieure.

Rampes sur les voies ferrées.

121. Les pentes que l'on rencontre sur les voies ferrées portent le nom de rampes. On en indique l'inclinaison sur des planchettes de bois placées verticalement au sommet d'un poteau de 1^m50 à 2^m de hauteur, planté sur le côté de la voie, au point de raccord de deux rampes différentes ou d'une rampe et d'un palier horizontal. La planchette porte deux groupes de deux nombres chacun, séparés dans chaque groupe par un trait horizontal ou incliné. Le chiffre supérieur indique le nombre de millimètres de pente par mètre; le nombre inférieur, la longueur horizontale de la pente en mètres; le trait qui les sépare est incliné dans le sens de la pente. Pour un palier, le chiffre supérieur est un zéro, et le trait est horizontal.

La pente maximum d'une voie ferrée est fixée à 10 ou 12 millimètres par mètre; en pays de montagne cette limite est portée à 25^{mm}.

Limites de praticabilité des pentes.

122. La pente limite adoptée en France pour les routes est de $0,04_c$ par mètre ou de $\frac{1}{25}$; elle peut être parcourue au trot, en montant, par une pièce de campagne attelée de 4 chevaux.

La pente de $\frac{1}{20}$, ou $0,05_c$ par mètre, peut encore être gravie au pas, sur des chemins entretenus, par une voiture chargée, sans le secours de chevaux de renfort; on peut la descendre sans enrayer.

La pente de 55 pour 100 est la limite des sentiers accessibles aux mulets chargés, dans les hautes montagnes.

Mais en campagne les mouvements de troupe ne se font que rarement sur des routes ou sur des chemins frayés. L'artillerie et la cavalerie, aussi bien que l'infanterie, manœuvrent le plus souvent en dehors de toute voie de communication, sur des terrains diversement inclinés.

Les difficultés d'accès que présentent les pentes sont donc encore augmentées dans ce cas par la nature même du sol, généralement moins résistant que celui des routes.

Des pentes de même inclinaison sont moins praticables pour l'artillerie et la cavalerie sur un sol récemment labouré que sur un sol en friche, que dans des terrains vagues ou sur des champs qui viennent d'être moissonnés (Voir le tableau p. 102).

Influence des pentes sur le tir et les mouvements des troupes.

123. Les pentes ont en outre une certaine influence sur l'efficacité du tir de l'artillerie et de l'infanterie ainsi que sur le choc de la cavalerie. Enfin la mobilité des trois armes varie suivant l'inclinaison des pentes, et on comprend qu'à une certaine limite cette mobilité peut être complétement annulée aussi bien à la descente qu'à la montée.

Les pentes de 8 à 10 pour 100 sont reconnues comme les plus avantageuses pour l'efficacité du tir de l'artillerie en descendant et pour le choc de la cavalerie en montant.

Sur les pentes de 16 à 20 pour 100, le tir de l'infanterie commence à perdre son efficacité en montant. La cavalerie peut encore descendre au galop, mais son choc n'est efficace qu'à de petites distances. L'artillerie ne peut que difficilement tirer de bas en haut; il lui est impossible de tirer avec précision dans le sens de la descente.

Les pentes de 26 à 30 pour 100 sont encore praticables pour l'infanterie manœuvrant en ordre serré; ses feux ont encore quelque efficacité en descendant. La cavalerie peut encore galoper en montant, mais elle ne peut descendre qu'au trot. L'artillerie ne se meut qu'avec de grandes difficultés et en prenant obliquement les pentes.

A l'inclinaison de 35 à 40 pour 100, l'infanterie est obligée de rompre ses rangs; le feu de tirailleurs est encore efficace, le galop n'est plus possible à la cavalerie; ces pentes sont interdites à l'artillerie.

La pente de 75 pour 100 est la limite de celles que des hommes équipés et armés peuvent gravir sans le secours des mains.

La pente de 100 pour 100, celle pour laquelle la base

Tableau synoptique des pentes les plus remarquables.

ÉCARTEMENT des courbes de niveau sur la carte, l'équidistance graphique étant de ¼ de millimètre. (V. §§ 132 et 133).	PENTE CORRESPONDANTE évaluée par le rapport de la hauteur à la base,		ÉVALUATION de la pente en degrés.	CONSIDÉRATIONS GÉNÉRALES SUR LA PRATICABILITÉ DES PENTES.
	la hauteur étant l'unité.	la base étant égale à 100.		
de zéro à ¼ de millimètre	. . . . .	. . . . .	de 90° à 50°	Murailles de rochers à pic; parois presque verticales; escarpements inaccessibles.
	. . . . .	. . . . .	de 50° à 45°	Pentes praticables, seulement pendant de courts espaces, pour des hommes agiles non chargés et s'accrochant par les mains aux buissons ou aux touffes d'herbe.
0ᵐᵐ,25 ou ¼ de millim.	$\frac{1}{1}$	100 %	45°	Inclinaison naturelle des terres. Pentes difficiles à franchir pour des hommes chargés, sans le secours des mains.
de ¼ à ½ millimètre	$\frac{1}{1,25}$ à $\frac{1}{1,33}$	de 80 à 75 %	de 37° à 29°	Limite des pentes accessibles à un fantassin isolé, à un tirailleur, sans l'aide des mains, mais non sans difficulté.
	$\frac{1}{1,82}$	55 %	29°	Pente limite des sentiers accessibles aux mulets dans les hautes montagnes.
de ⅓ᵐᵐ à ⅔ de milli-	$\frac{1}{2}$	50 %	25°	Les chevaux exercés et habitués à la montagne peuvent seuls gravir cette pente, en obliquant si le terrain est mou ou s'il a des gradins.
mètre	$\frac{1}{2,5}$	40 %	22°	Limite des pentes accessibles aux cavaliers isolés, peu chargés.
¾ de millim.	$\frac{1}{3}$	33 %	16 à 17°	Les voitures légères peuvent seules, mais encore avec difficulté, franchir cette pente.
1 millimètre	$\frac{1}{4}$	25 %	12 à 13°	Limite des pentes accessibles à l'artillerie légère bien attelée.
1ᵐᵐ,75	$\frac{1}{7}$	14 à 15 %	8° environ	On est obligé d'enrayer les voitures à la descente.
2ᵐᵐ à 2ᵐᵐ,5	$\frac{1}{8}$ à $\frac{1}{10}$	10 à 12 %	6° environ	Maximum de pente des anciennes routes.
3 millimètres	$\frac{1}{12}$	8 à 9 %	4° environ	Rampes les plus roides de la route du mont Cenis.
4ᵐᵐ à 4ᵐᵐ,5	$\frac{1}{15}$ à $\frac{1}{18}$	5,5 à 6 %	3° environ	On peut descendre sans enrayer avec des voitures peu chargées.
5 millimètres	$\frac{1}{20}$	5 %	près de 3°	Pente limite des routes nouvelles. Les voitures chargées montent sans le secours de chevaux de renfort et descendent sans enrayer.
6ᵐᵐ,25	$\frac{1}{25}$	4 %	2° environ	Peut être parcouru au trot en montant par des pièces de campagne attelées de 4 chevaux.
7 millimètres	$\frac{1}{28}$	3,5 %	2° environ	Limite maximum des rampes de chemins de fer dans les hautes montagnes (voie de Turin à Gênes).
8ᵐᵐ à 15ᵐᵐ	$\frac{1}{32}$ à $\frac{1}{50}$	1,6 à 3 %	de 4° à 2°	Praticables sans difficulté pour les troupes de toutes armes.
16 millimèt.	$\frac{1}{65}$	1,5 %	0° 56'	Limite des pentes représentées par des hachures.
25 millimèt.	$\frac{1}{100}$	1 %	0° 35'	Rampes de chemins de fer à pentes moyennes.

est égale à la hauteur, correspond à l'angle de 45°, moitié de l'angle droit; elle est difficile, mais accessible encore pour des hommes peu chargés, si toutefois elle est de peu de longueur.

Dans la nature, on rencontre toutes les pentes, depuis 0 jusqu'à 90 degrés; mais au-dessus de 45° les terres ne pouvant plus se soutenir d'elles-mêmes, les surfaces dont l'inclinaison est supérieure sont constituées par le rocher.

Nécessité de figurer le terrain sur les cartes militaires.

124. Une carte militaire serait imparfaite, elle ne répondrait pas à la définition qui en a été donnée (9), si elle n'indiquait pas de la manière la plus exacte possible, les élévations et les dépressions du sol, ainsi que la valeur approchée des pentes qui les réunissent.

Ces accidents naturels sont d'une importance capitale pour le choix des positions sur lesquelles une troupe est appelée à combattre; on ne saurait en effet contester la supériorité que donne l'occupation d'une hauteur dont l'assaillant est obligé de franchir les pentes sous le feu des défenseurs.

Le figuré du terrain doit donc donner, au simple aspect de la carte, une idée précise des formes variées du sol; il doit permettre au lecteur d'évaluer approximativement les pentes, afin qu'il puisse juger leur praticabilité, et d'apprécier enfin les reliefs ou différences de hauteur.

Nivellement, plan de repère.

125. On confond assez souvent les expressions nivellement et figuré du terrain.

Le nivellement comprend l'ensemble des opérations topographiques qui consistent à déterminer la hauteur des différents points de la surface du sol au-dessus d'une surface horizontale de convention. La surface horizontale ordinairement choisie est celle du niveau moyen de la mer supposée prolongée au-dessous des terres. Le but du nivellement est donc de préparer les éléments nécessaires pour le figuré du terrain.

Altitude, relief, commandement, cote.

126. Les hauteurs obtenues par le nivellement se nomment altitudes, mot qu'il faut se garder de confondre avec relief.

L'altitude est la hauteur absolue au-dessus du niveau moyen de la mer ; le relief n'est qu'une hauteur relative. Ainsi on dit qu'une colline a un relief de 40^m, par exemple, au-dessus de la vallée voisine ; mais la vallée dont il s'agit peut elle-même se trouver à une certaine hauteur au-dessus du niveau de la mer, hauteur qu'il faudrait ajouter à 40^m pour avoir l'altitude ou hauteur absolue de la colline.

Commandement se dit de la différence des hauteurs absolues de deux points visibles l'un de l'autre. Ainsi, on exprime que l'un des points est élevé de 20^m au-dessus de l'autre en disant qu'il a un commandement de 20^m sur le second. Dans le même ordre d'idées, on dit qu'une position militaire ne doit pas être commandée, c'est-à-dire qu'elle ne doit pas être dominée à portée de canon.

Les nombres placés sur une carte à côté d'un point pour exprimer son altitude, se nomment cotes de hauteur ou simplement cotes. Les cotes sont évaluées en mètres sur les cartes officielles françaises.

L'unité de mesure adoptée pour les altitudes varie suivant les pays :

C'est le pied de Paris, 0^m3248, pour les cartes d'Allemagne et la carte de l'Europe centrale de Reymann à $\frac{1}{200000}$;

En Bavière, le Ruthe (perche), de 2^m91 ;

En Autriche, le Klafter de Vienne, de 1^m89 ;

En Danemark, le pied du Rhin, de 0^m314 ;

En Italie et en Suisse, le mètre ;

En Angleterre, le pied anglais, de 0^m305.

Les altitudes attribuées à un clocher, à une maison, un arbre ou un objet quelconque du terrain, se rapportent toujours au point du sol sur lequel ces objets se trouvent appuyés.

Insuffisance des cotes pour exprimer le figuré du terrain.

127. Les cotes sont indispensables pour exprimer les reliefs et les différences de niveau, mais elles sont insuffisantes pour représenter le figuré du terrain. Quelque multipliées, quelque rapprochées qu'elles soient les unes des autres, elles ne sauraient offrir à l'esprit une idée nette et exacte des formes. On pourrait certainement reconnaître à la simple lecture les points les plus élevés et les points les plus bas par la comparaison des cotes

qui indiquent leur hauteur ; la recherche de la différence
de niveau entre deux points cotés se réduirait à une
soustraction ; on reconnaîtrait facilement un sommet,
puisque toutes les cotes voisines seraient exprimées par
des nombres inférieurs à la cote du sommet même, une
plaine horizontale parce que tous ses points seraient également cotés. Une pente ascendante ou descendante se
distinguerait aisément par la progression croissante ou
décroissante des altitudes de ses divers points. Mais ces
renseignements ne seraient pas obtenus sans quelque
opération de l'intelligence qui exigerait un certain temps
et ne laisserait d'ailleurs dans l'esprit qu'une impression
fugitive.

Or, ne l'oublions pas, c'est surtout aux yeux que la
carte s'adresse, et il faut que les yeux saisissent, rapidement et sans hésitation, le relief et le modelé des formes
comme s'ils étaient en face de la nature elle-même.

Ce qu'on entend par courbes horizontales.

128. Mais supposons qu'on ait réuni par une ligne
continue tous les points de même cote, on obtiendra par
ce moyen une série de lignes courbes plus ou moins sinueuses, dont tous les points auront même altitude.

Ces courbes ont reçu le nom de courbes horizontales
ou courbes de niveau.

Une seule cote suffisant, dès lors, pour indiquer l'altitude de chacune des courbes horizontales, on pourra
supprimer toutes les autres cotes.

On va plus loin encore : de toutes ces courbes on con-
serve seulement celles dont l'altitude est exprimée par

un nombre multiple de 10, par exemple, c'est-à-dire par 20, 30, 40^m, etc.

Alors il devient évident qu'il suffit de connaître la cote d'une des courbes pour en conclure la cote de toutes les autres, pourvu toutefois qu'il n'y ait pas d'indécision sur le sens de la pente, indécision qui disparaît si deux des courbes seulement sont cotées.

Hypothèse de l'inondation générale.

129. Afin de donner une idée plus sensible encore des courbes horizontales et de leur emploi pour figurer les formes variées du sol, considérons une portion de terrain accidenté située sur les bords de l'Océan et supposons que le niveau moyen de la mer vienne à s'élever de 10 mètres.

Tous les points de la surface du sol dont l'altitude était inférieure à 10 mètres, se trouveront submergés. Le nouveau rivage s'éloignera d'autant plus de l'ancien que la pente qui va de l'un à l'autre est plus douce. Si l'on marquait par un sillon creusé dans le sol la courbe ondulée suivant laquelle les eaux viennent affleurer le nouveau rivage et qu'on la représentât par sa projection sur la carte comme on l'a fait pour toutes les. autres lignes de la planimétrie, cette courbe située dans le plan horizontal de la surface des eaux élevée de 10 mètres, indiquerait évidemment la situation de tous les points du terrain dont l'altitude est de 10 mètres au-dessus du niveau moyen.

Si la surface des eaux s'élevait encore de 10 mètres, le nouveau contour formerait une deuxième courbe horizontale cotée 20 mètres, que l'on pourrait faire figurer également sur le dessin.

Supposons l'inondation croissant toujours et s'arrêtant de 10 en 10 mètres, on obtiendra successivement les courbes de niveau 30, 40, 50 mètres, etc. Ces courbes s'éloigneront de plus en plus du rivage primitif qui est à la cote zéro; elles entreront plus ou moins profondément dans les vallées; elles seront d'autant plus rapprochées sur les flancs des hauteurs que la pente est plus roide, d'autant plus éloignées que la pente est plus douce; se fermant autour des sommets qu'elles enveloppent, se moulant enfin, pour ainsi dire, sur toutes les aspérités du sol.

Les courbes sont la base du figuré du terrain par les hachures.

130. Quoique les courbes horizontales n'aient pas été adoptées pour exprimer le figuré du terrain sur les feuilles gravées de la carte de France à $\frac{1}{80000}$, cependant il est indispensable de connaître ce mode de représentation, car il est la base et le point de départ du figuré du terrain par les hachures.

D'ailleurs, depuis quelques années, on paraît disposé, en France comme à l'étranger, à employer exclusivement les courbes pour exprimer les formes du terrain sur quelques cartes spéciales, et il est incontestable que ce procédé a au moins l'avantage d'être plus expéditif que celui des hachures.

Dès qu'on sera familiarisé avec les courbes, la lecture d'un terrain représenté par des hachures n'offrira plus la moindre difficulté.

Figuré du terrain par les courbes horizontales.

131. Pour que les courbes horizontales expriment exactement les formes et le relief du terrain, il faut qu'elles permettent :

1º De déterminer la cote d'un point quelconque de la surface du sol ;

2º D'évaluer approximativement les pentes ;

3º De reconstituer par une simple opération de l'esprit les mouvements du terrain exprimés par l'ensemble des courbes, et d'appliquer par conséquent à chacun de ces mouvements le nom qui lui convient.

Equidistance.

132. La première condition exige que la distance verticale qui sépare deux courbes consécutives soit toujours la même, c'est-à-dire que, pour aller d'une courbe quelconque à celle qui lui est immédiatement supérieure ou inférieure, il faut qu'on s'élève ou qu'on s'abaisse toujours de la même quantité.

Cette quantité constante se nomme *équidistance*.

L'équidistance varie proportionnellement à l'échelle de la carte ; elle est d'autant plus grande que l'échelle est plus petite.

Pour déterminer l'équidistance qui correspond à une échelle donnée, il suffit de chercher la longueur de la ligne naturelle qui, sur la carte, serait représentée par un quart de millimètre, limite des quantités graphiques appréciables (7).

Or, on sait qu'un millimètre de la carte représente

10^m, 20^m, 40^m, 80^m aux échelles de $\frac{1}{10000}$, $\frac{1}{20000}$, $\frac{1}{40000}$, $\frac{1}{80000}$; l'équidistance sera donc de

2^m50 à l'échelle de $\frac{1}{10000}$;

5^m — $\frac{1}{20000}$;

10^m — $\frac{1}{40000}$;

20^m — $\frac{1}{80000}$.

On peut, sans se préoccuper de l'échelle, faire varier l'équidistance selon la nature du terrain à représenter.

Sur la carte d'un pays de montagnes à pentes roides, à escarpements rocheux, les projections des courbes horizontales à petite équidistance seraient en effet tellement rapprochées qu'elles se confondraient; en outre elles couvriraient la planimétrie de manière à la rendre illisible. Pour les pays plats, ondulés ou légèrement accidentés au contraire, les courbes, si l'équidistance était trop grande, seraient trop éloignées l'une de l'autre, disparaîtraient au milieu des détails de la planimétrie, et ne rendraient d'ailleurs qu'imparfaitement ces petites ondulations du terrain d'une importance si grande à la guerre.

Aussi augmente-t-on quelquefois l'équidistance en pays de montagne et la diminue-t-on en pays de plaine; mais alors il est indispensable d'indiquer au bas de la carte la valeur de l'équidistance adoptée.

Ordinairement les courbes ne sont pas cotées, mais on trouve sur la carte différents points, sommets, cols, maisons, carrefours de chemins, etc..., dont l'altitude est indiquée et qui suffisent pour évaluer la cote de la courbe la plus voisine. En effet, dès que, connaissant l'échelle et l'équidistance, on a déterminé le sens de la pente par la comparaison des cotes de deux points voisins, il est évident que les altitudes des courbes qui passent entre ces deux points sont les multiples de l'équidistance qui sont compris entre les cotes dont il s'agit, et il est toujours facile de construire un tableau de ces multiples qui donne à première vue les nombres cherchés.

Détermination de la cote d'un point quelconque du terrain.

133. Nous avons dit précédemment que le quart du millimètre est la plus petite longueur graphique que l'on peut apprécier : par suite, tout accident de terrain dont la hauteur verticale est moindre que l'équidistance, ne saurait être représenté graphiquement. On peut donc considérer la surface inclinée comprise entre deux courbes voisines comme ayant une pente uniforme, ce qui permettra d'estimer la cote d'un point quelconque du sol situé entre deux courbes.

En effet, d'après la définition (120), une pente uniforme est telle qu'on s'élève toujours de la même quantité pour une même distance horizontale.

Si donc le point A (fig. 5) est à égale distance des courbes 30 et 40, il aura nécessairement la cote 35; s'il était au quart de cette distance à partir de la courbe 30, sa cote serait 32^{m}50; au dixième de la même distance, toujours du même côté, sa cote serait 31 mètres.

On entend ici par distance ou écartement de deux courbes, la longueur de la ligne la plus courte qu'on puisse tracer entre les deux courbes en passant par un point donné A. Cette ligne serait droite si les horizontales 30 et 40 étaient elles-mêmes droites et en même

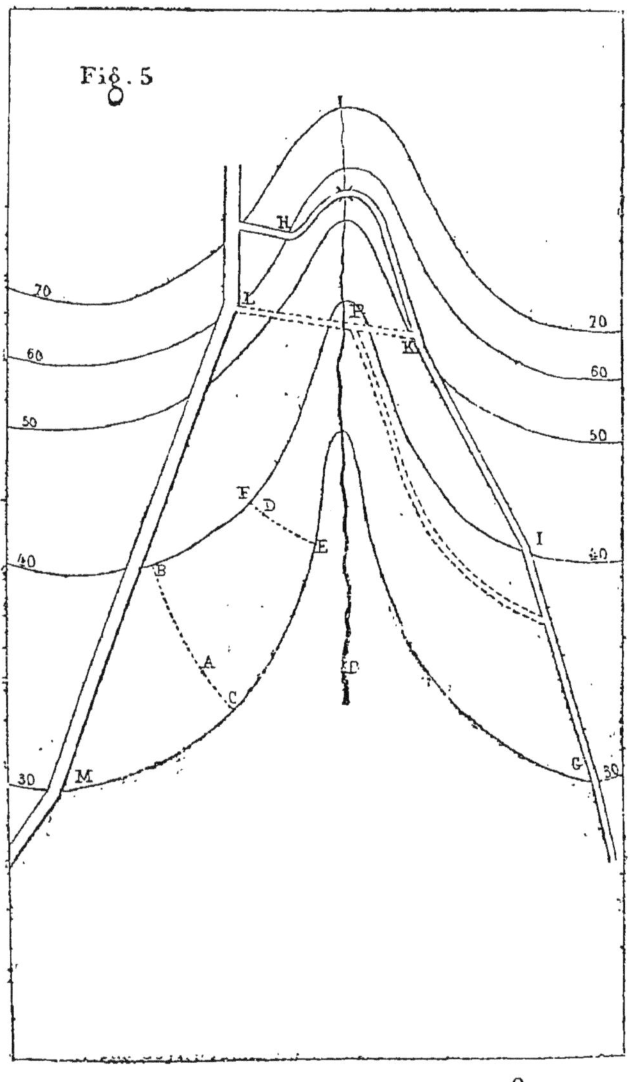

Fig. 5
O
H
70
70
60
60
50
50
L
P
K
F
D
E
I
40
40
B
A
C
30
M
G
30

temps parallèles; dans tout autre cas, c'est une ligne courbe.

A un autre point D de la zone comprise entre les horizontales 30 et 40 correspondrait une autre distance ou écartement E F.

Les lignes B C et E F ne sont autre chose qu'une partie des projections des lignes de plus grande pente du terrain qui passent par les points A et D (118). Elles sont dites normales aux courbes de niveau, parce qu'aux points où elles les rencontrent elles sont perpendiculaires aux éléments rectilignes infiniment petits dont la suite non interrompue constitue ces courbes.

Evaluation des pentes au moyen des courbes.

134. Les courbes donnent le moyen d'évaluer approximativement les pentes.

En effet, supposons que la ligne B C (fig. 5) mesurée à l'échelle représente une longueur de 200 mètres. La ligne B C que, pour faciliter le raisonnement, nous considérons comme une ligne droite, quoiqu'elle ait une légère courbure, est la base d'un triangle rectangle vertical (119) dont la hauteur est égale à l'équidistance, 10 mètres, c'est-à-dire que pour aller de C en B sur le terrain on s'élèverait de 10 mètres; par conséquent la pente de la ligne B C sera exprimée par $\frac{10}{200}$ ou $\frac{1}{20}$, rapport de la hauteur à la base, ce qui équivaut à une pente de 5 pour 100 (Tableau p. 102).

Le chemin de grande communication G H est tracé de telle sorte que la longueur de chacune de ses portions comprise entre deux courbes consécutives est toujours la même, c'est-à-dire que G I, I K et K H sont des quantités égales. La pente de ce chemin est donc uniforme (120). Pour l'évaluer il suffirait de diviser le nombre 30, différence de niveau entre G et H, par la longueur développée de la ligne G I K H.

La route nationale M L, qui est traversée à des distances inégales par les courbes 30, 40, 50 et 60, n'a pas une pente uniforme; son inclinaison augmente à mesure qu'elle s'élève de M vers L.

On peut voir également que le chemin G H, qui ne traverse qu'une seule fois chacune des courbes de niveau, a une pente ascendante constante, ainsi que la route M L, tandis que le sentier K L, qui offre un raccourci pour aller de K en L et qui coupe deux fois les courbes 40 et 50, descend d'abord jusqu'au ruisseau P R pour remonter ensuite jusqu'en L.

Quant au sentier I P, qui se dirige parallèlement à la courbe 40, il est horizontal.

De ce qui précède on tire les conclusions suivantes :

Plus les courbes sont rapprochées, plus la pente est rapide; plus elles sont écartées, plus la pente est douce.

Quand elles sont également espacées, la pente est uniforme.

Lorsque les courbes, très-rapprochées vers le haut de la pente, vont en s'écartant à mesure que l'on descend, la pente est concave, c'est-à-dire recourbée en dedans. Lorsqu'au contraire les courbes vont en se rapprochant du haut en bas de la pente, celle-ci est convexe ou recourbée en dehors (120).

La pente d'une route ou d'un chemin est d'autant

plus roide que l'angle que fait sa direction avec les courbes de niveau se rapproche davantage de l'angle droit.

Appréciation des formes du terrain par les courbes.

135. Pour saisir rapidement les formes d'un terrain
figurées par des courbes de niveau, il faut une certaine
expérience, qui ne s'acquiert que par un long exercice.
Les regards du lecteur sont attirés de préférence par les
écritures et les signes conventionnels de toute espèce
qui composent la planimétrie ; il est donc nécessaire
qu'il s'attache, en regardant une carte avec l'intention
d'étudier les formes du terrain, à faire abstraction des
écritures et de tous les détails planimétriques, pour ne
plus voir que les courbes qui se superposent à ces
détails.

Si la carte est en chromolithographie (9) et que les
courbes y soient indiquées par une couleur spéciale, on
les distinguera facilement de la planimétrie ; mais si la
carte est complétement gravée en noir, on pourra
quelquefois confondre les courbes avec les chemins à un
seul trait qui leur sont parallèles. Avec un peu d'attention, on rectifiera rapidement cette erreur.

Mais, avant de chercher à saisir l'ensemble des formes,
il faut en analyser les détails et s'efforcer d'abord de
les comprendre pour les rattacher ensuite les uns aux
autres.

Etudes des mouvements élémentaires du sol définis par des courbes hori-
zontales équidistantes. Croupe, vallée, thalweg, mamelon, sommet.

136. Les lignes horizontales continues qui passent
par tous les points de même cote du terrain sont le plus

généralement des lignes courbes, et c'est pour cette raison qu'on leur a donné ce nom ; cependant, dans quelques cas particuliers, elles peuvent être des lignes droites. Si ces lignes droites sont parallèles et également espacées, non-seulement la pente est uniforme, comme il a été dit plus haut (133), mais la surface qu'elles représentent est plane. La surface est concave ou convexe dans tous les autres cas ; mais pour reconnaître, sans erreur, l'une ou l'autre de ces formes, il est indispensable d'abord de déterminer le sens de la pente, ce que l'on peut faire par la comparaison de deux cotes inscrites.

Ainsi, soit un mouvement de terrain (*fig.* 6), constitué

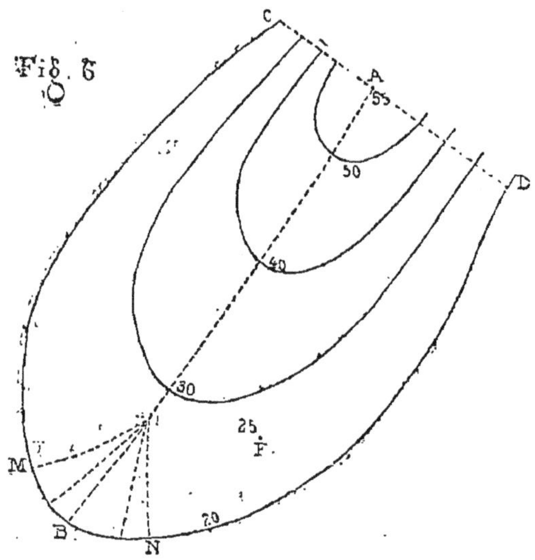

par 4 courbes, et dont on connaît deux points en altitude, le point A coté 55ᵐ, et le point F coté 25ᵐ. Supposons que l'équidistance soit de 10^m ; nous en concluons immédiatement (132) que les trois courbes qui passent entre les points A et F sont cotées respectivement 50^m, 40^m, 30^m, et que la courbe inférieure est à la cote 20. Or il est facile de reconnaître que, de quelque côté qu'on se dirige en partant du point A, dans la partie limitée par la ligne CD et la courbe 20, on est obligé de descendre.

Le mouvement représenté est donc une surface convexe, c'est ce que nous avons appelé croupe (95).

Parmi tous les chemins qui du point A pourraient conduire directement à la courbe 20, il en est un qui est plus long que tous les autres, c'est celui qui aboutirait au point B de la courbe 20, le plus éloigné de A. La ligne AB qui joint ces deux points en traversant normalement (133) les quatre courbes est, de toutes les lignes de plus grande pente (118) de la surface convexe de la croupe, celle qui offre la pente la plus douce pour descendre du point A à la courbe 20, et réciproquement pour monter de la courbe 20 au point A. On l'appelle, en particulier, ligne de faîte ; c'est sur elle que les eaux pluviales se séparent pour s'écouler, d'un côté, sur le versant ABC, de l'autre, sur le versant ABD, jusqu'au fond des dépressions voisines. La ligne de faîte est donc aussi une ligne de partage des eaux (105). Elle offre cette propriété qu'à chacun de ses points correspondent plusieurs lignes de plus grande pente du terrain.

En effet, d'un point E quelconque, pris sur cette ligne, on peut mener autant de lignes de plus grande pente qu'on peut diriger de normales vers la courbe 20.

Si la portion de courbe MN était un arc de cercle, dont E serait le centre, toutes les normales seraient des rayons de ce cercle, et, par conséquent, des lignes droites.

Supposons maintenant que le point F, au lieu d'être coté 25, soit à l'altitude 85, la courbe 50 de la figure prendra la cote 60, la courbe 40 sera cotée 70, la courbe 30, 80, et ainsi de suite ; et le mouvement de terrain, au lieu d'être une surface convexe, une croupe, deviendra une surface concave, une vallée, dont AB serait le thalweg (111). Les eaux pluviales tombant sur la surface ACBD, viendraient s'y réunir en suivant les diverses lignes de plus grande pente du terrain. Remarquons, par analogie avec ce qui vient d'être dit pour la croupe, que toutes les gouttes d'eau partant de la portion de courbe MN, supposée un arc de cercle de rayon BE, iraient toutes concourir au point E, en suivant des chemins différents.

Dans la fig. 7, toutes les courbes sont fermées ; l'une d'elles, enveloppée par toutes les autres, porte la cote la plus élevée. Cette figure représente un mamelon que l'on peut considérer comme formé de deux croupes ABD, ABC, adossées l'une à l'autre, suivant la ligne AB. Chacune de ces croupes a sa ligne de faîte particulière SD, SC, partant du sommet S. La suite de ces deux lignes forme la ligne de faîte générale du mamelon.

A partir du sommet S, le terrain descend de tous les côtés. En suivant une des lignes de plus grande pente du mamelon, qui toutes ont leur origine au point S, on arrive ordinairement, après avoir dépassé la dernière courbe enveloppante, à une courbe, qui s'écarte de celle-ci pour aller entourer une autre courbe, fermée ou

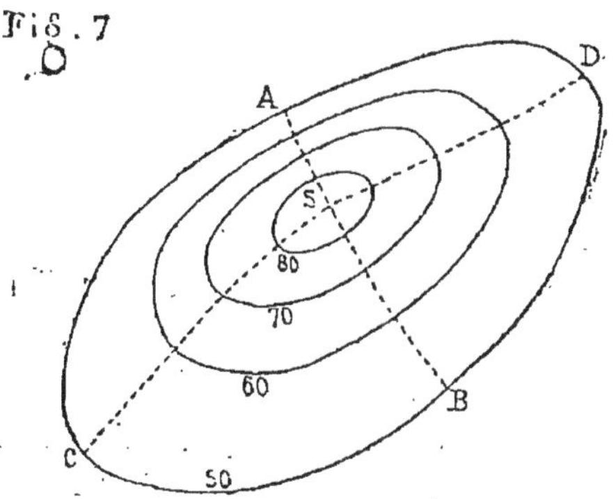

non, mais qui n'appartient plus au mamelon considéré. Vers le point où a lieu la séparation, se trouve un col ; on verra, au paragraphe suivant, le moyen de le reconnaître.

Lorsqu'au delà de la courbe inférieure fermée du mamelon, on ne rencontre plus d'autres courbes qu'à une grande distance, c'est que l'on est arrivé à la base du mamelon, et que celui-ci repose isolément sur une plaine ou sur un plateau.

Si la courbe supérieure enveloppée est un très-petit cercle et que de tous côtés les pentes soient rapides, le sommet est un pic ou un piton ; si les pentes sont douces autour du sommet, on aura un mamelon, un ballon ; si la surface, limitée par la courbe supérieure, est assez grande, quelle que soit d'ailleurs sa forme, le sommet sera constitué par un plateau ; si la courbe du sommet forme un ovale très-allongé et en même temps très-étroit, elle représentera une crête en arête ; il n'est pas rare, dans ce cas, que la partie supérieure d'un des flancs ou versants et quelquefois des deux présente des rochers à pic.

Fig. 8

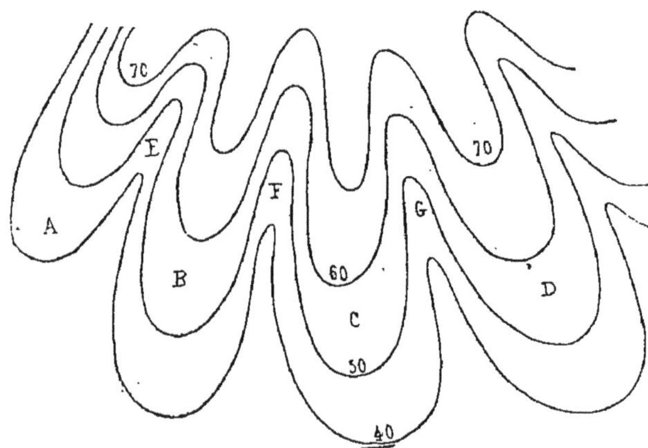

La figure 8 représente une succession de croupes et de vallées. A, B, C, D sont des croupes ; E, F, G sont des vallées.

Mouvements composés du sol.

137. Le sommet A (*fig.* 9) est pointu : c'est un pic, un piton ; le sommet B forme un petit plateau.

Entre deux sommets, il y a nécessairement une dépression. En effet, pour aller de A en B, on descend de la

E
B
100
180
170
160
V
D
C
A
210
200
190
180
170
160
150
140
130
120
110
100
90
80
70
F
120
110
100
90
T
S
H
160
P
220
M
N
210
200
190
180
170
160
100
110
120
130
140
150
160

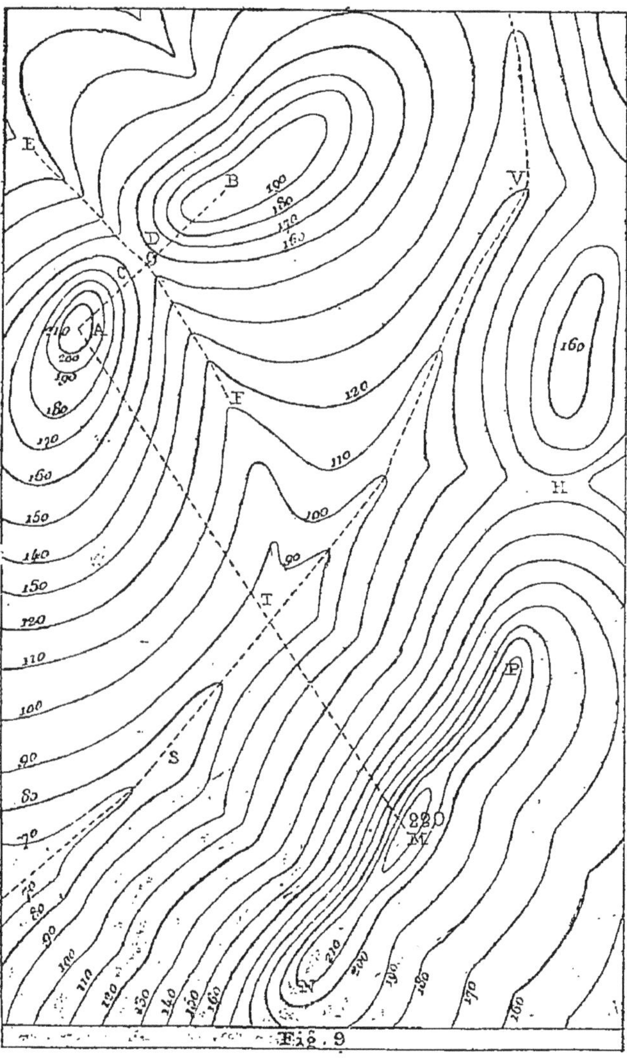

Fig. 9

courbe supérieure 210 jusqu'au point C qui se trouve sur la courbe 160. En D, on rencontre une autre courbe également cotée 160, puisqu'elle est immédiatement supérieure à la courbe 150 qui enveloppe les deux sommets A et B; puis on remonte jusqu'au plateau B à la courbe 190. L'espace parcouru de C en D entre les deux sommets est donc plus bas que chacun d'eux. Si au contraire on se propose de traverser le terrain en passant par le point O, pris vers le milieu de CD, mais en laissant à droite et à gauche les sommets B et A et en suivant une direction à peu près perpendiculaire à AB, on voit que pour aller de F vers O on s'élève, puisqu'on traverse successivement les courbes 120, 130, 140, 150; puis, de l'autre côté de AB, on descend en traversant les mêmes courbes en sens contraire. Ce point remarquable du terrain, O, placé à l'intersection des lignes AB et EF, est un col (104), dont l'altitude est comprise entre 150 et 160 mètres.

Le sommet NMP représente une crête formant arête (104). Entre le point culminant M de cette arête et le piton A, il y a également une dépression. En effet, pour aller de A en M, on traverse successivement, en descendant, les courbes 200, 190, 180, etc., jusqu'à la courbe 100, vers le point T ; puis on retrouve successivement, après avoir dépassé ce point, les courbes 100, 110, 120, 130 qui reviennent sur elles-mêmes après s'être infléchies au-dessus du point T ; on s'élève donc du point T au point M. Mais si l'on suit une direction STV à peu près perpendiculaire à AM, il est facile de voir qu'on monte constamment, en deçà comme au delà du point T, puisqu'on va de la courbe 70 à la courbe 120. Le point T n'est donc pas dans les mêmes conditions que le col O situé entre les sommets A et B, puisque du point O le terrain descend des deux côtés, vers E comme vers F.

La dépression qui sépare le sommet M du sommet A n'est donc pas un col. Or, si l'on examine attentivement la disposition des courbes, on remarque que les eaux pluviales, qui tomberaient sur la portion de terrain comprise entre les lignes AB et VS, d'un côté, PN et VS, de l'autre, se réuniront sur la ligne VS, où s'infléchissent les courbes horizontales, et qu'elles s'écouleront dans le sens même de VS, puisque cette ligne descend de la cote 130 à la cote 70.

La ligne VS, ligne de réunion des eaux s'écoulant sur les versants ABSV et PNSV qui se font face, est donc un thalweg (111); et la dépression constatée entre le sommet A et le sommet M est une vallée au fond de laquelle la planimétrie indiquerait certainement un cours d'eau.

Les lignes AOB, PMN sont des portions de la ligne de partage ou de séparation des eaux (105) qui limite le bassin de ce cours d'eau.

Du col O, un thalweg descend dans la vallée principale. Un autre col, H, donne également naissance à un thalweg de moindre importance.

La figure 9 montre comment les courbes s'arrondissent autour des sommets en présentant leur convexité vers les dépressions voisines, comment elles rentrent dans les vallées et s'infléchissent sur les thalwegs, en formant des angles d'autant plus aigus que la vallée est plus encaissée.

Les formes du terrain sont si variées qu'il serait impossible de passer en revue tous les cas particuliers qui peuvent se présenter. La méthode que l'on vient de suivre pour lire un terrain figuré par des courbes horizontales a les sommets pour points de départ ; on pourrait tout aussi bien prendre pour base les cours d'eau, et partir des dépressions dans lesquelles ils coulent, pour remonter de là jusqu'aux sommets qui les dominent.

La règle que nous avons donnée pour reconnaître un sommet n'est cependant pas absolue ; il peut arriver, en effet, qu'une courbe fermée, au lieu d'indiquer un sommet, représente la partie inférieure d'un trou (109), et que le terrain, au lieu de descendre de tous côtés à l'extérieur de cette courbe, ait, au contraire, dans tous les sens une pente ascendante.

A première vue, il peut donc y avoir hésitation ; mais si la carte porte des cotes en nombre suffisant, le doute ne sera pas de longue durée. D'ailleurs les trous, comme les vallées sans issue, sont assez rares pour qu'on n'ait pas à craindre de commettre souvent l'erreur dont nous signalons la cause.

Il pourrait arriver également que l'on confondît une croupe avec un vallon, dans lequel la planimétrie n'indiquerait pas de ruisseau. Cette erreur ne se produit guère que sur les pentes qui limitent un grand plateau et lorsque l'absence complète de sommets indiqués par des courbes fermées ne permet pas de reconnaître tout d'abord le sens de la pente. Mais il suffit de comparer deux cotes, l'une sur le plateau, l'autre dans la plaine, pour écarter immédiatement toute indécision.

Règles pour le tracé des courbes.

138. Les courbes sont tracées sur les cartes en traits continus plus déliés que ceux qui représentent les chemins de la moindre importance, afin qu'on ne puisse les confondre avec eux. On les interrompt pour le passage des routes et, en général, de toutes les voies de communication à deux traits.

Il est d'usage de forcer légèrement une courbe sur quatre, afin qu'on puisse facilement suivre de l'œil une ligne de niveau déterminée, sans s'exposer à passer insciemment de l'une à l'autre.

Ce procédé présente encore un autre avantage.

Il peut arriver, en effet, que la pente soit tellement roide et par conséquent les courbes si rapprochées l'une de l'autre, qu'il soit impossible de les tracer toutes sans qu'elles se confondent. Dans ce cas on supprime une courbe sur deux, quelquefois même trois sur quatre; mais la suppression ne portant jamais que sur les courbes fines, on rétablit facilement par la pensée celles que l'on a été dans l'obligation d'interrompre.

La courbe marquée d'un trait fort doit être toujours un multiple de 4 fois l'équidistance. Ainsi l'équidistance étant de 10 mètres, les courbes accentuées sont des multiples de 40, c'est-à-dire 40, 80, 120, 160, etc.... Si l'équidistance était de 20 mètres, ce seraient les courbes 80, 160, 240, etc...

Des profils en général.

139. Lorsque les formes du terrain sont représentées par des courbes horizontales, on se rend aisément compte des différences de niveau ; mais si l'on n'a pas une grande expérience de la carte, il est assez difficile de reconnaître, à première vue, si un point de la surface du terrain est visible d'un autre point déterminé et si, par conséquent, une troupe qui occuperait le premier de ces points serait à l'abri des feux partant du second, en supposant toutefois que leur distance soit inférieure à la portée des armes à feu. On peut encore se demander quelles sont les parties du sol que l'on pourrait couvrir de feux de plein fouet, en supposant qu'on occupe un point fixé d'avance sur la carte, et quelles sont celles qui, échappant aux regards partant de ce point dans toutes les directions, permettraient à l'ennemi d'y abriter une disposition de troupes. Les profils fournissent un moyen très-simple d'arriver à la solution de ces deux problèmes.

La figure 10 représente une portion de terrain régulièrement définie par des courbes de niveau. On y reconnaît facilement deux sommets M, N, séparés par un vallon V L (137). Le premier de ces sommets est à la cote 240^m, le second n'a qu'une altitude de 140^m. L'équidistance des courbes est de 10^m ; l'échelle est à $\frac{1}{10000}$.

Supposons un observateur placé sur le sommet M, et proposons-nous de rechercher quels sont les points de la surface du terrain qu'il peut apercevoir dans la direction B A par exemple, suivant une ligne droite qui va de l'un à l'autre sommet.

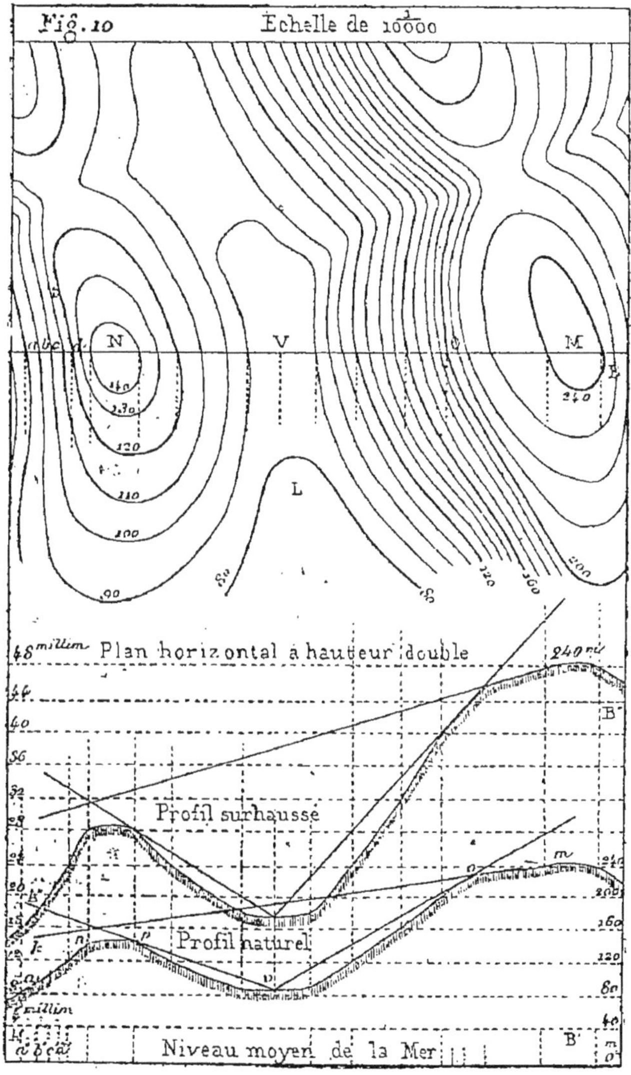

Fig. 10
Échelle de 1/10000
N
V
M
L
160
130
120
110
100
90
80
240
220
200
180
48 millim Plan horizontal à hauteur double 240 m
44
40
36
32
28
Profil surhaussé
m
240
200
160
Profil naturel
120
80
40
8 millim
Niveau moyen de la Mer
B

Nous connaissons la cote de chacun des points a, b, c, d....... où la ligne AB traverse les courbes de niveau 90, 100, 110, 120... etc... Imaginons qu'à chacun de ces points on élève, sur le plan de la figure, des perpendiculaires respectivement égales à la hauteur, réduite à l'échelle du dessin, de tous ces points au-dessus du plan horizontal de comparaison que nous savons être le niveau de la mer. Supposons ensuite qu'on joigne les extrémités supérieures de ces perpendiculaires par une ligne continue : cette ligne continue sera le profil du terrain suivant la direction AB.

Une construction géométrique des plus simples permet de représenter graphiquement ce profil et de fixer ainsi sur le papier la figure qu'il dessine dans l'espace et que, jusqu'à présent, nous n'avons saisie que par un effort d'imagination qui n'a pu laisser dans notre esprit qu'une impression vague et indéterminée.

Construction géométrique d'un profil.

140. Transportons parallèlement à elle-même la ligne AB, en dehors du cadre du dessin, dans la position A'B'. A chacun des points a' b' c' d'...... que la ligne AB a entraînés avec elle, et qui représentent les points a, b, c, d...... où elle rencontrait les courbes horizontales, élevons des perpendiculaires à A'B' et portons sur chacune d'elles, à partir de la ligne A'B', des quantités égales aux cotes des courbes correspondantes, réduites à l'échelle du dessin. A l'échelle de $\frac{1}{10000}$, l'équidistance de 10 mètres est représentée par un millimètre; la cote du point a, qui est de 80^m, sera donc graphique-

ment égale à 8 millimètres; celle du point *b*, qui est de 90ᵐ, sera graphiquement égale à 9 millimètres et ainsi de suite. Par conséquent la perpendiculaire élevée en a' aura 8 millimètres de hauteur, celle élevée en b' aura 9^{mm}; celle en c' 10^{mm}, etc., etc. Enfin traçons une ligne continue $a'npvom$ par les extrémités de ces perpendiculaires, et nous aurons obtenu graphiquement le profil demandé, qui n'est autre chose que *la courbe d'intersection de la surface du sol avec le plan vertical dont A B est la trace sur le dessin.*

Si l'on creusait le terrain suivant la ligne A B de manière à former un immense fossé dont les parois verticales descendraient jusqu'au niveau de la mer, la courbe dessinée sur le sol par la crête supérieure de ces parois, de chaque côté du fossé, représenterait exactement dans la nature la courbe de profil dont $a'npvom$ est la réduction. Les talus des tranchées profondes que traversent en déblai les voies ferrées, donnent l'idée précise d'un profil.

Recherche de l'horizon visible d'un point donné.

141. Supposons maintenant notre observateur placé en *m* sur la courbe de profil elle-même, et regardant vers A′ en dirigeant un rayon visuel mk suivant mo rasant le sol; il est évident qu'il ne peut apercevoir le sommet *n*, ni le fond *v* du vallon, ni la pente du sommet *n* opposée au vallon, cette pente à laquelle nous avons donné le nom de revers (103). S'il s'avance jusqu'au point *o*, le fond du vallon lui deviendra visible, le petit plateau horizontal qui surmonte le sommet *n* lui apparaîtra tout

entier ; mais le revers du.mamelon *n* échappera encore à ses regards.

Il est facile de comprendre maintenant qu'en construisant un certain nombre de profils suivant des lignes rayonnant dans toutes les directions autour du sommet M, on pourrait arriver à déterminer très-exactement toutes les parties de la surface du sol environnant, jusqu'à portée de canon ou de fusil, qui seraient visibles ou invisibles de ce sommet, et par conséquent de signaler d'avance, seulement d'après la carte, les points dangereux du terrain pour un poste qui occuperait le plateau M, ainsi que ceux où l'ennemi trouverait un abri contre les feux de ce poste.

Si l'on voulait enfin déterminer l'horizon visible d'un point indiqué sur la carte, il faudrait construire un grand nombre de profils passant tous par ce point. Ces profils étant obtenus d'après le procédé expliqué au paragraphe 140, on tracerait dans chacun d'eux, à partir du point donné, à droite et à gauche de ce même point, les deux lignes droites qui laisseraient au-dessous d'elles tous les points de la courbe de profil, à l'exception d'un seul, celui où elles seraient tangentes à cette courbe. Il faudrait ensuite déterminer sur la carte la position de chacun de ces points de contact et les réunir enfin par une courbe continue qui doit toujours se refermer sur elle-même, à moins qu'un ou plusieurs des points de contact ne soient à l'extérieur du terrain figuré sur la carte. Cette courbe continue limiterait l'horizon visible du point donné et constituerait, pour des troupes qui se trouveraient en dehors, une espèce de ligne de défilement derrière laquelle elles seraient complétement invisibles.

Les points de l'horizon visible du point v qui appartiennent au profil A'B' (fig. 10) sont p et o, où les deux rayons visuels $v\,p\,x$ et $v\,o\,y$ touchent la courbe de profil $a'npvom$, laissant au-dessous d'eux les autres parties de cette courbe. Les points de contact, ou de tangence, p et o, sont deux points dominants du terrain pour un observateur placé en v.

Il ne faut pas confondre point dominant avec point culminant. Le point dominant a une situation relative par rapport à l'observateur ; le point culminant a une position absolue (99).

On ne saurait trop recommander aux officiers et aux sous-officiers qui veulent arriver rapidement à la lecture raisonnée du figuré du terrain par les courbes, de s'exercer le plus souvent possible, sur des cartes à terrains variés, à la construction de profils dans divers sens et à la recherche de l'horizon visible d'un point donné. La solution graphique de ce dernier problème est un peu compliquée, surtout si le terrain est très-accidenté ; cependant on y arrivera sans peine par le procédé qui suit.

Soit un point O d'une carte (fig. 11), placé sur un sommet, sur une pente ou au fond d'une vallée. On pose sur la carte un papier calque de dimensions suffisantes, de manière que son centre soit à peu près sur le point O, et on le fixe par ses bords au moyen de colle à bouche. On trace par le point O une série de lignes droites O A, O B, O C...., qui traversent les parties remarquables de la surface du sol, sommets, cols, escarpements, crêtes, vallées, que l'on voit par transparence à travers le papier calque ; puis, on construit les profils du terrain déter-

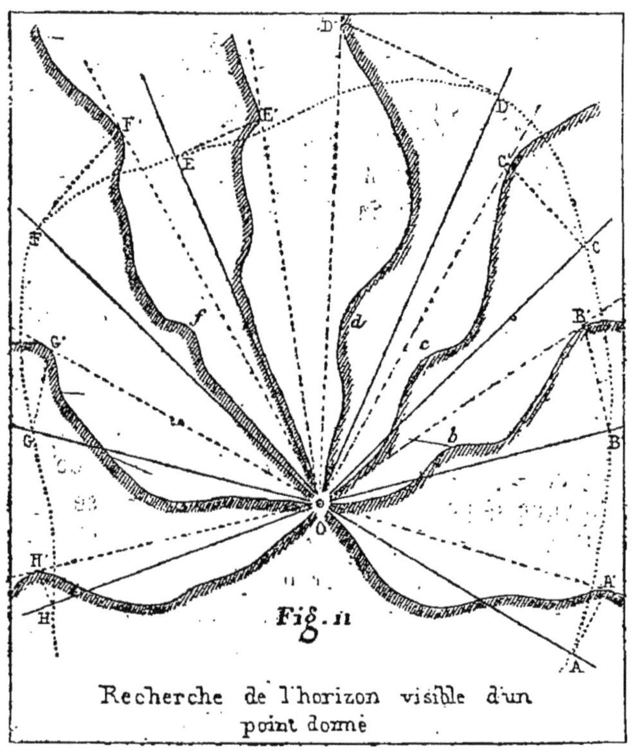

Recherche de l'horizon visible d'un point donné

minés par ces lignes droites, en supposant que le plan horizontal de repère soit à la même cote que le point O. Il pourra arriver qu'une portion de profil se trouve au-dessous de ce plan ; dans ce cas les perpendiculaires élevées sur les lignes O A, O B, O C..... aux points de rencontre des courbes de niveau, seraient prolongées au-dessous, d'une quantité suffisante. Les profils étant tracés, on mène du point O des tangentes à la partie la plus élevée des courbes obtenues. Les points de contact A′,B′,C′... de ces tangentes dans l'espace, ont pour projections sur le plan de repère, les points A, B, C... pieds des perpendiculaires abaissées de chacun d'eux sur les lignes directrices des profils. Si l'on réunit ces points A, B, C... par une courbe, cette courbe sera la limite de l'horizon visible du point O ; après l'avoir décalquée légèrement sur la carte, on enlèvera le papier transparent qui a servi à la déterminer. Les profils pourraient être exécutées sur la carte elle-même, mais les lignes de construction y seraient peu apparentes; il est donc préférable d'employer le procédé expliqué ci-dessus, qui a, en outre, l'avantage de ménager le dessin.

Le plus souvent, en campagne, on n'a besoin de connaître que la portion de l'horizon visible qui se trouve du côté par lequel on peut être attaqué; on n'exécute donc, avant d'aller occuper une position sur un point déterminé du terrain, que les profils strictement nécessaires pour obtenir la situation des points de contact qui correspondent au front de cette position.

La distance des points de contact, distance que l'on peut mesurer sur la carte, fait reconnaître ceux de ces points qui sont dangereux pour le point O. On peut voir, dans le cas particulier de la fig. 11, que les points b, c, d, f paraissent appartenir à un pli de terrain qui constituerait entre le centre d'horizon O et la courbe de contact A B C D, une ligne de défilement intermédiaire dont la prise de possession par l'ennemi deviendrait préjudiciable à la sûreté du poste établi en O, si celui-ci se trouvait à portée convenable.

Crête militaire.

142. La suite des points dominants des hauteurs qui bordent une vallée, considérés relativement à un observateur qui occuperait le fond de cette vallée, forme une ligne continue que l'on nomme crête militaire.

Le point *o* du profil A'B', fig. 10 (139), appartient à la crête militaire de la berge rive gauche du vallon V L. Cette crête suit à peu près la courbe 220. C'est sur elle que le commandant d'un poste, occupant le plateau du sommet M, placerait ses sentinelles.

La crête militaire jouit de cette propriété, qu'elle limite la partie du flanc des hauteurs qui a des vues sur le fond de la vallée, et celle qui n'en a pas ou qui n'en aurait que très-obliquement.

Les routes en corniche (47) suivent ordinairement la crête militaire. Elles ont donc une grande importance au point de vue tactique, puisqu'elles permettent d'amener facilement de l'artillerie sur des points qui ont des vues dans la vallée, et qu'on peut défiler les pièces en les plaçant un peu en arrière de la crête militaire pour les garantir des feux venant de la berge opposée.

Profils naturels, profils surhaussés.

143. Lorsque dans la construction d'un profil on emploie pour les hauteurs verticales qui représentent l'élévation de chaque point du sol au-dessus du plan horizontal de repère, la même échelle que pour les distances

horizontales qui séparent ces points, le profil est dit naturel ou à une seule échelle. Ces espèces de profils rendent exactement la coupe du terrain par un plan vertical, puisqu'ils conservent avec une précision mathématique la relation qui existe dans la nature entre les dimensions du terrain dans les deux sens, le sens vertical et le sens horizontal ; les différentes parties de la courbe de profil s'y trouvent donc indiquées avec la pente qu'elles ont naturellement.

Mais lorsque le terrain est très-peu accidenté, lorsque les différences de niveau sont peu considérables, la courbe de profil se trouverait tellement peu accentuée que les ondulations légères du sol tendraient à disparaître et que les détails de leur représentation graphique ne seraient plus assez sensibles à la vue. La détermination des points de contact avec le terrain des rayons visuels partant d'un point donné, deviendrait difficile, les lignes de défilement resteraient vagues et indécises.

Dans ce cas on double, on triple au besoin, les hauteurs verticales, mais en conservant toujours les distances horizontales exactement réduites à l'échelle de la carte. Les profils exécutés d'après cette convention se nomment profils à double échelle ou profils surhaussés.

La figure 10 représente le profil suivant A B, construit en A″B″ dans l'hypothèse des hauteurs verticales doubles, c'est-à-dire qu'au lieu d'être réduites à l'échelle de la carte $\frac{1}{10000}$, elles le sont à l'échelle de $\frac{1}{5000}$ et que l'équidistance de 10^m qui, à la première échelle, était traduite par un millimètre, l'est par deux millimètres à la seconde.

La comparaison des deux profils A′ B′, A″B″, montre que les inégalités du sol, élévations ou dépressions, ont conservé leur position relative, mais qu'elles sont bien plus accentuées dans le profil surhaussé que dans le profil naturel. Les lignes de construction qui ont servi dans les deux cas à la détermination des points de contact, conduisent exactement au même résultat; les pentes seules sont légèrement déformées dans le profil à double échelle, et leur inclinaison est plus grande que la réalité; mais cet inconvénient, lorsqu'on est prévenu d'avance, a peu d'importance en comparaison des avantages que présentent les profils surhaussés.

FIGURÉ DU TERRAIN PAR LES HACHURES.

144. Les courbes horizontales définissent le terrain d'une manière suffisante, puisqu'elles expriment le relief et les différences de niveau et qu'elles permettent de reconnaître les formes. Mais lorsqu'elles sont très-espacées, elles ne font pas sur la vue l'impression d'un corps fini, et elles ne rendent pas toujours certains détails du terrain qu'il est cependant important de représenter. Aussi a-t-on cru devoir substituer les hachures aux courbes dans la plupart des cartes topographiques et notamment dans la carte de France à $\frac{1}{80000}$ (1).

---

(1) Quelques cartes officielles de certains États de l'Europe représentent le figuré du terrain par des courbes horizontales équidistantes. Telles sont :

Les cartes des comtés d'Angleterre à $\frac{1}{10560}$;
La carte d'Irlande à $\frac{1}{63360}$;
Celles du Danemark à l'échelle de $\frac{1}{80000}$;
— du Portugal à $\frac{1}{100000}$;

Les hachures ne sont pas tracées d'une manière arbitraire; elles sont soumises pour leur direction, leur longueur, leur grosseur et leur écartement à des règles fixes.

Les courbes horizontales sont la base de la représentation des formes du terrain par les hachures, le tracé des courbes doit donc précéder le dessin régulier des hachures.

En France, on s'est arrêté aux principes suivants, qui ne diffèrent que sur quelques points de détail de ceux qui sont en usage à l'étranger.

1° Les hachures sont les projections des lignes de plus grande pente du terrain comprises entre deux courbes horizontales voisines; leur direction est assurée par les courbes, auxquelles elles sont normales (118);

2° Leur longueur est égale à la distance qui sépare les courbes de niveau (133);

3° L'espace compris entre deux courbes successives se nomme tranche horizontale. D'une tranche à la tranche voisine, les hachures doivent, autant que possible, ne pas être tracées dans le prolongement l'une de l'autre;

4° L'écartement des hachures est du quart de leur longueur (1).

Celles de la Hesse Électorale à $\frac{1}{25000}$;
— du Hohenzollern à $\frac{1}{50000}$;
— de Belgique à $\frac{1}{40000}$;
et quelques cantons de la Suisse à $\frac{1}{50000}$.

(1) Tel est du moins le principe qui a été adopté par la Commission chargée d'établir en 1826 un mode uniforme de figurer le relief du terrain. Depuis, cette règle a été modifiée et on a établi un diapason indiquant exactement l'épaisseur des hachures et leur écartement, suivant la

Les hachures sont donc d'autant plus rapprochées que l'intervalle entre les courbes est plus petit, d'autant plus écartées que cet intervalle est plus grand. Elles indiquent par conséquent le plus ou moins de roideur des pentes en raison de leur rapprochement ou de leur écartement.

Mais quelquefois les courbes sont tellement rapprochées et par conséquent la longueur des hachures tellement petite, qu'il serait impossible d'obéir rigoureusement au principe de l'écartement.

En conséquence, on a modifié ainsi qu'il suit le quatrième principe :

5° Lorsque la distance entre deux courbes voisines est plus petite que 2 millimètres, c'est-à-dire lorsque l'écartement des hachures devient inférieur à un demi-millimètre, on cesse de les tracer à des distances égales au

---

distance horizontale qui sépare deux courbes de niveau. Cependant ce diapason est peu employé; on exécute plus généralement les hachures d'après la loi du quart.

Les Allemands ont deux diapasons, celui de Lehmann et celui du général de Müffling. C'est d'après le premier que l'on a figuré le terrain sur la carte à $\frac{1}{80000}$ de la Westphalie et des Provinces rhénanes. Les hachures de Lehmann sont faites d'un trait plein, plus ou moins épais ; on peut leur reprocher de donner une intensité de noir beaucoup trop grande pour les pentes fortes.

Le diapason de Lehmann, modifié par de Müffling, a été adopté pour la carte à $\frac{1}{100000}$ de l'état-major allemand.

Le diapason de Müffling, employé plus spécialement pour les croquis militaires, indique l'inclinaison des pentes de 5 en 5 degrés, jusqu'à la pente de 25 degrés, par des modifications non-seulement dans l'épaisseur et l'écartement des hachures, mais aussi dans leur forme. Les hachures en éléments de ligne, les hachures pleines et les hachures tremblées y sont combinées de manière à exprimer la valeur de l'angle de pente avec une approximation qui varie de un à cinq degrés.

La Saxe, la Bavière et l'Autriche emploient un diapason qui ne diffère de celui de Lehmann que par la proportion du noir au blanc.

$\frac{1}{4}$ de leur longueur, mais on les grossit en raison de la rapidité de la pente.

D'ailleurs, il est d'un usage constant de grossir le trait des hachures proportionnellement à la pente, quelle que soit la distance des courbes, afin de donner plus de moelleux et d'expression au figuré des formes.

Il résulte des principes qui précèdent, que les hachures indiquent exactement la direction des pentes, qu'elles forment par leur ensemble des teintes d'autant plus foncées que l'inclinaison est plus roide, d'autant moins foncées que cette inclinaison est plus douce, et que des teintes d'égale intensité sur la même carte correspondent à des pentes d'égale inclinaison. Les teintes doivent d'ailleurs, quelle que soit leur intensité, être assez transparentes pour ne pas cacher la planimétrie et les écritures.

Lorsque les courbes de niveau sont tellement écartées que les hachures tracées, suivant le quatrième principe, ne formeraient plus une teinte sensible à l'œil, on supprime les hachures dans l'espace compris entre ces courbes, espace qui, dès lors, est considéré comme horizontal.

La limite d'écartement des courbes, au delà de laquelle on ne trace plus de hachures, est de 16 millimètres ; cet écartement correspond à une pente de $\frac{1}{64}$ (119), lorsqu'on emploie l'équidistance graphique de un quart de millimètre.

Les hachures qui limitent les pentes à leur partie inférieure, ainsi qu'à leur partie supérieure, sont très-effilées et se perdent insensiblement dans le blanc de papier.

La connaissance des règles suivantes, basées sur les principes fondamentaux qui précèdent, est indispensable pour faciliter la lecture du figuré d'un terrain exprimé par des hachures.

Un sommet est indiqué par des hachures qui rayonnent autour d'un centre commun.

Si, dans plusieurs tranches horizontales successives, les hachures sont parallèles et forment une teinte uniforme, la surface inclinée qu'elles représentent est plane. Si les hachures sont plus écartées à leur partie inférieure qu'à leur partie supérieure, la surface est convexe et représente une croupe. Dans le cas contraire, la surface est concave, et l'on a une dépression.

On sait que deux pentes inclinées l'une vers l'autre se rencontrent suivant un thalweg (111) formant le fond d'une dépression, qui, lorsqu'elle est très-étroite, prend le nom de ravin ou ravine. Si les hachures qui expriment chacune de ces pentes rencontraient perpendiculairement le ravin, celui-ci serait horizontal, ce qui arrive rarement. Le ravin est d'autant plus incliné que l'angle sous lequel les hachures le rencontrent est plus petit. La pente d'un ravin est toujours plus petite que celle qu'indiquent les hachures qui le bordent de chaque côté.

Les ravins plus ou moins profonds, qui creusent leur lit sur les pentes, sont donc les chemins les plus avantageux que puissent suivre les troupes attaquant une hauteur, puisque non-seulement ces ravins sont des lignes de moindre pente, mais qu'on y est garanti contre les feux d'écharpe, partant de la crête militaire, par les convexités du terrain qui s'élèvent à droite et à gauche.

On interrompt les hachures dans l'intervalle situé entre les deux traits qui représentent une route ou un chemin. On laisse également en blanc les rues d'une ville.

Un chemin qui coupe perpendiculairement les hachures d'une même tranche est horizontal; s'il les traverse obliquement, il est d'autant plus incliné que l'angle qu'il fait avec elles est plus petit; s'il suit parallèlement les hachures, il a l'inclinaison la plus grande possible, puisqu'il se confond avec la ligne de plus grande pente.

Les hachures s'arrêtent toujours en s'effilant sur les bords d'un ruisseau, de manière à laisser un très-petit espace blanc de chaque côté du trait qui le représente. Si la vallée est à fond plat, les hachures s'arrêtent au pied des hauteurs qui la dominent.

Il est toujours facile de distinguer, dans une carte gravée en noir, un ruisseau d'un chemin à un trait, puisque celui-ci, quelle que soit sa direction, peut être traversé par des hachures, tandis que le ruisseau ne l'est jamais. Sur les parties de la carte complétement dépourvues de hachures, il peut quelquefois y avoir indécision.

Les fonds de ravins servent souvent de lit à des ruisseaux alimentés d'une manière continue par des eaux de source, mais souvent aussi, de même que les ravines (112) creusées sur le flanc des hauteurs, ils ne sont parcourus que temporairement par des eaux sauvages. Dans ce dernier cas, aucun trait du dessin ne marque le thalweg suivi par les eaux; toutefois les hachures qui expriment les pentes voisines viennent s'arrêter en s'effilant de chaque côté de ce thalweg, de manière à en indiquer la place par un liséré blanc très-étroit.

Les petits escarpements qui limitent le lit d'un cours
d'eau, une carrière ou une excavation du sol, ceux qui
encaissent un ravin ou un chemin creux, les arrachements que l'on trouve sur les pentes, les talus en déblai
ou en remblai le long des routes et des voies ferrées, s'indiquent par des hachures fines, irrégulières, complétement indépendantes des courbes horizontales et toujours
tracées dans le sens de leurs lignes de plus grande pente
particulières.

Les signes conventionnels employés par la planimétrie
pour représenter les diverses natures de cultures : bois,
prés, vignes, etc., ont l'inconvénient d'augmenter l'intensité de la teinte formée par les hachures ; il est donc
nécessaire, lorsqu'on apprécie, d'après cette intensité, la
valeur d'une pente, de la supposer dégagée de ces signes
représentatifs.

Exercices de lecture des cartes.

145. On n'arrive à lire facilement et rapidement le
figuré du terrain sur les cartes que par un long et fréquent exercice. Les explications qui précèdent doivent
suffire pour faire comprendre les deux procédés de représentation employés, courbes et hachures. Lorsqu'on
s'est bien pénétré des principes établis, il est indispensable de s'exercer à la lecture de terrains variés, en commençant par ceux dont les formes sont bien accentuées.
On trouve ces derniers surtout dans les pays de moyen-
nes collines qui offrent des reliefs de 300 à 500 mètres.
Il est bon de passer ensuite à des terrains légèrement
ondulés qui, quoique d'un relief moindre, présentent

ordinairement de plus grandes difficultés de lecture. Ce n'est que plus tard qu'on pourra aborder la haute montagne.

On devra, en outre, toutes les fois qu'on le pourra, et après avoir préalablement étudié le terrain au moyen de la carte, se rendre sur les lieux mêmes qu'elle représente, s'ils sont à proximité. C'est ainsi que, par une étude comparée de la carte et du terrain, on arrivera à rectifier les erreurs de jugement qu'on aura pu commettre

---

CHAPITRE III.

ÉCRITURES.

146. De tous les renseignements fournis par une carte, ceux qui sont le plus faciles à comprendre et qui exigent le moins d'explications sont les écritures. Il n'en sont pas moins d'une grande importance, car ils facilitent l'application de la carte au terrain et permettent d'employer d'une manière sûre les dénominations affectées par les habitants du pays à chaque localité et à chaque objet du terrain représenté.

Les écritures ont encore pour but de compléter, par une indication en langage vulgaire, des renseignements déjà fournis par la planimétrie, mais qui, à cause de l'exiguïté du signe conventionnel employé, peuvent échapper à la vue au milieu des autres détails de la carte. C'est pour cette raison que l'on écrit souvent les mots moulin, scierie, par exemple, à côté du signe qui représente ces bâtiments industriels.

La clarté étant la condition principale que doit remplir une carte, on n'y fait figurer que les indications écrites qui ne nuisent pas à la netteté et à l'effet du dessin. Lorsque les circonstantes l'exigent, on exprime, dans un mémoire descriptif qui accompagne la carte, toutes les indications que celle-ci ne peut recevoir ; souvent une simple légende explicative, placée dans un des coins de la carte, suffit pour remplir ce but.

Règles concernant le dessin des écritures sur les plans
et cartes topographiques.

147. Les règles suivantes sont extraites des instructions du Dépôt de la guerre et accompagnent le tableau des types d'écritures employés pour les plans et les cartes topographiques.

Les écritures des cartes topographiques se divisent en trois classes, suivant la forme des lettres

La capitale,
La romaine,
L'italique.

Les deux premières classes se divisent elles-mêmes en capitale droite et capitale penchée, romaine droite et romaine penchée. L'italique est toujours penchée.

Les dimensions de ces trois classes d'écritures varient suivant l'échelle des cartes : un tableau publié par le Dépôt de la guerre et reproduit dans l'*Agenda d'état-major* indique la hauteur que doivent avoir les caractères, selon l'importance des lieux désignés, et selon l'échelle adoptée.

La variation qui règne dans la largeur des lettres et de

10

leurs diverses parties ne permet pas d'en détailler les dimensions d'une manière absolue. On devra, pour cette question, se reporter au tableau publié par le Dépôt de la guerre, et dans lequel on s'est attaché à dessiner des caractères, dont les proportions ne comportent pas de fractions compliquées du module. Toutes les dimensions peuvent se compter par modules et demi-modules.

Capitale droite. — La hauteur des lettres se divise en sept parties qui prennent le nom de modules. — La largeur du plein est égale à un module. — Pour les lettres qui se divisent en parties inférieure et supérieure, le tableau indique les rapports de hauteur et de largeur de ces deux parties.

Les pieds d'une lettre, c'est-à-dire les traits horizontaux qui la terminent en haut et en bas, dépassent la lettre d'un module de chaque côté. Cette dimension est maximum et peut être diminuée quand l'écriture est serrée.

L'intervalle entre deux lettres d'un même mot est extrêmement variable. Il dépend des formes réciproques des deux lettres voisines. Comme principe, on ne peut poser qu'une règle générale, qui est la suivante : le mot, dans son ensemble, doit former une teinte uniforme ne présentant ni blanc, ni agglomération de noir, qui rompe cette uniformité. Cet intervalle dépend aussi de l'espace disponible ; parfois on est obligé de serrer beaucoup l'écriture ; dans d'autres cas, lorsqu'elle s'applique à une très-grande surface, les lettres sont écartées de manière à couvrir, autant que possible, ce que désigne le nom.

Les intervalles entre les mots seront au moins égaux

à la hauteur du corps de l'écriture, lorsqu'il n'y aura point de ponctuation, et ils seront de deux hauteurs lorsqu'il y en aura.

Les accents se placent à un module au-dessus de la lettre et ont deux modules de hauteur.

On ne met pas de points sur les lettres I et J.

Les points et virgules se placent sur la ligne inférieure de l'écriture, et l'apostrophe sur la ligne supérieure. L'accent aigu ne se place pas sur l'E initial d'un mot.

L'écriture en capitale ne comporte pas de majuscule.

Capitale penchée. — Les lettres de la capitale penchée ont les mêmes dimensions et se disposent de la même manière que celles de la capitale droite. Elles sont inclinées de trois modules, c'est-à-dire que l'extrémité inférieure du plein est de trois modules à gauche de l'extrémité supérieure.

Romaine droite. — La romaine droite a six modules de hauteur, le plein étant toujours d'un module.

La largeur des lettres est trop variable pour qu'on puisse la définir par des règles précises. On devra consulter le tableau à cet égard.

Les lettres à tête b, d, f, h, k, l et les lettres à queue g, j, p, q, y, dépassent les mineures, au-dessus ou au-dessous, d'une hauteur de cinq modules.

La lettre t ne dépasse que de deux modules et demi.

Les intervalles entre les mots sont au moins égaux à la hauteur de l'écriture, lorsqu'il n'y a point de ponctuation, et ils seront de deux hauteurs dans le cas contraire. Les parties supérieures des points et des accents sont de niveau avec le sommet des lettres à tête.

Les majuscules qui accompagnent la romaine sont en capitale d'une hauteur double de l'écriture.

Romaine penchée. — Les dimensions des lettres et leur disposition sont les mêmes que pour la romaine droite.

Leur inclinaison est de deux modules.

Italique. — L'italique a sept modules de hauteur, le plein a toujours un module et l'inclinaison est de trois modules.

Les dispositions sont les mêmes que pour la romaine, la forme des lettres est un peu différente.

Chiffre. — Il y a deux sortes de chiffres : chiffres romains et chiffres arabes; les uns ou les autres peuvent être droits ou penchés.

Les chiffres romains ne sont autres que des lettres capitales et ont les mêmes proportions; ils ne s'emploient qu'avec cette sorte d'écriture.

Les chiffres arabes s'emploient indifféremment avec les écritures capitales ou romaines; leur hauteur est la même que celle de l'écriture qu'ils accompagnent.

Les chiffres dépassant l'écriture au-dessus et au-dessous ne sont plus en usage dans les cartes.

Les chiffres accompagnant l'italique sont toujours penchés; ils diffèrent peu des précédents. Le tableau indique les différences de forme.

Caractères employés suivant la nature des objets qu'ils désignent.

148. Les écritures indiquent par leurs formes et leurs dimensions l'importance relative des localités et des

objets de diverse nature que représentent la planimétrie et le figuré du terrain.

Ainsi, à toutes les échelles comprises entre le $\frac{1}{10000}$ et
le $\frac{1}{80000}$, la capitale droite est consacrée exclusivement
aux villes, aux baies, grands golfes et grandes îles en mer,
aux forêts de grande étendue, aux chaînes de montagnes
de premier ordre, aux monts remarquables, aux grands
lacs.

La capitale penchée s'applique aux dénominations de
bourgs, citadelles, faubourgs, golfes et îles de grandeur
moyenne, rades, grands promontoires, grandes lignes
de dunes, landes étendues, grands bois, montagnes secondaires, vallées, fleuves, grands canaux de navigation,
lacs moyens, embouchures de fleuves ou de grandes
rivières.

Romaine droite : villages qui sont chefs-lieux de commune, châteaux de plaisance, forts, portes de ville,
ports de rivière, redoutes, glaciers, rochers, golfes ordinaires, anses, petits caps, grands bancs de sable,
petites îles en mer, landes et bois de peu d'étendue,
sommets remarquables, vallons, rivières, canaux navigables de petites dimensions, chemins de fer et embarcadères principaux, routes nationales, chaussées, avenues, petits lacs, étangs moyens, embouchures de petites
rivières, digues, camps, aqueducs.

Romaine penchée : hameaux, couvents, abbayes, retranchements, parcs, bruyères, marais, lieux-dits, îles
en rivière, petites dunes, petits bancs de sable, tourbières, rizières, salines, ruisseaux, petits étangs, routes

départementales et chemins de grande communication, sentiers.

Italique : auberges, bacs, barrages, batteries, bornes, briqueteries, calvaires, carrefours, cimetières, chapelles, croix isolées, écluses, ermitages, fanaux, fermes, fonderies, forges, fourneaux, fours à chaux et à plâtre, gués, laisses de haute et basse mer, mines, moulins, ponts, poteaux indicateurs, poteaux limites, pointes, ravins, rigoles, ruines, sablonnières, scieries, stations de chemins de fer, télégraphes, torrents, trous, tuileries, usines, verreries, etc.

Les nombres qui expriment les altitudes sont écrits en chiffres arabes.

Les noms propres désignant les villes, bourgs et villages qui sont chefs-lieux de divisions administratives du territoire, sont accompagnés sur la carte à $\frac{1}{80000}$ d'un signe qui aide à les reconnaître. Ce signe est formé pour les chefs-lieux de département d'un petit rectangle dans lequel sont gravées les lettres P F (Préfecture); pour les chefs-lieux d'arrondissement, d'un losange avec les lettres S P. (Sous-Préfecture); pour les chefs-lieux de canton, des lettres C T dans l'intérieur d'un ovale (Tableau n° 2).

Disposition des écritures.

149. Les noms de routes, de chemins de fer, de ruisseaux, de canaux, sont toujours écrits dans une direction parallèle à la ligne ou aux lignes de la planimétrie auxquelles ils s'appliquent; lorsqu'un cours d'eau est indiqué par deux traits suffisamment espacés, son nom est écrit entre les deux rives.

Les noms de forêts, de bois, de landes, de bruyères sont disposés de manière à occuper la plus grande dimension de l'espace couvert sur le papier par le signe représentatif correspondant.

Les noms des villes, villages, hameaux, maisons isolées, etc., sont placés à la droite de la localité qu'ils désignent, sur une ligne parallèle au côté inférieur du cadre. On est obligé de déroger à cette règle, lorsque cette place est déjà occupée par des détails importants de la planimétrie ou du figuré du terrain.

Dans les cartes faites avec soin, les écritures sont toujours disposées de manière qu'il ne soit jamais possible d'attribuer un nom à un autre objet que celui auquel il se rapporte. Si la confusion était possible un instant, un peu d'attention suffirait pour rectifier l'erreur.

Le nom propre qui désigne un objet du terrain ne suffit pas généralement pour en indiquer exactement la nature ; aussi le fait-on souvent suivre ou précéder du nom commun qui exprime tous les objets de même espèce ou sous lequel on le désigne dans le pays. Ainsi les mots fleuve, rivière, suivent toujours le nom que porte le cours d'eau et en déterminent la nature et l'importance. Les mots ruisseau, torrent précèdent ou suivent le nom propre.

De quelques noms de lieux fréquemment employés.

150. Les mots *le haut*, *le bas*, que l'on rencontre assez souvent sur les cartes, faisant suite à un nom propre qui s'applique à la fois à deux localités voisines, indiquent la situation relative de ces localités sur une même pente,

sur un même versant, dans la même vallée, mais à des hauteurs différentes. Ces expressions sont analogues aux mots allemands *ober* et *nieder* qui, eux, précèdent toujours le nom de la localité.

Lorsqu'un nom de lieu-dit est composé d'une des prépositions *sur* ou *sous* suivies d'un nom propre, c'est que ce lieu-dit est situé plus haut ou plus bas que la localité qui porte simplement le nom propre. Les adverbes *dessus*, *dessous* sont employés dans le même sens, mais suivent ordinairement le nom propre. Les expressions sur, dessus correspondent en allemand à *über* ; sous, dessous, à *unter*.

Les mots *plan* ou *pla*, appliqués à un chalet, à une masure dans la montagne, indiquent que ces constructions occupent un petit plateau, une terrasse d'étendue généralement très-restreinte.

Pra, prat désignent des lieux-dits situés au milieu de prairies ou de pâturages dans la montagne.

Lèz entre deux noms propres signifie que le lieu-dit indiqué par le premier est à proximité du second.

Enfin une foule de noms propres sont empruntés à la situation topographique, à l'orientation des lieux ou des localités habitées qu'ils désignent et rappellent un saint vénéré, un fait historique, un événement remarquable, le nom d'un ancien propriétaire, ou quelque particularité du sol, comme le Val, la Font, Le Serre, la Motte, Chante-Merle, Brame-fam, le Ponent, l'Hubac, etc., etc.

Abréviations.

151. Lorsque le signe conventionnel est suffisamment

explicatif, on se dispense de désigner la nature de l'objet qu'il représente ou bien on se contente d'une courte abréviation.

Les abréviations que l'on rencontre sur les cartes françaises n'affectent jamais des noms propres ; elles ne portent que sur les noms communs. Certaines cartes étrangères offrent souvent des terminaisons abrégées, s'appliquant à des noms propres de localités ; c'est ainsi que sur quelques cartes allemandes, les noms de localités terminés par *bach, berg, burg, dorf, feld, haus, heim, thal, weiler*, s'indiquent par le radical suivi des lettres *b, bg, bğ, df, fld, hs, h, th, wlr*. Ces espèces d'abréviations sont inintelligibles pour des étrangers peu familiarisés avec la langue du pays.

En général les abréviations ne doivent avoir qu'un but, celui d'éviter la répétition en toutes lettres, sur un espace restreint, de certains mots appliqués à des objets de même nature ; mais on doit avoir soin d'écrire le mot entier sur la carte, toutes les fois qu'on le peut.

Le tableau suivant, établi par ordre alphabétique, donne la signification des abréviations que l'on rencontre sur les feuilles de la carte de France à $\frac{1}{80000}$.

Ab.	Abbaye.	C.	Cap.
Abb.e	Abbaye.	Cab.et	Cabaret.
Aig.le	Aiguille.	Cab.ne	Cabane.
Anc. Anc.n	Ancien.	C.al	Canal.
Anc.e	Ancienne.	C.al	Cortal.
Aq.ue	Aqueduc.	Carr.e	Carrière.
Arb.	Arbre.	Carref.r	Carrefour.
Arb.e Sig.le	Arbre Signalé	Cay.r	Cayolar.
Aub.ge	Auberge.	Ch.	Château.
		Ch.	Chaume.
B.	Bois.	Chât.	Château.
Bat.ie	Batterie.	Ch.au	Château.
B.che	Bouche.	Ch.ée	Chaussée.
B.de	Borde.	Ch.ée	Cheminée.
Bel.re	Belvédère.	Ch.elle Ch.le	Chapelle.
B.ie Berg.ie	Bergerie.	Ch.et	Châlet.
B.ide	Bastide.	Ch.in	Chemin.
B.in	Barin.	Chap.e Chap.le	Chapelle.
B.in	Bassin.	Ch.ne	Chaîne.
B.on	Bastion.	Ch.née	Cheminée.
B.on	Buron.	Ch.ps	Champs.
B.on	Buisson.	Cim.re	Cimetière.
B.que	Baraque.	Cit.lle	Citadelle.
B.re	Barrière.	C.ix	Croix.
Briq.ie	Briqueterie.	C.l	Canal.
B.s	Bas.	Colomb.r	Colombier.
B.se	Basse.	C.on	Canton.
B.se	Balise.	Couv.t	Couvent.
B.te	Butte.	C.ne	Cabane.

C.ne	Commune.	Fab.e	Fabrique.
Comm.al (e)	Communal.	Faub.g	Faubourg.
Com.ne	Commune.	F.bg	Faubourg.
C.r	Cour.	F.e	Ferme.
C.r	Carrefour.	F.ge	Forge.
C.re	Carrière.	F.L.	Fleuve.
Cr.x	Croix.	F.me	Ferme.
C.se	Cense.	F.ne	Fontaine.
C.T.	Canton.	Font.e	Fontaine.
C.x	Croix.	F.rie	Fonderie.
		F.t	Forêt.
———		F.t	Fort.
D.e	Domaine.		
Dép.le	Départementale.	———	
Dig.	Digue.	G.d	Grand.
D.ne	Domaine.	G.de	Grande.
D.ne	Douane.	G.ge	Gorge.
Dom.c	Domaine.	G.ge	Grange.
		G.nd	Grand.
———		G.nde	Grande.
E.	Est.	Gl.er	Glacier.
Ec.ie	Ecurie.		
Ec.se Ec.	Ecluse.	———	
Eg.se	Eglise.	Hab.t	Habert.
Emb.re	Embarcadère.	H.au	Hameau.
Emb.ure	Embouchure.	H.t	Haut.
E. Min.	Eau Minérale.	H.te	Haute.
Erm.ge	Ermitage.	H.tes	Hautes.
Et.	Etang.	H.ts	Hauts.
Etab.nt	Etablissement.		
Et.g	Etang.	———	
Et.le	Etoile.	I.	Ile.
		Imp.le	Impériale.

ABRÉVIATIONS DE LA CARTE DE FRANCE A $\frac{1}{80.000}$

J.^{ée}	Jetée.
J.^{sse}	Jasse.
K.	Ker.
L.	Lac.
L.	Lieu.
Lag.	Lagune.
Lat.	Latitude.
L.^{de}	Lande.
Loc.^{re}	Locature.
Long.	Longitude.
L.^{te}	Lette.
M	Mas.
Mag.^{ne}	Magnanerie.
Mal.^{ie}	Maladrerie.
Man.^e	Manufacture.
Manuf.^{re}	Manufacture.
Mas.^e	Masure.
Mét.^{ie}	Métairie.
M.^{gne}	Montagne.
M.^{ie}	Métairie.
M.ⁱⁿ	Moulin.
Mis	Maquis.
M.^{on}	Maison.
M.^{on}S.^{lée}	Maison Signalée.
M.^s	Marais.
M.^t	Mont.

N.	Nord.
Nat.^{le}	Nationale.
N.^{au}	Nouveau.
N.D.	Notre-Dame.
N.E.	Nord-Est.
N.^{le}	Nouvelle.
N.O.	Nord-Ouest.
O.	Ouest.
O.^y	Orry.
P.	Parc à bestiaux.
P.	Pic.
Pap.^{ie}	Papeterie.
Pav.^{on}	Pavillon.
P.F.	Préfecture.
P.^{ge}	Passage.
Ph.	Phare.
Pl.^{au}	Plateau.
P.^{on}	Pavillon.
Poud.^{ie}	Poudrerie.
P.^tPet.	Petit.
P.^t	Pont.
P.^t	Port.
P.^{te}	Petite.
P.^{te}	Pointe.
P.^{te}	Porte.
P.^{te}	Poste.
P.^{te}de D.^{ne}	Poste de Douane.
Pyr.^{de}	Pyramide.

Q.r	Quartier.	Som.t	Sommet.
R.	Rivière.	S. P.	Sous-Préfecture.
R.	Ruisseau.	S.t	Saint.
R.	Rue.	S.te	Sainte.
Rad.	Radeau	St.on Stat.on	Station.
R.au	Radeau.		
R.R.au	Ruisseau.	Tann.ie	Tannerie.
R.d	Rond.	Télég.e	Télégraphe.
R.d P.t	Rond-Point.	Tél.phe	Télégraphe.
R.e	Rivière.	T.ie	Tuilerie.
Red. Red.te	Redoute.	T.nt	Torrent.
R.er	Rocher.	T.r	Tour.
Retr.nt	Retranchement.	Tuil.ie	Tuilerie.
R.in	Ravin.		
R.ise	Remise.	Us.ne	Usine
Riv.re	Rivière.		
R.ne	Ruine.	Vac.ie	Vacherie.
Roub.ne	Roubine.	V.ée	Vallée.
R.te	Route.	V.er	Vivier.
		V.lle	Vieille
S.	Sud.	V.on	Vallon.
S.al	Signal.	V.ne	Verrerie
Sal.	Saline.	V.x	Vieux
Salp.ie	Salpêtrerie.		
Sap.re	Sapinière.	W.g	Wattergand
Sc.ie	Scierie.		
S.E.	Sud-Est		
Sém.	Semaphore.		
Sém.re	Séminaire.		
S.O	Sud-Ouest.		

IIIᵉ PARTIE.

Dessin des cartes et construction des reliefs.

Copie, réduction ou amplification des cartes

152. Quelque considérable que soit l'approvisionnement en documents géographiques ou topographiques dont puisse disposer une armée en campagne, la zone d'opérations sur laquelle elle peut être appelée à se mouvoir est quelquefois tellement étendue, qu'on ne saurait songer à pourvoir tous les officiers de cartes de détails ou cartes à grande échelle. Toutefois chacun d'eux doit être muni au moins d'une carte d'ensemble, à petite échelle, du théâtre de la guerre, afin qu'il puisse au besoin suivre les grandes opérations, se renseigner sur la situation relative des lieux, se rendre compte des distances qui séparent les points principaux, connaître enfin les directions générales des cours d'eaux, des chaînes de montagne et des voies de communication.

Mais, dans maintes occasions, l'échelle de la carte que l'officier a en sa possession ne correspond pas exactement aux nécessités de la mission dont il est chargé et il se trouve, par conséquent, obligé de copier, de réduire ou d'amplifier, suivant les circonstances, l'exemplaire unique d'un document topographique qui ne peut être mis que momentanément à sa disposition.

Il serait donc utile que tous les officiers fussent en état de crayonner rapidement un croquis d'après la

carte, sans s'astreindre, dans la plupart des cas, à une
exactitude scrupuleuse.

Copier une carte, c'est la reproduire par le dessin en
lui conservant ses dimensions; la réduire, c'est la dessiner à une échelle plus petite que le modèle; l'amplifier, c'est en augmenter les dimensions dans une propor
tion qui varie suivant le résultat que l'on veut obtenir.

S'il s'agit de reproduire à la même échelle les détails
compris dans des limites déterminées, que l'on soit pressé,
et qu'on ait à sa disposition du papier huilé ou de la
toile à calquer d'une transparence suffisante, on calquera
immédiatement à l'encre les divers traits de la planimétrie et surtout les détails qui doivent être de quelque
utilité pour le but qu'on se propose, en laissant de côté
tous les autres, ou en indiquant seulement d'une manière
vague ceux qui pourraient être utilisés comme points de
repère sur le terrain. Si l'on a les trois couleurs, bleu,
jaune, carmin, on distinguera les eaux, les constructions;
on pourra même teinter les bois, les vignes, les prés (84).
On calquera ensuite les courbes de niveau lorsqu'elles
seront tracées sur l'original; mais si le terrain est figuré
par ses lignes de plus grande pente, on dessinera légèrement, pour suppléer aux hachures qui nécessitent
beaucoup de temps et une main exercée, des courbes
approximatives, discontinues, indiquant par leur écartement plus ou moins grand les diverses inclinaisons de la
surface du sol (fig. 13); on se réglera à cet effet sur le
plus ou moins d'intensité de la teinte formée par les
hachures du modèle. Ces courbes représenteront suffisamment les formes du terrain, si on a eu soin de les

diriger normalement aux hachures. On terminera par l'inscription des cotes et des écritures, que l'on dessinera à main levée sans s'astreindre aux règles indiquées (147).

Le dessin exécuté sur le papier huilé, qui est très-transparent, a besoin, pour être lisible, d'être appliqué sur une surface blanche. Collé en plein sur du papier fort, il durera longtemps, pourvu qu'on ne l'expose pas à la pluie, qui le délaverait. La toile à calquer, plus résistante, est aussi moins transparente, mais il n'est pas nécessaire de la doubler d'un papier blanc. Le papier végétal, trop cassant, ne résiste pas longtemps au pliage.

Si l'on n'est pas pressé, on peut, après avoir calqué le dessin sur l'huilé, le décalquer avec une pointe sur un papier opaque plus fort, au moyen d'une feuille de papier fin plombé que l'on interpose entre les deux. On prépare soi-même le papier plombé en frottant une de ses faces tout entière avec un crayon tendre. On passe ensuite à l'encre.

Ce procédé donne, quand on l'emploie avec soin, un dessin exactement semblable à l'original, et s'il exige un peu plus de temps que le calquage immédiat, il est encore plus expéditif que le moyen suivant.

Le 3e procédé employé pour la copie des cartes à même échelle consiste à diviser le modèle en carrés ou en rectangles par un carroyage formé de lignes tracées au crayon parallèlement aux deux côtés du cadre, et dont l'écartement varie suivant que le dessin est plus ou moins chargé de détails. On donne au cadre de la copie les dimensions exactes de celui qui sert de modèle et on le

divise de la même manière ; les lignes de division sont
indiquées par des chiffres ou des lettres, semblables sur
l'original et sur la copie, pour qu'on ne soit pas exposé
à prendre un carré pour un autre; puis on dessine au
crayon, dans chaque carré du dessin, tous les détails qui
se trouvent dans le carré correspondant du modèle, soit
à vue si on a l'œil suffisamment exercé, soit en rappor-
tant chaque point au compas au moyen de sa distance
aux lignes du carroyage. On termine ensuite comme
précédemment.

Si la surface du terrain dont on veut avoir la copie est
très-limitée, si elle se réduit par exemple à un petit
polygone dont les côtés sont déterminés par des lignes
de la planimétrie, on place le modèle d'une manière convenable sur le papier qui doit porter le nouveau dessin ;
on pique au moyen d'une épingle les angles du polygone
et les points principaux de la planimétrie; puis on en-
lève le modèle et on copie à vue au crayon, en s'appuyant
sur les points piqués et sur les lignes qui les réunissent.

Pour réduire ou amplifier une carte, on la divise également en carrés ou en rectangles d'autant plus grands
pour la réduction, d'autant plus petits pour l'amplification, que la différence des échelles est plus considérable.
On construit le cadre de la réduction ou de l'amplification de manière que ses côtés mesurent à la nouvelle
échelle les mêmes longueurs que celles représentées par
les côtés du cadre de l'original. Supposons celui-ci
à l'échelle de $\frac{1}{80000}$; pour le réduire de moitié, c'est-à-
dire à $\frac{1}{160000}$, il faudrait donner aux côtés du cadre de la
réduction des longueurs égales à la moitié des côtés du

11

cadre du modèle; si l'on voulait au contraire l'amplifier au double, c'est-à-dire à $\frac{1}{40000}$, il faudrait doubler les côtés du cadre de l'original. On divise ensuite le nouveau cadre en autant de carrés que celui du modèle; on numérote comme ci-dessus les lignes de division; puis on dessine à vue, dans chaque carré de la copie, les objets compris dans le carré correspondant de l'original, en leur donnant des dimensions proportionnées à la nouvelle échelle, et en se conformant toutefois au tableau des signes conventionnels qui lui correspond. Il est évident que, dans la réduction, il faudra, surtout si la différence d'échelles est considérable, supprimer les détails qui surchargeraient inutilement le dessin et le rendraient confus, pour ne s'occuper que des lignes importantes de la planimétrie et du terrain.

Fig. 12.

Échelle de $\frac{1}{320000}$.

La figure 12 représente un fragment de la carte de France à $\frac{1}{320000}$ réduite au dépôt de la guerre d'après la grande carte à $\frac{1}{80000}$; la figure 13 est l'amplification de ce même fragment ramené à l'échelle du 80000ᵉ par le procédé qui vient d'être décrit. En comparant cette amplifi-

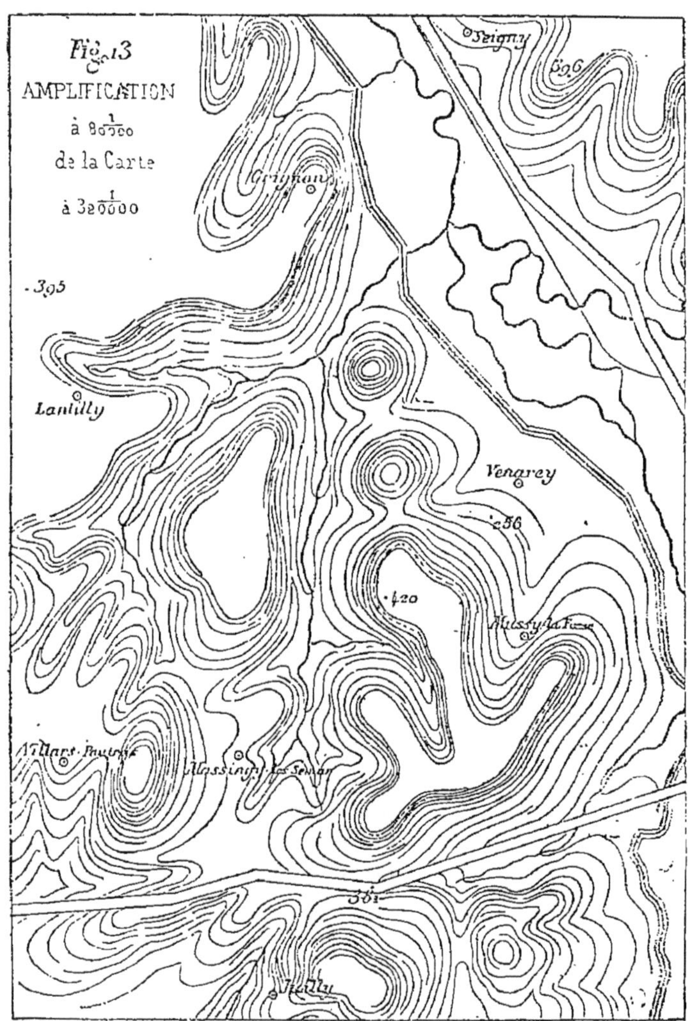
Fig. 13
AMPLIFICATION
à 80000
de la Carte
à 320000
.395
Lantilly
Grignon
Seigny
596
Vengrey
.256
.420
Aussy la Fosse
Villars Poutras
Massingy les Semur
361
Velly

cation avec la reproduction fidèle de la partie correspondante de la carte de France à $\frac{1}{50000}$ que l'on trouvera ci-après (*fig.* 17), on verra comment les réductions simplifient la planimétrie en même temps que le figuré du terrain, et comment les amplifications, même le plus soigneusement faites, sont loin d'approcher de la vérité. On se convaincra ainsi de la nécessité de compléter et de corriger, sur le terrain même, toutes les cartes obtenues par amplification.

Les courbes discontinues, approximatives, de la figure 13, reproduisent fidèlement les mouvements de terrain représentés en hachures sur la figure 12. On remarquera qu'à l'échelle du 320000ᵉ (*fig.* 12) les formes du terrain sont réduites à leur plus simple expression et que, malgré le soin apporté à l'établissement de l'amplification (*fig.* 13), ces formes sont loin de ressembler à celles qui sont exprimées par les hachures de la carte type au 80000ᵉ (*fig.* 17).

En campagne, on a rarement besoin de réduire une carte; il est souvent nécessaire de l'amplifier pour pouvoir introduire dans la copie agrandie une foule de détails que ne comportait pas l'échelle de l'original, mais qu'il est important de signaler dans certaines circonstances. On emploie surtout les amplifications pour l'étude sur le terrain du placement d'un camp, d'un bivouac, des avant-postes; pour la reconnaissance d'une position militaire, d'une route, d'un village, d'un défilé, d'un passage de rivière. On les utilise encore avec avantage pour la correction de la carte originale, ainsi que nous le verrons dans la 5ᵉ partie de cette instruction.

La photographie permet de produire en peu de temps, soit à la même échelle, soit réduites ou amplifiées, plusieurs épreuves d'une carte dont on n'a qu'un exemplaire; mais les procédés photographiques, si d'ailleurs ils sont réellement applicables en campagne, nécessitent un matériel compliqué qu'on n'a pas toujours sous la main.

Les presses de campagne, qui sont actuellement en usage dans la plupart des états-majors et dans un grand nombre de corps de troupe, qui n'exigent qu'un matériel restreint, peu coûteux et surtout facilement transportable, peuvent suppléer avantageusement la photographie. Avec de l'expérience, un officier, quelque peu habitué au dessin, exécutera rapidement sur papier autographique la copie ou l'amplification d'un fragment de carte, qui, reportée sur une mince planche de zinc, fournira en quelques heures, de jour ou de nuit, autant d'exemplaires qu'on en aura besoin, sans qu'il soit nécessaire d'attendre, comme l'exige la photographie, que le soleil veuille bien prêter sa collaboration.

De la recherche des courbes de niveau sur un terrain figuré par des hachures.

153. On a vu dans la deuxième partie de cette instruction que les courbes de niveau, pour une carte régulièrement établie, servent de base au figuré du terrain par les hachures. D'après un des principes fixés (§ 144), les hachures d'une tranche horizontale ne doivent pas être tracées dans le prolongement des hachures de la tranche voisine; la stricte observation de ce principe aurait donc pour conséquence immédiate la possibilité de retrouver

les courbes de niveau équidistantes sur une carte où le terrain serait figuré par ses lignes de plus grande pente, car on n'aurait qu'à suivre, pour les tracer, les lignes séparatives des bandes de hachures. Mais il est peu de cartes, s'il en existe toutefois, où le principe dont il est question ait été scrupuleusement observé.

En effet, le signe représentatif des rochers (74) est déjà un obstacle à l'application de la règle, puisque la surface de papier qu'ils couvrent, ne reçoit pas de hachures régulières. Les escarpements sont compris souvent entre des lignes très-différentes des courbes qui limitent une tranche horizontale; ils modifient donc forcément la longueur de la hachure. Les pentes douces indiquées par les grands espacements des courbes, nécessiteraient l'emploi de longues hachures difficiles à diriger normalement aux lignes de niveau; aussi le dessinateur et le graveur supposent toujours, dans ce cas, des courbes intermédiaires auxquelles ils arrêtent les hachures; mais, en les faisant moins longues, ils les écartent davantage en proportion, de manière à conserver à la pente l'intensité de la teinte qu'elle doit avoir eu égard à son inclinaison. Sur les pentes roides, où l'écartement des courbes est parfois si petit qu'il devient impossible de les tracer toutes (138), les hachures se trouveraient tellement courtes et tellement serrées, qu'elles se réduiraient à de gros points carrés qui nuiraient au modelé des formes et formeraient sur la carte un pâté de noir faisant tache; aussi, pour figurer ces pentes, emploie-t-on des hachures plus longues que ne le comporte l'écartement des courbes. Enfin, sur la plupart des cartes officielles de l'Europe, les hachures ont été exécutées, à l'origine, sans être appuyées sur des courbes horizontales régulièrement tracées, mais sans cesser d'être soumises, toutefois, à la direction des lignes de plus grande pente.

Ainsi, ce n'est que depuis 1839 que le figuré du terrain par des hachures sur la carte de France à $\frac{1}{80000}$ a été basé sur des courbes régulières (1) ; toutes les feuilles publiées antérieurement à cette époque ont été dessinées et gravées sans l'aide des courbes de niveau. Pour les feuilles publiées postérieurement, on s'est appuyé, il est vrai, sur les courbes horizontales, mais en les considérant seulement comme directrices des lignes de plus grande pente et en laissant au graveur toute la latitude possible relativement à la longueur des hachures, pourvu qu'il ne dépassât pas une limite raisonnable, et qu'il ne s'écartât pas de la règle prescrite et indiquée par le diapason, quant à l'intensité de la teinte proportionnée à la roideur des pentes.

Il serait donc difficile de retrouver à première vue, sur une carte, les courbes qui ont servi au tracé des hachures, puisque ces courbes n'ont jamais existé ou que, si elles ont existé, elles ne sont point restées apparentes. C'est pour ce motif que nous nous sommes contenté de recommander le tracé de courbes approximatives, interrompues, comme moyen rapide de figurer le terrain d'après une carte faite en hachures (152).

---

(1) Voir à ce sujet le Bulletin de la Réunion des officiers, 19 avril 1873, p. 384, *Le figuré du terrain sur la carte de France à* $\frac{1}{80000}$.

Cependant, on peut avoir besoin des courbes régulières de niveau pour construire un profil exact (140) et, comme on le verra plus loin, elles sont absolument indispensables pour l'exécution d'un plan relief d'après une carte.

Si un terrain figuré par des hachures porte un nombre suffisant de cotes de niveau, sur les sommets, sur les cols, dans les vallées, aux changements brusques de pente, il est toujours possible d'en construire les courbes horizontales, et cela d'autant plus exactement que les cotes sont plus rapprochées, et que l'intensité proportionnelle des pentes est mieux indiquée. Il suffit, pour y arriver, de ne pas perdre de vue les principes exposés plus haut (131, 132, 133, 138, 144), à savoir : que les hachures sont les projections des lignes de plus grande pente du terrain, et que l'intensité de la teinte qu'elles forment sur la carte est proportionnelle à l'inclinaison des pentes. Il en résulte que les courbes recherchées devront être tracées de manière qu'en un quelconque de leurs points, elles soient normales à la ligne de plus grande pente ou hachure correspondante, et qu'elles devront être d'autant plus rapprochées que la teinte indiquée par les hachures est plus foncée.

On devra se rappeler encore, qu'un sommet se représente par des courbes fermées, jusqu'au col qui le sépare d'un autre sommet; que le col est traduit par quatre courbes, dont la convexité est tournée vers un même point central; que les courbes d'une croupe ont leur concavité du côté du point le plus élevé ; que les courbes d'une vallée, au contraire, présentent cette concavité

vers le point le plus bas. C'est d'après ces principes
que les courbes de la fig. 16 ont été construites.

Voici, d'ailleurs, comment on opère :

La carte fig. 15 est à l'échelle de $\frac{1}{80000}$; on veut construire les courbes du terrain qu'elle représente, à
l'équidistance de 20 mètres. On commence par dresser
un tableau des courbes multiples de l'équidistance
comprises entre la cote la plus basse 239 (près de la
station *des Laumes*) et la cote la plus élevée 435 (sommet
rive droite du ruisseau de *la Fontaine Salée*), et on sou-
ligne les courbes multiples de quatre fois cette équidistance, qui devront être marquées par un trait
plus fort (138). Le tableau est indiqué ci-contre.

240
260
280
300
320
340
360
380
400
420

La courbe la plus basse sera à la cote 240, la
courbe supérieure sera à 420ᵐ.

Cherchons sur la carte une cote qui soit multiple de l'équidistance.

La cote 420, située sur le plateau à l'ouest de
Mussy-la-Fosse, est dans ce cas.

La partie du plateau qui avoisine cette cote
est complétement dépourvue de hachures; on peut donc
la considérer comme horizontale à l'altitude 420, et la
courbe de même hauteur, tracée le long de la crête des
talus limitera cette partie horizontale du plateau à l'est,
au nord et à l'ouest. Si on la continue vers le sud, elle
entrera profondément dans la dépression au fond de
laquelle coule le *Rû du rocher*, contournera le *bois de
la Prête* et passera un peu au sud de la cote 415, sommet
d'une croupe qui descend vers le nord-ouest. Puis elle

viendra serrer de très-près la cote 426 qu'elle laissera au nord, passera un peu au-dessous du signal 430, à peu de distance à gauche de la cote 418, et viendra se fermer au point où nous l'avons commencée, sans s'écarter sensiblement de la crête du talus incliné vers *Mussy-la-Fosse*.

Entre cette localité et le village de *Venarey*, on trouve la cote 256, située à peu près au pied de la pente orientale du mouvement de terrain que nous venons de contourner. Le tableau indique qu'entre cette cote et la courbe 420 déjà tracée, doivent passer huit courbes. La pente qui va de l'une à l'autre, roide à sa partie supérieure vers le plateau, s'adoucit à mesure qu'on s'approche de la cote 256; l'écartement des courbes devra donc augmenter du haut en bas de cette pente. Amorçons-les provisoirement par un petit trait sur la ligne de plus grande pente qui passe par la cote 256.

Remarquons maintenant que le col où passe le chemin de grande communication venant de *Villenotte* est coté 381; la courbe 380 doit nécessairement passer de chaque côté de ce col, car nous savons que le col donne naissance à deux thalwegs où les eaux coulent en sens opposé. La courbe 380 traversera donc ces deux thalwegs, et tout près de la cote 381, puisqu'il n'y a qu'un mètre de différence de niveau de 381 à 380. Plaçons approximativement le point où elle coupera le ruisseau de la fontaine Salée, et continuons-la jusqu'au point coté 380 de la ligne de plus grande pente 256, en l'éloignant peu à peu du ruisseau, en lui faisant contourner l'éperon de la *Croix-de-Mussy* et en la faisant entrer dans la concavité

où se trouve le village de Mussy-la-Fosse. Puis, continuons-la à peu près parallèlement à la courbe 420 déjà
tracée pour aboutir à gauche et très-près du col 381.
Mais ce n'est pas encore là qu'elle se fermera; elle en-
globera encore complétement le mamelon dont l'arbre
isolé 427 forme le point culminant, laissera à sa droite
le col 366, et se fermera enfin sur le ruisseau de la fontaine Salée, où nous l'avons commencée.

Remarquons que le col situé au nord du mouvement
de terrain que nous examinons n'est pas coté; on ne peut
donc savoir, dès le principe, si la courbe 380 passe au-
dessus ou au-dessous de ce col; la question ne pourra
se décider que plus tard, quand toutes les courbes
seront tracées et qu'on vérifiera si elles concordent, par
leurs écartements, avec les inclinaisons de pentes indiquées par le ton des hachures.

En procédant d'une manière analogue pour tout le
reste de la carte, on obtiendrait successivement un certain
nombre de courbes qui serviraient de base pour intercaler
celles qui, éloignées de toute cote d'altitude, ne pourraient être tracées tout d'abord qu'avec incertitude. Il
est certain que l'on ne saurait du premier coup assurer
leur position; il faudra souvent modifier les courbes déjà
tracées pour faire passer les autres et arriver enfin à un
ensemble satisfaisant. Aussi, quand l'étude des courbes
se fait sur le dessin lui-même, doit-on employer un
crayon tendre, mais pas trop noir, qui s'efface facilement
à la gomme.

Il sera avantageux, si l'on ne veut pas gâter la carte,
de la couvrir d'un papier huilé bien sec et bien transpa-

rent, sur lequel on essayera la construction des courbes, après y avoir inscrit préalablement les cotes et tracé par des éléments de ligne les commencements et les fins de pente, les cols, les limites des plateaux qui couronnent les sommets et surtout les thalwegs, ainsi que les lignes de faîte sur lesquelles les courbes s'infléchissent.

On emploiera avec avantage le carmin pour le tracé des courbes sur l'huilé, parce qu'il s'efface facilement avec un pinceau légèrement imbibé d'eau, et qu'il permet par conséquent les corrections, quelque nombreuses qu'elles soient.

La construction des courbes, d'après un figuré de terrain en hachures, est l'étude la plus instructive que l'on puisse entreprendre pour se rendre compte exactement des formes et du relief du terrain. Elle conduit infailliblement à l'intelligence complète du figuré par les hachures.

Figuré du terrain au moyen des courbes de niveau et de teintes combinées.

154. Si l'on est bien pénétré des principes d'après lesquels sont établies les courbes de niveau équidistantes, si l'on a bien compris comment elles représentent les diverses inégalités du sol, les cartes dont le terrain est figuré d'après ce procédé n'offrent aucune difficulté de lecture. Mais les courbes ne constituent en réalité qu'un figuré de convention, et il faut un certain travail d'esprit, un certain effort d'imagination, pour passer de la convention à la réalité et supposer des formes plastiques à cette image plate, à cette esquisse sans ombres qui constitue le plan.

On juge en effet de la forme d'un objet, non-seulement par ses contours apparents et par les lignes qui limitent les surfaces dans lesquelles il est compris, mais encore et surtout par la manière dont ces surfaces sont éclairées. Il faudrait donc, pour que le terrain figuré par des courbes offrît l'aspect d'un corps fini, qu'on le supposât éclairé par des rayons lumineux venant dans une certaine direction, et qu'on le représentât avec tous les effets d'ombre et de lumière produits sur chacun des points de sa surface.

Les hachures dont on remplit ordinairement les intervalles des courbes satisfont à ces conditions; les principes d'après lesquels elles sont tracées (144) reposent sur l'hypothèse de la lumière verticale.

En effet, si on suppose que chaque point de la surface du sol reçoive directement la lumière d'un foyer situé à l'infini sur sa verticale, il en résultera :

1° Que le plan horizontal, qui reçoit la lumière perpendiculairement à sa surface, sera le plus éclairé possible : *sur les cartes, les parties horizontales du terrain ne reçoivent pas de hachures;*

2° Que tous les points d'un même plan, quelle que soit son inclinaison sur le plan horizontal, sont également éclairés: *la teinte produite par les hachures sur une surface uniformément inclinée, c'est-à-dire dont les courbes horizontales ont le même écartement, a partout la même intensité;*

3° Que le plan vertical qui reçoit parallèlement la lumière est le moins éclairé, par conséquent le plus obscur, et qu'un plan quelconque est d'autant plus éclairé que son inclinaison sur le plan horizontal est moins grande : *la teinte que forment les hachures sur le papier est d'autant plus foncée que la pente est plus roide, d'autant plus pâle que la pente est plus douce.*

Mais le tracé correct des hachures exige une grande habileté de main, beaucoup de patience et surtout beaucoup de temps; les hachures ont en outre l'inconvénient de faire disparaître les courbes, qui seules donnent une notion rigoureuse des formes, et permettent en même temps de reconnaître les différences de niveau; enfin, elles cachent souvent la planimétrie et rendent quelquefois les écritures illisibles.

La meilleure méthode de figurer le terrain serait donc celle qui, conservant le tracé des courbes horizontales, remplacerait les hachures par des teintes fondues à l'estompe ou au pinceau, d'une intensité exactement semblable à celle qu'auraient produite des hachures faites suivant les règles.

Dans la pratique, on applique ces teintes en se guidant sur un diapason établi d'avance, et indiquant l'intensité qui correspond aux divers écartements des courbes de niveau.

L'hypothèse de la lumière verticale convient peu à la représentation des formes de terrain par le lavis combiné avec les courbes. En effet, dans cette hypothèse, toutes les parties de la surface du sol se trouvent éclairées, inégalement il est vrai, mais aucune d'elles n'est totalement privée de la lumière; les teintes foncées seraient donc proscrites. Les deux versants également inclinés de chaque côté d'une ligne de faîte, se trouvant sous la même inclinaison de lumière, devraient recevoir des teintes d'une égale intensité; il en serait de même d'un sommet à pentes uniformément inclinées de tous les côtés; les surfaces à pentes droites recevraient une teinte plate. Le lavis paraît donc impuissant dans ces conditions pour donner le relief aux aspérités du sol.

On suppose plus généralement le terrain éclairé par la lumière oblique. Malgré les difficultés d'exécution que présente la réalisation mathématique de cette hypothèse, qui exclut l'emploi d'un diapason préparé d'avance, on arrive cependant, par une étude approfondie de la nature, à une représentation qui s'approche davantage de la réalité et qui produit mieux la sensation du relief. Sous nos latitudes, on est habitué à voir les objets éclairés par le soleil de cette manière, et les effets multiples de la lumière oblique, les oppositions de teintes qu'elle détermine, contribuent puissamment à rendre les formes saisissables à la vue.

On suppose ordinairement que la direction de la lumière, venant de l'angle nord-ouest de la carte préalablement orientée, fait un angle de 45 degrés avec le côté inférieur du cadre et a une inclinaison de 30 à 60 degrés sur le plan horizontal. La lumière ayant sa source à l'infini, tous ses rayons sont parallèles. Donc, en menant parallèlement à sa direction des tangentes à toutes les courbes horizontales du dessin, et en réunissant par des lignes les points de tangence appartenant en particulier à chaque mouvement élémentaire du sol, on obtient facilement les limites des parties éclairées et des parties obscures. Si en outre, comme on l'a fait pour l'hypothèse de la lumière verticale, on donne aux différents plans de la surface du terrain qui sont éclairés, une teinte d'autant plus foncée qu'ils sont plus inclinés sur la direction des rayons lumineux, et si l'on dégrade convenablement les tons en passant de l'ombre à la lumière, de manière à avoir des pénombres de plus en plus faibles, on obtient d'excellents effets, qui rappellent ceux qui sont produits naturellement par la lumière du soleil. On se garde bien, toutefois, d'indiquer les ombres portées.

L'emploi combiné des courbes et du lavis convient surtout pour les reconnaissances militaires, parce que c'est le plus expéditif des procédés, et qu'il fournit presque toujours des résultats suffisants.

Le figuré du terrain en hachures est exécuté sur la plupart des cartes topographiques des divers états de l'Europe, d'après l'hypothèse de la lumière verticale. La carte de Suisse au 100000ᵉ seule est éclairée suivant l'hypothèse de la lumière oblique; or, comme les courbes n'ont pas été conservées sous les hachures, il devient impossible de comparer les pentes par l'intensité de la teinte qu'elles présentent; en effet, une pente douce qui ne reçoit pas la lumière offre une teinte plus foncée qu'une pente plus roide exposée aux rayons lumineux. Le procédé de la lumière oblique ne peut donc logiquement être employé que concurremment avec les courbes de niveau équidistantes.

Les figures 14 et 15 représentent le même terrain figuré en courbes et lavis, dans l'une avec la lumière verticale, dans l'autre avec la lumière oblique. En comparant ces deux procédés avec la méthode de hachures officiellement adoptée pour la carte de France à $\frac{1}{80000}$ (*fig.* 17) et

COURBES ET TEINTES COMBINÉES
Lumière verticale

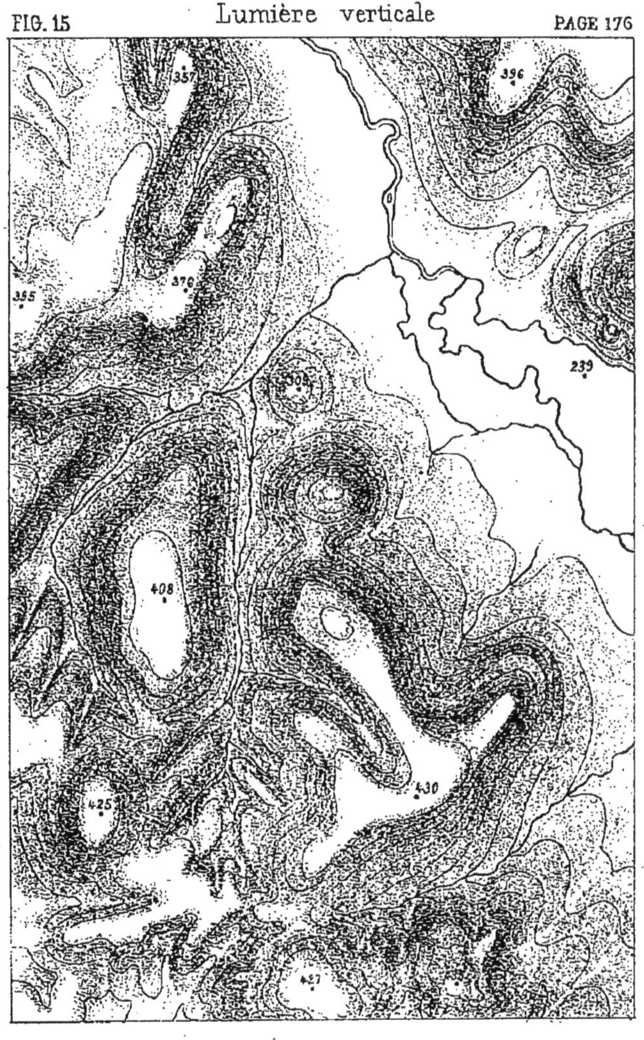

COURBES ET TEINTES COMBINÉES
Lumière oblique
FIG. 14
PAGE 177
Imp. Lemercier & Cie Paris

avec le figuré en courbes seules (*fig.* 18), on jugera lequel de ces quatre systèmes exprime le mieux le relief et les formes du sol.

Représentation du terrain par les plans-reliefs.

155. Les profils exécutés avec soin dans différentes directions (140) aident sans doute à l'intelligence du plan, mais ils ne donnent la notion des formes que sur une seule ligne à la fois.

En parcourant un pays avec la carte qui le représente, en comparant à chaque instant, sous divers aspects, la nature avec le dessin, on acquiert assez vite l'expérience nécessaire pour pouvoir reconstituer le terrain par la pensée, dès qu'on s'en sera éloigné; mais en face de la nature, le regard ne voit qu'un côté des objets, il faut souvent faire un long détour pour arriver à un point d'où l'on en puisse examiner l'autre face.

L'étude du terrain et de la manière dont on le représente, par l'examen comparatif de la carte avec le terrain lui-même, ne conduit donc pas à un résultat immédiat, puisqu'on ne peut saisir l'ensemble des formes naturelles en même temps qu'on en observe la figure sur le dessin.

Quel avantage ne recueillerait-on pas de cette comparaison de la carte avec le terrain, si on réduisait la nature elle-même aux dimensions de la carte, si l'on en modelait en petit les formes, comme fait le sculpteur qui reproduit dans une statuette de dimensions exiguës les traits d'une figure, la taille d'un corps humain; si, en un mot, on exécutait un relief du terrain à la même échelle que la carte?

12

Le plan-relief, en effet, parle à la vue, et donne immédiatement la notion des formes représentées par la carte; le plus petit déplacement de l'œil suffit pour qu'on voie en un instant un mouvement de terrain dans son ensemble.

C'est le terrain lui-même qu'on a transporté chez soi, qu'on peut placer sur sa table, qu'on étudie à loisir.

Les reliefs, il est vrai, sont d'une exécution compliquée; il serait difficile de reproduire de cette manière une grande étendue de pays, à moins d'employer une très-petite échelle et de faire disparaître les détails. Construits à une grande échelle, ils tiennent beaucoup de place, ils sont lourds, fragiles et, à ce point de vue, ils sont loin de pouvoir remplacer la carte que l'officier porte dans sa poche, qu'il étale sur le sol au bivouac, qu'il consulte pendant la marche. Mais comme moyen d'initiation à la science topographique, comme instrument d'enseignement de la lecture des cartes, les plans-reliefs ont des avantages incontestables. C'est à ce titre surtout qu'ils ont été l'objet d'une mention spéciale dans le programme qui accompagne l'instruction ministérielle du 30 septembre 1874.

Entre les mains d'un instructeur habile, une carte figurant les inégalités du sol par des courbes de niveau, un relief de ce même terrain soigneusement exécuté, ces deux éléments suffisent pour enseigner rapidement à lire le terrain de quelque manière qu'il soit représenté, par des courbes, par des hachures ou au moyen du lavis.

« L'officier chargé de l'enseignement topographique

« dans un corps de troupes devra, dit l'instruction mi-
« nistérielle, se procurer un relief ou bien en exécuter un
« lui-même, avec de la terre glaise ou de la cire molle. »
Le Ministre compte donc sur l'initiative des officiers.
C'est pour leur faciliter le travail que nous avons cru
devoir donner quelques explications sur la manière
d'exécuter un relief, non pas le relief d'un terrain fictif,
imaginaire, mais le relief d'un terrain réel, de la partie
des environs de leur garnison qu'ils considèrent comme
la plus intéressante au point de vue de la variété des
formes, de celle qu'ils connaissent le mieux, sur laquelle
les troupes sont exercées journellement aux petites opérations de la guerre.

Pour faire comprendre comment on a pu représenter
sur une surface plane les formes accidentées du sol, nous
avons supposé (15) que le terrain s'était affaissé sur lui-
même, chacun de ses points descendant, suivant la
verticale, jusqu'au plan horizontal de repère. Faisons
maintenant l'hypothèse contraire.

Si, par un procédé quelconque, on pouvait relever
chacun des points d'une carte au-dessus de la surface
plane du papier, jusqu'à ce qu'ils aient atteint la hauteur
qu'ils ont réellement dans la nature au-dessus du niveau
de la mer pris comme plan de comparaison, en ayant
soin toutefois de réduire exactement toutes ces hauteurs
à l'échelle de la carte; la surface ondulée, boursouflée,
que l'on obtiendrait ainsi, représenterait fidèlement les
formes du terrain dont la carte ne donnait que l'image
plane. On aurait opéré comme l'architecte qui élève une
maison dont il a tracé d'abord sur le papier, à une

échelle réduite, le plan, les profils, les coupes et l'élévation suivant les diverses faces du bâtiment. Les courbes horizontales cotées qui ont été tracées régulièrement sur la carte, nous tiendront lieu de profils, puisque c'est par le moyen des courbes qu'on construit ces derniers; ce sont elles qui nous permettront de réaliser l'hypothèse qui nous a servi de point de départ.

En effet, au lieu de relever en particulier chaque point de terrain à sa hauteur réelle, relevons en même temps tous les points de chaque courbe horizontale, celle-ci prenant exactement la place qu'elle aurait au-dessus du plan de repère, et supposons une surface enveloppante continue qui s'appuierait sur toutes les courbes à la fois, en se modelant sur leurs diverses inflexions, nous aurons évidemment reconstitué les formes du terrain, nous en aurons obtenu le relief.

De la théorie passons à la pratique, et proposons-nous de représenter en relief le terrain ABCD, figuré par ses courbes de niveau 10, 20, 30, 40, 50, 60, 70 (*fig*. 16).

Première opération. Soit une tablette de bois ST, dont la surface supérieure bien plane, bien unie, représente le niveau moyen de la mer à la cote zéro. Décalquons sur cette surface la courbe 10 du dessin. On s'est procuré d'avance des feuilles de carton d'une épaisseur uniforme et exactement égale à l'équidistance réduite à l'échelle. Admettons que cette équidistance soit de un millimètre. On décalque une seconde fois la courbe 10 sur une des feuilles de carton, et en même temps la courbe 20 qui lui est immédiatement supérieure. On découpe cette feuille suivant les contours de la courbe 10, en en détachant toute la partie extérieure, et on l'applique une fois découpée sur la tablette de bois, de manière que ses bords coïncident exactement avec la courbe de même cote qui s'y trouve déjà décalquée; on la fixe à la tablette au moyen de colle de pâte, puis on met le tout sous presse, pour assurer l'adhérence.

On décalque ensuite la courbe 20 et la courbe 30 sur une deuxième feuille de carton; on découpe suivant la courbe 20, et on applique sur la première feuille comme ci-dessus, de manière que les bords coupés coïncident avec la courbe 20 tracée sur cette dernière; on fixe à la colle et on remet sous presse.

L'opération se continue ainsi, jusqu'à ce que toutes les courbes soient découpées et mises en place.

Dans le cas particulier du dessin qui sert de base à la construction (*fig.* 16), on remarque que la courbe 50 se ferme quatre fois autour d'autant de sommets différents; la cinquième tranche sera donc composée de quatre morceaux détachés. Il sera bon, pour éviter toute confusion, d'indiquer sur chacun de ces morceaux, par un signe particulier, le sommet du terrain auquel il correspond. La sixième tranche sera dans le même cas que la cinquième, et se composera de trois morceaux détachés.

Par la première opération, nous avons relevé, ainsi que nous l'avions annoncé, chaque courbe horizontale du terrain à la hauteur qu'elle doit occuper à l'échelle du dessin : nous avons obtenu le *plan-relief à gradins*, celui que l'on appelle communément la *maquette*. Ce n'est encore que le squelette, la carcasse du terrain.

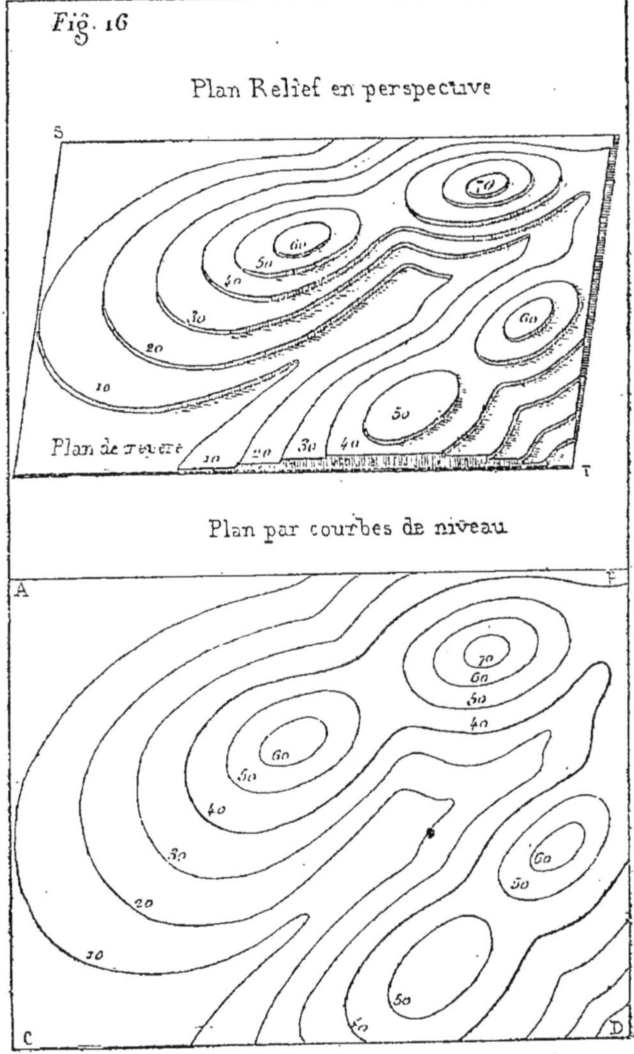
Fig. 16
Plan Relief en perspective
S
70
60
50
40
30
20
10
60
50
Plan de revere
10 20 30 40
T
Plan par courbes de niveau
A B
70
60
50
40
60
50
40
30
20
10
60
50
50
40
C D

mais dans cet état la maquette est déjà intéressante à étudier.

Si on l'applique verticalement contre un mur, ou si, la laissant reposer horizontalement sur une table, on la regarde d'assez loin dans le premier cas, d'assez haut dans le second, l'épaisseur des gradins disparaît et on voit les courbes comme si elles étaient projetées sur le mur ou sur la table. Dès lors, on conçoit facilement le figuré du terrain par les courbes horizontales équidistantes, et les notions relatives à la représentation au moyen de ces courbes, d'une croupe, d'une vallée, d'un mamelon, d'un col, s'expliquent d'elles-mêmes.

Deuxième opération. On a vu (132) que l'équidistance peut varier suivant la nature du terrain, mais qu'on la choisit de telle sorte qu'on puisse toujours considérer la pente entre deux courbes voisines comme parfaitement uniforme. Si donc on remplit avec une substance molle, adhérente et ayant la propriété de durcir en peu de temps, les angles rentrants ou vides compris entre le plan horizontal de chaque gradin et la surface enveloppe imaginaire qui s'appuierait à la fois sur toutes les courbes de niveau, on obtiendra le *relief à surface continue*, représentant exactement, à l'échelle du dessin, le terrain avec ses élévations, ses dépressions et ses pentes diverses.

Cette opération se fait avec l'ébauchoir du sculpteur; la substance employée de préférence est le mastic du vitrier, qui durcit plus vite que la cire.

Troisième opération. Lorsqu'on a besoin d'obtenir plusieurs exemplaires du relief, on le moule en creux et on en tire un certain nombre d'épreuves en plâtre, d'après les procédés ordinaires du mouleur.

On prendra toutefois les précautions indiquées ci-après :

Avant le moulage, la surface du modèle est recouverte d'un vernis à l'alcool, insoluble dans l'eau, et qui a pour but de rendre sa masse impénétrable à l'humidité produite par le plâtre à l'état liquide. Puis on l'enduit, lorsque le vernis est bien sec, d'une eau savonneuse très-épaisse, qui a pour effet d'empêcher le moule d'adhérer au modèle. Avant de tirer chaque épreuve, le moule sera également enduit d'eau savonneuse à l'intérieur (1).

Si l'on voulait conserver la *maquette* afin de pouvoir plus tard comparer, comme sujet d'étude, le relief à gradins avec le relief à surface continue, on emploierait la méthode suivante :

On moule en plâtre le relief à gradins, et lorsque le moule en creux est bien sec, on le détache. Les gradins se trouvent renversés dans le creux, c'est-à-dire que pour rendre continue la surface intérieure du moule, il faudrait enlever à ses angles saillants tout le plâtre qui s'est introduit, pendant le moulage, dans les angles rentrants du modèle à gradins. Cette opération délicate se fait ainsi :

On trace au fond de l'angle rentrant de chaque gradin du creux un trait fin au crayon qui correspond, nous le

---

(1) Voir, pour de plus amples détails, le *Manuel du mouleur en plâtre* (Encyclopédie Roret).

savons, à une courbe horizontale, et on gratte avec un instrument de forme convenable, le plâtre en excès, jusqu'à ce qu'on ait aplani tout l'espace compris entre deux traits de crayon consécutifs, en ayant soin surtout de ne pas creuser plus profondément. Les traits au crayon n'ont pour but que d'indiquer exactement le point où l'on devra s'arrêter. Lorsque tous les gradins sont enlevés, on procède au tirage des épreuves définitives.

On devra pour la première opération faire en sorte que les plans découpés des feuilles de carton soient, non pas tout à fait perpendiculaires à la surface desdites feuilles, mais plutôt légèrement inclinés en dehors sur le plan horizontal de la tranche inférieure. Si cette condition n'était pas suffisamment remplie, si, comme disent les mouleurs, les plans n'étaient pas *de dépouille*, de petits fragments de plâtre du moule resteraient dans les angles rentrants du modèle à gradins au moment de la séparation de l'épreuve.

Lorsqu'on aura obtenu une bonne épreuve du relief à surface continue, on pourra y dessiner toutes les lignes de la planimétrie et même le colorier conformément aux teintes conventionnelles adoptées pour les dessins manuscrits (84). On emploie à cet effet des couleurs à l'huile ou à la détrempe; les couleurs à l'aquarelle ne conviendraient pas, car elles pénétreraient la masse du plâtre.

Les courbes de niveau ayant complétement disparu dans le passage du relief à gradins au relief à surface continue, il serait assez intéressant de les reproduire sur ce dernier; mais cette opération est assez difficile et ne donne pas toujours d'ailleurs des résultats satisfaisants.

On peut cependant déterminer approximativement sur les pentes les plus douces de la surface, quelques points des courbes principales, points que l'on réunit ensuite par un trait continu en suivant les contours du relief, sans s'écarter, s'il est possible, du plan horizontal qui contient ces courbes.

Le plan-relief à surface continue donne l'image la plus parfaite des formes du terrain ; il offre pour l'enseignement de la lecture des cartes des ressources inépuisables.

Il produit en effet, sur les esprits les plus rebelles à l'intelligence des projections géométriques, une impression vraie et durable, puisque ses formes sont palpables et qu'on peut en mesurer les dimensions dans les trois sens, longueur, largeur et hauteur.

Sur le relief, les lignes de plus grande pente sont tangibles et les explications qui s'y rattachent n'offrent plus aucune difficulté. Les lignes de faîte ou de partage des eaux qui limitent les bassins, se déterminent à première vue. Les chaînes, massifs et groupes de montagnes ou de collines, les points culminants des hauteurs, les dépressions du sol, cols ou vallées, frappent immédiatement le regard. En même temps qu'on voit les détails on saisit l'ensemble ; enfin, toutes les définitions relatives aux formes si variées du terrain deviennent facilement intelligibles, et l'élève arrive rapidement à appliquer à un accident quelconque du sol le nom qui lui convient.

Par la comparaison du relief avec la carte, on comprend vite la raison des conventions établies pour figurer le terrain, soit par des courbes de niveau, soit par des lignes de plus grande pente. Si l'on expose le relief à une lumière qui le frappe perpendiculairement ou obliquement à sa base de support, et qu'on le regarde de face et d'un peu loin, on se rend plus facilement compte, par les effets que produisent les ombres, de la représentation du terrain au moyen du lavis par une des méthodes précédemment décrites (154).

Les bords du relief coupés suivant un plan perpendiculaire à sa base, donnent un exemple frappant des profils, et rendent saisissables les constructions que nécessite leur tracé au moyen du plan (140).

Exécutés à une assez grande échelle, le $\frac{1}{5000}$ ou le $\frac{1}{10000}$, les plans-reliefs sont d'un grand secours pour étudier dans le cabinet les petites opérations de la guerre. Ils ne nécessitent pas, en effet, comme les cartes, la construction de profils servant à déterminer les points dominants, les crêtes militaires et les lignes de défilement; une simple tige rigide, dont l'extrémité reste fixée à un point du terrain et qu'on fait tourner autour de ce point en l'appuyant successivement sur les hauteurs qui l'environnent, permet de tracer immédiatement la limite de l'horizon visible et de circonscrire les parties du terrain qui échappent à la vue.

Lorsque le relief porte toutes les lignes de la planimétrie, les écritures, les cotes, et qu'il est colorié, il offre alors la représentation du terrain la plus parfaite qu'on puisse imaginer. Dans cet état de perfection, on peut le prendre comme la base d'instructions et d'exercices variés : description du terrain au point de vue orographique ou hydrographique, étude des voies de communication dans leur ensemble, recherche d'une position militaire, reconnaissance d'un cours d'eau, d'un chemin de fer, d'un village...., etc. Enfin, on peut substituer le relief au terrain lui-même, et le faire servir à l'exécution d'un levé d'ensemble ou d'un simple croquis militaire; à cet effet, on copie à vue ou au compas, soit à la même échelle, soit à une échelle différente, tous les détails de la planimétrie, en les supposant projetés sur le plan horizontal du support, et on s'exerce à rendre les formes du terrain, soit au moyen des courbes de niveau interrompues et approximatives, soit au moyen des lignes de plus grande pente.

Ces divers exercices, souvent répétés, sont une excellente préparation aux levés sur le terrain et aux reconnaissances.

Nous avons supposé, dans les explications relatives à la construction d'un plan-relief, que l'on employait pour les hauteurs verticales la même échelle que pour les distances horizontales. Mais, de même que pour les profils (143), on peut exécuter des reliefs à double échelle. Le relief naturel ou à une seule échelle, tout en offrant l'image vraie de la nature, s'approprierait peu, dans la plupart des cas, aux études particulières dont il peut être l'objet. En effet, si l'on adoptait la réduction exacte des hauteurs à l'échelle du plan, on n'obtiendrait à l'échelle de $\frac{1}{10000}$, pour une différence de niveau totale de 100 mètres par exemple, qu'un relief maximum de 10 millimètres, ce qui rendrait complétement insensibles à la vue les commandements de 10 et 20 mètres qui ont une importance si grande à la guerre. De même que les profils à double échelle, les reliefs surhaussés déforment les pentes; mais, malgré cet inconvénient, on emploie le plus souvent pour les hauteurs verticales, une échelle deux fois, trois fois et même quatre fois plus grande que pour les distances horizontales. La proportion varie nécessairement en raison de la nature du terrain à représenter, et il est certain que pour les pays de hautes montagnes, à vallées encaissées entre des berges à pic, l'emploi de la double échelle n'est pas nécessaire.

Il faut toutefois remarquer que la première impression que l'on reçoit à la vue du plan-relief d'un terrain bien connu, c'est que les hauteurs ne paraissent pas suffisamment accentuées. On est en effet habitué, dans la réalité, à considérer les montagnes de bas en haut; la distance horizontale qui sépare l'observateur du pied de la pente, distance qu'il n'aperçoit qu'en raccourci, disparaît pour ainsi dire, et l'élément de comparaison lui fait absolument défaut. C'est par suite de cette illusion d'optique, qu'une route gravissant une hauteur, exactement dans la direction que l'on suit, paraît toujours bien plus inclinée qu'elle ne l'est réellement. Il n'y aurait donc aucun inconvénient à exagérer les hauteurs sur un plan-relief, puisqu'on est conduit naturellement à en exagérer l'importance sur le terrain même.

Cependant, quand on examine un plan-relief, on en domine généralement toutes les parties à la fois, et comme on juge en même temps des dimensions dans le sens vertical et dans le sens horizontal, la comparaison est facile et fournit un résultat qui seul est vrai, lorsqu'on n'est pas trompé toutefois par le souvenir d'une illusion conçue en face de la nature elle-même.

IVᵉ PARTIE.

Étude de la carte. Son emploi sur le terrain.

Étude de la carte.

156. En campagne, toutes les fois qu'on le peut, il est bon d'étudier d'avance, au moyen de la carte, le terrain sur lequel on peut être appelé à opérer. On fait ainsi connaissance avec le pays que l'on doit parcourir. On en recherche les points remarquables, les grandes directions de vallées, les lignes de faîte, les cols et sommets principaux ; on étudie le réseau des voies de communication ; on se familiarise enfin avec les noms des localités.

On peut même exécuter en imagination sur la carte toutes les petites opérations de la guerre, rechercher les directions à suivre pour se rendre d'un lieu à un autre, estimer les difficultés plus ou moins grandes du terrain, évaluer le temps nécessaire pour accomplir une mission déterminée, arrêter enfin dans son esprit les dispositions que l'on prendrait en cas d'attaque sur tel ou tel point, et les mesures de précaution dont il faudrait s'entourer pendant la marche pour ne pas se laisser surprendre par l'ennemi.

Proposons-nous d'étudier, comme exemple, à un

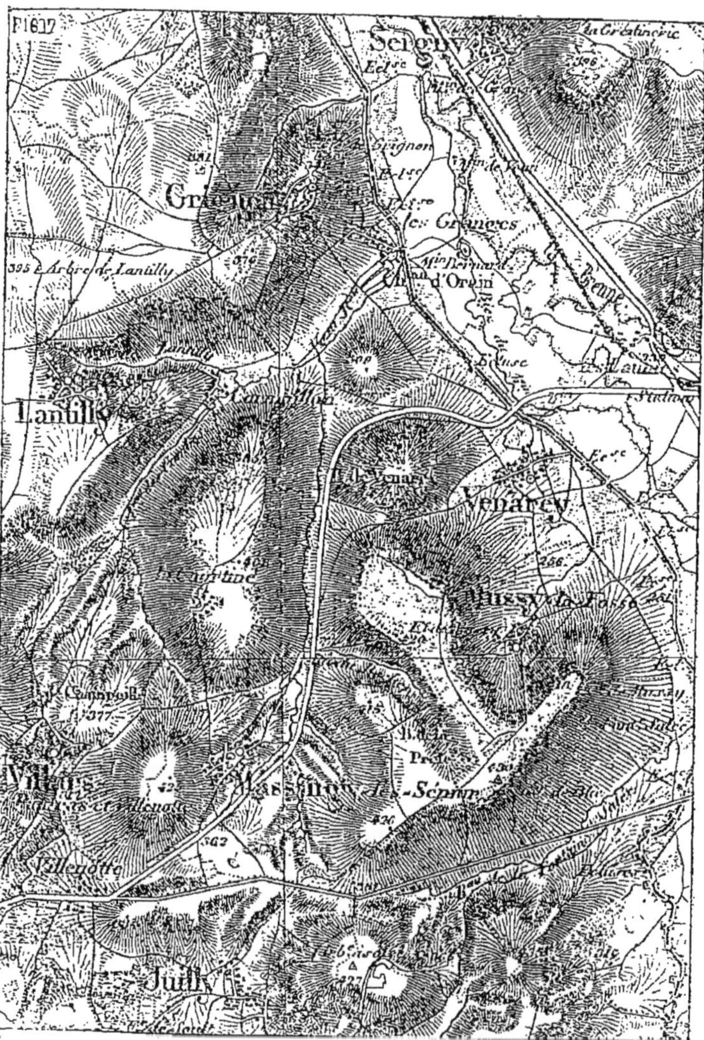

Extrait de la carte de France, publiée par le Dépôt de la guerre, à l'échelle de $\frac{1}{80000}$.

point de vue tout à fait général, une portion limitée de la carte de France à $\frac{1}{80000}$.

Le fragment choisi (*fig.* 17) appartient à la feuille n° 111, Avallon, département de l'Yonne, et le terrain qu'il représente, comprenant une surface de 70 kilomètres carrés, 7 kilomètres sur 10, est situé dans la partie orientale de la feuille, au nord-est de Semur, au sud-est de Montbard. Il est exactement orienté, c'est-à-dire que le nord est en haut de la carte et, par conséquent, l'est à droite, l'ouest à gauche, le sud en bas.

La planimétrie en est peu compliquée : l'angle nord-est, celui qui est entre le nord et l'est, est coupé obliquement par une route nationale et une voie ferrée qui traverse la route à niveau près de la station des *Laumes*. A cette même station vient aboutir une route départementale qui entre dans le cadre à l'ouest, au hameau de *Villenotte*. Un chemin de grande communication s'en détache à la sortie de ce hameau, et se dirige vers l'est à peu près parallèlement au côté inférieur du cadre. Des chemins d'intérêt local réunissent les voies de communication principales.

Quelques villages, chefs-lieux de commune, que l'on reconnaît au caractère de l'écriture (romaine droite), occupent différents points de la carte : ce sont les villages de *Seigny, Grignon, Lantilly, Venarey, Mussy-la-Fosse, Villars, Massingy* et *Juilly*. Si l'on considère les limites de ces communes (71), on voit que le hameau dénommé *les Granges* appartient à la commune de *Grignon*, celui de *la Courtine* à la commune de *Massingy*, *Villenotte* à celle de *Villars*, *les Laumes* à *Venarey*.

Les villages, ainsi que les hameaux, ont leurs habitations agglomérées, condition favorable pour la mise en état de défense.

Les fermes et maisons isolées sont rares.

Le système général des eaux est facile à déterminer. Parallèlement à la route nationale, coule en plaine une petite rivière sinueuse, *la Brenne*, qui a quelques dérivations dont l'une, *le Biez du Moulin*, alimente le moulin de *Venarey*. Cette rivière paraît être le cours d'eau le plus important de la carte; c'est le seul qui soit indiqué par deux traits. *La Brenne* reçoit vers le hameau des *Granges* le ruisseau de *Veau*, qui vient du village de *Massingy;* ce dernier se grossit à gauche du ruisseau de *Lantilly*, où afflue le ruisseau des *Combes*. Un dernier ruisseau, celui de *la Fontaine salée*, a son origine vers le point où commence lui-même le ruisseau de *Veau*, et sort du cadre à l'est pour aller se jeter dans *la Brenne*.

La pente générale des ruisseaux de *Veau* et des *Combes* s'incline vers le nord; il y a donc lieu de croire que la rivière de la Brenne coule également dans cette direction, c'est-à-dire du hameau des *Laumes* au village de *Seigny*. Il n'y aurait aucun doute au sujet de cette direction, si la carte indiquait une cote de hauteur dans les environs du village de *Seigny*, outre celle de 239 qu'on trouve au hameau des *Laumes*.

Un canal suit latéralement la rive gauche de la Brenne. Le grand nombre d'écluses que l'on voit sur son parcours démontre suffisamment que la pente est considérable, car chaque groupe de deux écluses forme un bief particulier, et rachète une différence de niveau de 1ᵐ,50 à 2 mètres (34).

Etudions maintenant la carte au point de vue du figuré du terrain.

Le fond de la vallée dans laquelle coule *la Brenne* a une largeur de 1,200 à 1,500 mètres, comprise entre le canal et la route nationale; il forme une longue plaine légèrement inclinée vers le nord. La cote 239 du hameau des *Laumes* indique que cette plaine est la partie la plus basse de la carte, puisque toutes les autres cotes lui sont supérieures. Le terrain s'élève donc de chaque côté de la vallée; sur la rive droite de *la Brenne* il atteint la cote 396 au sommet d'un petit plateau boisé qui domine à peu de distance le village de *Seigny*.

Le versant de gauche de la vallée de la Brenne est divisé en quatre parties bien distinctes, séparées par les trois profondes dépressions où coulent les *ruisseaux des Combes*, de *Veau* et de la *Fontaine salée*.

La cote d'altitude la plus élevée de la carte est au point 433, sur la droite du ruisseau de la *Fontaine salée*. Entre ce ruisseau et celui de *Veau*, le point culminant est à 430 mètres; le triangle qui l'entoure indique un point géodésique (82).

Dans la partie comprise entre les ruisseaux de *Veau* et des *Combes*, c'est le point 425 qui est le plus élevé. Enfin, sur la gauche du ruisseau des *Combes*, le point géodésique 395, dénommé *arbre de Lantilly*, domine toute la partie nord-ouest de la carte.

La comparaison des quatre altitudes qui précèdent, 435, 430, 425 et 395, échelonnées du sud au nord, montre que les parties supérieures du terrain sont dans un plan légèrement incliné suivant cette direction, c'est-à-dire dans le sens général du cours des eaux : c'est ce qui arrive généralement. Il en résulte que le relief des hauteurs dont ces points occupent les sommets, au-dessus de la vallée principale de *la Brenne*, est à peu près constant. On peut l'évaluer à 150 ou 180 mètres par la comparaison des sommets avec la cote unique de la vallée, 239.

Le terrain qui nous occupe appartient donc aux pays de petites collines, et on peut le caractériser par l'expression *terrain montueux* (91).

Si, de la configuration générale du sol, nous passons à l'étude de ses formes particulières, nous remarquons tout d'abord un plateau qui s'étend au nord de *Lantilly* dans l'angle N.-O. de la carte, et dont les ondulations insensibles sont représentées par des hachures légères et quelques dépressions peu profondes indiquant une pente générale vers le N.-O.

De ce plateau se détachent à l'est trois contre-forts ou éperons (95), dont l'un s'abaisse entre le ruisseau des Combes et son affluent, le ruisseau de *Lantilly ;* le second est couronné par le village de *Grignon*; le troisième, plus étroit, porte la cote 357. Ces trois éperons sont séparés par des gorges profondes (113).

Entre le ruisseau des *Combes* et le ruisseau de *Veau* s'élèvent deux sommets, l'un coté 425, l'autre 408. Ce dernier, qui s'allonge en forme de petit plateau, est occupé par le hameau de *la Courtine*. Ils sont séparés par un col situé exactement au point où se rencontrent le chemin qui va de *Massingy* à *la Courtine* et celui qui de *Villars* conduit dans la vallée de *Veau*, où il rejoint la route départementale.

Les hauteurs entre le ruisseau de *Veau* et *la Fontaine salée* forment trois sommets à des altitudes différentes, dont le plus élevé, entre *Massingy* et *Mussy-la-Fosse*, constitue un plateau de forme irrégulière dans lequel le *Rû du Rocher* a creusé un sillon profond. Les deux autres sommets sont des mamelons arrondis ; celui qui est boisé ne porte pas de cote, mais il y a lieu de croire qu'il a une hauteur moyenne entre le plateau 420 et le sommet 309.

Il est facile de voir que les sommets cotés 433 et 427 au sud de la carte, appartiennent à la ligne de séparation des eaux qui limite le versant de gauche de *la Brenne*. Les pentes qui descendent de ces sommets vers le nord déversent en effet leurs eaux dans le ruisseau de *la Fontaine salée*, ce qu'indique suffisamment la direction des hachures ou lignes de plus grande pente. La cote 366 constate une dépression assez considérable entre ces deux mêmes sommets 433 et 427 ; elle se trouve à l'origine commune de deux petits thalwegs, dont l'un au nord descend vers le ruisseau de *la Fontaine salée ;* l'autre s'abaisse vers le sud dans la direction de *Juilly*. A partir de la cote 366, le terrain monte au contraire vers le sommet 433 à l'est, vers le sommet 427 à l'ouest ; le point 366 est donc un col (137), et il appartient à la ligne de séparation.

En raisonnant d'une manière analogue pour les sommets 427 et 426, on reconnaîtrait encore un col au point

Figuré du terrain par des courbes de niveau équidistantes

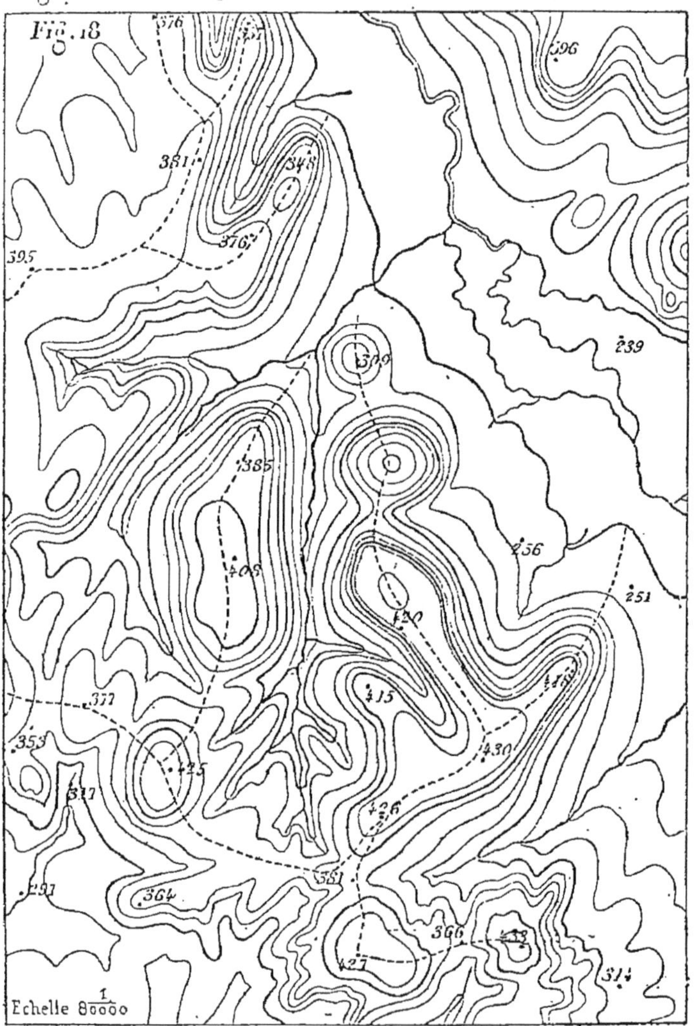

L'équidistance des courbes est de 20 ^{m}

381 où passe le chemin de grande communication qui vient de *Villenotte*, et si l'on continuait à suivre la ligne de partage, on verrait qu'après avoir passé par les points 427, 381 et 426, elle redescend du point 426, contourne les origines du vallon de *Massingy*, atteint la cote 362 sur la route départementale, après avoir traversé un plateau de même altitude, puis s'élève sur le sommet 425, d'où elle se dirige vers le sommet 377, à travers un col où passe le chemin qui vient de *Villars*. Elle sort enfin du cadre pour y rentrer plus loin à *l'Arbre de Lantilly*.

Du point 426 se détache la ligne de partage entre *la Fontaine salée* et le ruisseau de *Veau*, par les cotes 430, 420, le sommet non coté des *bois de Venarey* et le petit mamelon 309.

Au point 425 se rattache la ligne de partage qui passe entre le ruisseau des *Combes* et celui de *Veau* par le sommet de *la Courtine* coté 408, et qui va mourir au confluent de ces deux ruisseaux.

La figure 18 représente exactement le même terrain que la carte 17, les formes y ont été exprimées par des courbes de niveau à 20 mètres d'équidistance (153). On peut y suivre la direction des lignes de partage, qui sont indiquées par un trait ponctué.

Toutes les pentes qui descendent des sommets ou des plateaux énumérés ci-dessus paraissent accessibles à l'infanterie.

On peut d'ailleurs facilement évaluer ces pentes (134) au moyen de l'écartement des courbes horizontales de la fig. 18. On verra que les plus roides ne dépassent pas $\frac{1}{5}$, c'est-à-dire un de hauteur pour deux de base, excepté probablement dans quelques parties rocheuses des crêtes, dont il est difficile d'apprécier exactement l'inclinaison à la vue seule de la carte.

L'intensité de la teinte formée par les hachures va généralement en diminuant des sommets vers les thalwegs; les pentes, très-abordables à leur partie inférieure, augmentent donc de roideur à mesure qu'elles s'élèvent : condition favorable au défenseur qui occuperait les parties élevées, mais défavorable pour l'assaillant, puisque les difficultés d'accès augmenteraient pour lui, à mesure qu'il se rapprocherait des sommets

Ces pentes sont de la nature de celles que nous avons appelées concaves (120).

On remarque que quelques-unes des pentes exposées au sud-est sont couvertes de vignes; que les bois de *Venarey* sont plus touffus que ceux du plateau de *Mussy;* que l'on trouve des prairies dans les fonds de vallée; enfin, qu'en général, le pays est particulièrement agricole.

Au point de vue militaire, on voit que les hauteurs de la rive gauche de *la Brenne*, de *Grignon* à *Mussy* et au delà, offriraient une bonne position à cheval sur la route départementale pour la défense ou l'attaque du pont de *Venarey;* que le village de *Grignon*, qui domine de 100 mètres environ le fond de la vallée de *la Brenne*, et qui est défendu presque de tous côtés par des pentes difficiles, formerait un excellent point d'observation à un poste chargé de surveiller la route nationale, le chemin de fer, le canal et la route départementale qui va de *Villenotte* aux *Laumes*, ainsi que les chemins qui, de *Villars* et de *Massingy*, débouchent au hameau des *Granges*.

Du sommet de *Grignon*, on a même des vues à 7 kilomètres de distance sur une partie du plateau coté 362 que traverse le chemin de grande communication qui part de *Villenotte*.

Il serait inutile de pousser plus loin cette étude du terrain d'après la carte. Le but que nous nous proposions était seulement de montrer le parti qu'on peut tirer de la carte pour apprécier à différents points de vue un terrain fidèlement représenté.

La marche à suivre est à peu près la même dans tous les cas : Étudier d'abord la planimétrie en ce qui concerne les voies de communication, le système des cours d'eau et leurs points de passage, les relations et l'importance des lieux habités ; rechercher ensuite les points du terrain les plus élevés et les plus bas, en conclure les reliefs et les commandements ; reconnaître les sommets et leurs formes ; les dépressions, vallées ou cols, qui les séparent ; la nature des pentes, leur praticabilité ; enfin, déterminer l'importance militaire du terrain que l'on a sous les yeux, à un point de vue général ou particulier.

Emploi de la carte sur le terrain.

157. Il ne suffit pas de savoir lire une carte, il faut encore pouvoir s'en servir, c'est-à-dire l'identifier avec le terrain qu'elle représente.

La principale application que l'on ait à faire de là

carte en campagne consiste à déterminer, avec son aide, la direction à suivre pour se rendre d'un point à un autre, et à la retrouver sur le terrain.

Cette direction est indiquée suffisamment par la carte, surtout si celle-ci est à grande échelle, puisqu'elle représente non-seulement tous les lieux habités et les lieux-dits, avec les noms sous lesquels ils sont connus dans le pays, mais encore toutes les voies de communication qui les réunissent. Mais le plus ordinairement, plusieurs chemins conduisent d'une localité à une autre; il faut donc choisir parmi ces chemins celui qui satisfait le mieux au but qu'on se propose. Ce choix dépend, soit de la rapidité d'exécution qu'imposent les événements, soit de la qualité du chemin, de la nature de ses abords, des obstacles que présente le terrain sur son parcours, de la nécessité d'éviter toute rencontre avec l'ennemi ou de rester constamment à l'abri de ses feux ou en dehors de ses vues; enfin, de l'espèce de troupes que l'on doit mettre en marche.

La direction à suivre étant arrêtée d'après les considérations qui précèdent, on se transporte au point de départ. Ce point, dont nous supposons qu'on ait exactement la situation sur le plan, est un village, une maison sur le bord d'une route, un pont sur un cours d'eau, un carrefour de chemins ou tout autre objet du terrain parfaitement reconnaissable sur la carte, soit par le signe qui le représente, soit par le nom qui lui est affecté.

D'ailleurs, si ce point de départ était en dehors de tout lieu-dit, ou lieu portant un nom, et difficile à iden-

tifier avec celui qui lui correspond sur le dessin, il serait
toujours possible de le rattacher à un point de la carte
bien connu par sa situation sur le terrain.

Orientation de la carte. Identification de la carte avec le terrain.

158. La première opération à faire au point de départ
consiste à s'orienter, c'est-à-dire à placer la carte devant
soi, de telle sorte que les lignes qui réunissent deux
points quelconques du dessin soient exactement parallèles aux lignes qui, dans l'espace, réuniraient les points
homologues du terrain. Si la carte a été régulièrement
levée, si tous les points sont dans la même relation de
position et de distance que ceux du terrain qu'ils représentent, il suffira évidemment, pour orienter la carte, de
placer deux de ses points dans la même direction que les
deux points correspondants du terrain.

Supposons, par exemple, que l'on parte du hameau
de *Villenotte* pour se rendre au hameau des *Laumes*, et
qu'on ait reçu l'ordre de traverser les villages de *Massingy* et de *Venarey*. Admettons, en outre, que l'on n'ait
pour se diriger aucun autre renseignement que ceux qui
sont fournis par la carte. On sait seulement que l'on est
au hameau de *Villenotte*. La route qui le traverse offre
deux issues ; mais comment reconnaître sur le terrain
celle qu'il faut prendre pour sortir du hameau dans la
direction des *Laumes?* Un simple renseignement, recueilli
de la bouche d'un habitant, suffirait, mais il faut savoir
s'en passer.

On commencera donc par examiner avec soin les
environs du hameau, et on les comparera avec la carte.

Celle-ci indique qu'en sortant de *Villenotte* pour se diriger vers les *Laumes*, la route, après avoir dépassé les dernières maisons, oblique légèrement vers la gauche, et qu'au point où a lieu le changement de direction, se détache un chemin de grande communication, qui s'élève sur un petit plateau. Il sera facile de trouver sur le terrain celle des deux issues de la route qui remplit ces conditions.

Avant de s'engager définitivement sur la route, il sera bon de s'assurer encore que l'on ne s'est pas trompé. A cet effet, on tournera le dos au hameau de *Villenotte*, on se placera sur l'axe même de la route, au point où elle se bifurque, et on fera tourner la carte entre ses mains, jusqu'à ce que les deux traits qui limitent la route sur le dessin, soient exactement dans la direction de celle que l'on a devant soi sur le terrain. Dès qu'on sera arrivé à la concordance, et cette concordance sera d'autant plus assurée que la portion de route sur laquelle on opère se prolongera en avant suivant une plus longue ligne droite, on tiendra la carte immobile et on dirigera ses regards à droite et à gauche pour comparer la situation des objets remarquables du terrain avec celle qu'ils occupent sur le dessin.

Ainsi, dans le cas particulier qui nous occupe, on doit voir, tout à fait à gauche, le clocher et le village de *Villars ;* entre ce village et la route se trouve une hauteur, celle dont le sommet est coté 425 sur la carte; enfin, à droite, l'extrémité du plateau cotée 364 doit empêcher d'apercevoir le village de *Juilly*.

Si la comparaison du terrain avec la carte conduit à

une assimilation parfaite, et que, dans la direction de chaque point de la carte, on trouve exactement celui du terrain qui lui correspond, c'est que l'on est parfaitement orienté.

A partir de ce moment, et pendant toute la durée du trajet, depuis le point de départ jusqu'au point d'arrivée, on doit être, à chaque instant de la marche, en mesure de repérer exactement sur la carte le point du terrain que l'on occupe, et, par conséquent, de s'orienter de nouveau. Aussi doit-on toujours marcher la carte à la main, examiner le terrain à droite et à gauche en l'identifiant avec la carte, noter chaque chemin qui vient croiser la route ou qui s'y embranche et le reconnaître sur le dessin, remarquer enfin tous les objets que l'on rencontre, maisons isolées, ponts sur les cours d'eau, l'entrée et la sortie d'un bois, etc..., et rechercher sur la carte les signes qui les représentent.

Il sera facile, en suivant ces principes, de reconnaître, dès qu'on sera arrivé sur le petit plateau vers la cote 362, le chemin qui se détache de la route, obliquement à gauche, pour aller vers *Massingy*. Ce chemin se dirige à peu près horizontalement sur la pente orientale du sommet 425 ; il est séparé de la route par un ravin. La carte indique qu'on devra traverser le village de *Massingy* en laissant l'église à gauche et que, quand on aura atteint les dernières maisons, il faudra prendre le chemin de gauche qui est parallèle au ruisseau de *Veau*, descendre avec lui dans le vallon et franchir ce ruisseau pour rejoindre la route départementale au point où le *Rû du Rocher* vient la traverser. On suivra la route pendant un espace de quelques centaines de mètres, puis on prendra à droite un chemin qui s'en détache, pour gravir obliquement la pente qui termine au nord-ouest le plateau de *Mussy-la-Fosse*. Après avoir traversé le col qui sépare ce plateau du sommet boisé de *Venarey*, on descendra au village du même nom par le fond d'un petit vallon. De *Venarey*, il sera aisé de regagner la route départementale, qui conduira directement aux *Laumes*.

En appliquant au terrain, à mesure que l'on avance, toutes les indications données par la carte, il devient impossible de s'égarer, quelque sinueux que soit le chemin que l'on suive.

Si les circonstances exigeaient que l'on changeât brusquement la direction de la marche, on le ferait sans hésitation, car on connaîtrait toujours par la carte le nouveau chemin sur lequel on devrait s'engager.

L'identification sûre du terrain avec la carte à chaque instant de la marche offrira, en outre, les avantages suivants :

L'officier chargé de la conduite d'un détachement ou d'un convoi en présence de l'ennemi, pourra prendre d'avance et en temps opportun les dispositions nécessaires pour traverser un défilé dangereux; il déterminera avec la plus grande facilité et sans erreur possible, les mesures de précaution à prendre pour assurer la marche; il pourra enfin indiquer d'une manière précise aux éclaireurs et aux flanqueurs les points où ils devront quitter la route, les chemins latéraux qu'ils auront à suivre, les lieux qu ils devront fouiller, et enfin le point où ils re-joindront le détachement en marche.

DIVERS MOYENS D'ORIENTATION.

159. Ordinairement les cartes sont orientées par rapport au nord, c'est-à-dire qu'en les regardant de manière à lire les écritures, comme on lit un livre, le nord est en haut, le sud en bas, l'est à droite et l'ouest à gauche.

Les côtés latéraux du cadre sont donc dans la direction du nord. Lorsque la carte n'est pas encadrée, cette direction est généralement indiquée par une flèche. Il suffit alors pour s'orienter de faire coïncider la flèche ou un des côtés du cadre perpendiculaire aux écritures, avec une ligne du terrain qui soit exactement dirigée vers le nord. Cette ligne porte le nom de méridienne.

On trouve la direction du nord :

Soit au moyen du soleil,

Soit au moyen de l'étoile polaire,

Soit au moyen de la boussole.

Orientation au moyen du soleil.

160. On sait que le soleil est exactement au sud par rapport au point que l'on occupe lorsqu'il se trouve au point le plus élevé de sa course, c'est-à-dire exactement au milieu de la journée. Si donc on plante verticalement un bâton dans une portion de terrain à peu près hori-zontale, et qu'on observe le moment précis où l'ombre portée par ce bâton sur le sol est la plus courte pos-sible, ce moment indiquera l'heure de midi, et la direc-

tion de l'ombre portée, opposée à la position qu'occupe le soleil à midi, donnera la direction du nord.

Le soleil étant d'ailleurs en relation parfaite avec l'heure, si l'on a à sa disposition une montre bien réglée, il sera facile de déterminer la direction du nord par la situation du soleil à certaines heures de la journée.

En effet, à 6 heures du matin le soleil est à l'est, à 9 heures du matin au sud-est, à midi au sud, à 3 heures après-midi au sud-ouest, à 6 heures du soir à l'ouest. Or, comme la ligne nord-sud est perpendiculaire à la ligne est-ouest, et que les directions sud-est et sud-ouest font avec les premières des angles de 45 degrés ou la moitié d'un angle droit, on voit qu'il suffira d'une seule observation à un des cinq moments de la journée indiqués ci-dessus pour repérer convenablement la direction du nord.

Mais en campagne on ne peut pas toujours, pour s'orienter, attendre qu'il soit midi; l'emploi de l'un des deux procédés qui précèdent exige l'intervention du soleil; le second nécessite en outre une montre. Ces procédés ne sont d'ailleurs praticables que pendant le jour.

Orientation au moyen de l'étoile polaire.

161. Pendant la nuit, l'étoile polaire fournit un excellent moyen d'orientation, parce qu'elle reste constamment visible au-dessus de l'horizon et qu'elle indique d'une manière très-approximative la direction même du nord, et par conséquent la méridienne.

Si l'on observe pendant la nuit la marche des étoiles

dans le ciel, on remarquera qu'une seule d'entre elles paraît immobile, tandis que toutes les autres semblent décrire autour de celle-ci autant de cercles concentriques de rayons plus ou moins grands. Cette étoile immobile est l'étoile polaire. Elle appartient à une constellation bien connue de tous les habitants de la campagne sous le nom de Petit-Chariot, et appelée Petite-Ourse par les astronomes, par opposition à une constellation voisine que l'on nomme la Grande-Ourse ou le Grand-Chariot.

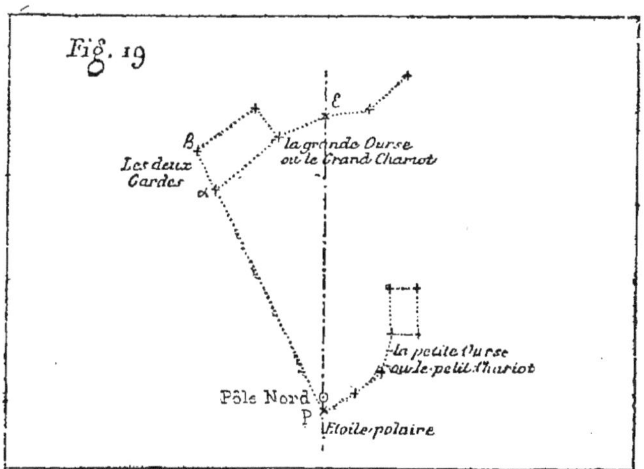

Ces deux constellations constituent chacune un groupe de sept étoiles disposées de la même manière, c'est-à-dire formant à peu près la même figure dans le ciel, mais tournée en sens contraire. La Grande-Ourse, composée d'étoiles plus brillantes et un peu plus écartées que celles de la Petite-Ourse, sert à retrouver cette dernière et à déterminer la situation de l'étoile polaire. A cet effet, on suppose la ligne qui joint les deux étoiles α β, appelées les Gardes de la Grande-Ourse, prolongée de cinq fois la distance qui les sépare. A l'extrémité de cette ligne on doit trouver l'étoile polaire P, tantôt en dessus, tantôt en dessous, à droite ou à gauche, suivant l'heure de la nuit et l'époque de l'année. L'étoile polaire figure la tête de l'attelage du Petit-Chariot ou la queue de la Petite-Ourse.

Comme l'étoile polaire est très-élevée au-dessus de l'horizon de Paris, il est assez difficile d'imaginer une ligne du plan horizontal qui soit parfaitement dans sa direction. On obtient exactement cette ligne en suspendant devant soi un fil à plomb qu'on tient assez élevé pour qu'il cache l'étoile et en faisant poser sur le sol à 150 ou 200 mètres du point d'observation une lanterne allumée dont la lumière doit être également cachée par le fil à plomb. La ligne qui réunit le point d'observation et la lanterne est convenablement repérée pour qu'on puisse la retrouver au point du jour. Cette ligne est la méridienne du lieu ; elle indique la direction du nord.

L'étoile polaire n'est pas exactement au pôle ; elle en est éloignée d'une quantité angulaire égale à 1 degré 1/2 environ. Pour que l'observation soit la plus exacte possible, il faut saisir le moment où la polaire passe au méridien. Ce moment arrive deux fois dans l'espace de 24 heures, au moins une fois pendant la nuit ; il a lieu lorsque le fil à plomb cache, en même temps que l'étoile polaire, .celle des étoiles de la Grande-Ourse que les astronomes désignent par la lettre grecque ε (*fig.* 19).

L'orientation par l'étoile polaire a l'inconvénient de ne pouvoir être pratiquée que pendant la nuit et d'exiger un ciel découvert.

Orientation au moyen de la boussole.

162. La boussole est le moyen d'orientation le plus commode, car on peut l'utiliser par tous les temps, dans toutes les saisons et à quelque heure que ce soit du jour ou de la nuit.

Cet instrument est formé essentiellement d'une aiguille aimantée reposant par son milieu C sur un pivot autour

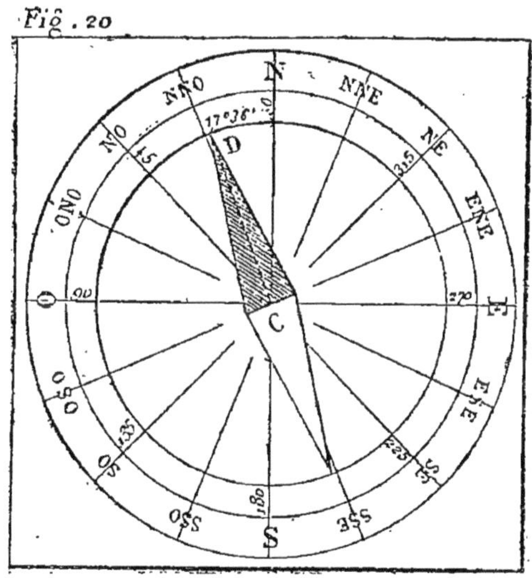

duquel elle peut tourner librement et renfermée dans un petite boîte en bois ou en cuivre, ronde ou carrée, recouverte d'un verre qui la garantit contre les agents extérieurs. Le fond de la boîte est occupé par un cercle ou limbe au centre duquel est placé le pivot de l'aiguille et qui porte soit des graduations servant à mesurer des angles, soit plus simplement deux diamètres rectangulaires marqués à leur extrémité des indications nord, est, sud, ouest, ou même seulement des lettres N, E, S, O (*fig.* 20).

L'aiguille aimantée a la propriété de se maintenir toujours dans la direction d'un point que l'on nomme le nord magnétique. Cette direction s'écarte de celle du nord vrai ou nord géographique d'une quantité appelée déclinaison, qui varie suivant l'époque et le point de la terre où se fait l'observation.

La déclinaison est actuellement (janvier 1875), pour Paris, de 17 degrés 36 minutes à l'ouest du méridien de l'Observatoire. Elle diminue de 9 minutes environ par an

Elle sera donc de 17° 27′ en 1876,
de 17° 18′ en 1877.

Si l'on a marqué sur le fond de la boîte dans laquelle se meut l'aiguille un point D situé entre le nord et l'ouest, de telle sorte que l'angle DCN soit égal à 17 degrés et demi environ, et qu'on fasse tourner l'instrument jusqu'à ce que la pointe bleue, celle qui indique le nord magnétique, corresponde au point D, il est certain que la ligne SN se trouvera exactement placée dans la direction du nord et se confondra avec la méridienne du lieu.

Points cardinaux. Rose des vents.

163. Outre les quatre points cardinaux, nord, est,

sud et ouest, le limbe sur lequel tourne l'aiguille aimantée porte quelquefois d'autres divisions qui servent à indiquer des directions intermédiaires : le nord-est, entre le nord et l'est, le sud-est entre le sud et l'est, le sud-ouest entre le sud et l'ouest, le nord-ouest entre le nord et l'ouest. Entre ces divisions et les quatre points cardinaux, on intercale encore de nouvelles directions : le nord-nord-est entre le nord et le nord-est, l'est-nord-est entre l'est et le nord-est, et ainsi de suite, ce qui forme 16 divisions qui sont indiquées (*fig.* 20) par les abréviations correspondantes. Les boussoles marines ont même jusqu'à 32 divisions qui portent chacune un nom particulier. L'ensemble de ces 32 divisions, partageant la circonférence en autant de parties égales, s'appelle Rose des vents.

Orientation de la carte à l'aide de la boussole.

164. Si la boîte qui contient l'aiguille aimantée est de forme carrée, et que la ligne nord-sud soit parallèle à l'un des côtés de cette boîte, la boussole pourra servir à orienter une carte sur le terrain. On évitera ainsi les tâtonnements par lesquels nous avons été obligés de passer (158) pour sortir du hameau de *Villenotte* et nous diriger vers les *Laumes.* A cet effet, on placera le côté de la boîte qui est parallèle à la ligne nord-sud en coïncidence avec la flèche qui indique le nord, lorsque la carte n'est pas encadrée, ou avec un des côtés latéraux du cadre, si ce côté est dans la direction du nord, ce qui a lieu généralement; puis on fera tourner ensemble la carte et la boussole jusqu'à ce que la pointe

bleue de l'aiguille soit exactement sur son repère D qui marque la déclinaison. Dans cette situation, la carte se trouvera exactement orientée par rapport au terrain, c'est-à-dire que toutes les lignes de la carte seront parallèles à celles du terrain qu'elles représentent.

Lorsqu'on veut, dans un rapport verbal ou écrit, indiquer la direction générale d'une route, d'un cours d'eau ou de toute autre ligne de la carte, on cherche à quel diamètre de la rose des vents cette direction est parallèle. Supposons que ce diamètre soit celui dont les extrémités sont indiquées par les abrévations S.-O. et N.-E., on dit que la route ou le cours d'eau a une direction générale du sud-ouest au nord-est.

Emploi de la boussole comme moyen de direction.

165. La boussole est un instrument précieux pour se diriger sans carte dans un pays qu'on ne connaît pas, à travers champs, à travers bois, de jour ou de nuit, pourvu toutefois que la distance entre le point de départ et le point d'arrivée ne soit pas trop considérable et qu'on connaisse approximativement la direction générale de la ligne imaginaire qui les réunit.

Supposons qu'un chef de détachement reçoive dans la soirée l'ordre d'aller occuper un poste sur la lisière extérieure d'un bois qui se trouve en avant du front d'un campement ou d'un bivouac. On n'a pu lui donner ni carte, ni croquis indiquant le chemin qu'il doit suivre ; il a reçu de l'état-major ce seul renseignement, savoir : que le point qu'il doit occuper au jour naissant est dans la direction est-nord-est par rapport au point de départ, et à une distance d'environ 2 kilomètres.

Au moment de se mettre en route, il place sa boussole de manière que la pointe bleue de l'aiguille [soit

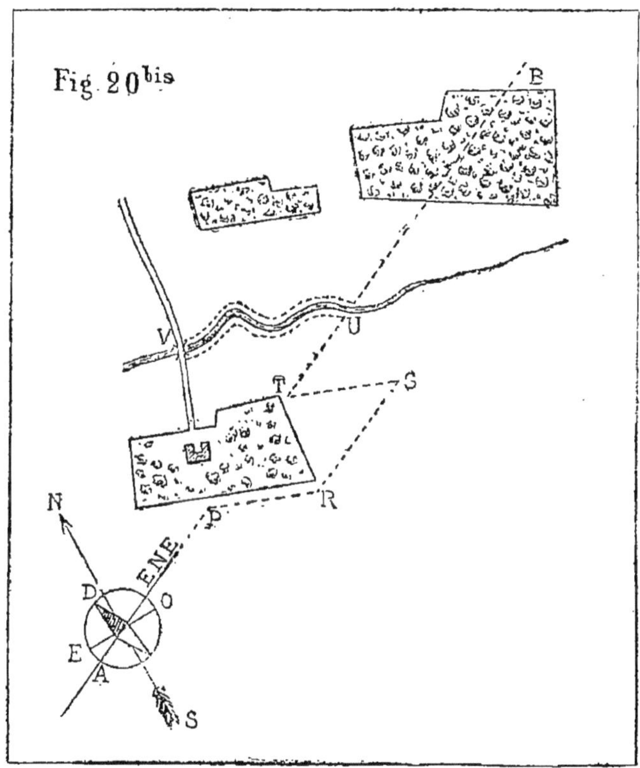

vis-à-vis du point **D**, et il marche dans la direction indiquée par la ligne de la rose des vents qui passe par le point E.-N.-E.

Il devra s'écarter le moins possible de cette direction pendant toute la durée du trajet; à cet effet, il consultera souvent sa boussole, en replaçant toujours le point D en face de la pointe bleue de l'aiguille, afin de vérifier la direction de sa marche. Quand il rencontrera un obstacle qu'il ne pourra franchir et qu'il sera par conséquent obligé de tourner, il comptera le nombre de pas qu'il fera à droite ou à gauche de sa direction jusqu'à ce qu'il ait trouvé une issue, reprendra au moyen de la boussole une direction parallèle à celle qu'il suivait antérieurement, et, dès qu'il le pourra, il reviendra sur sa première direction en comptant le même nombre de pas que précédemment, mais en sens inverse.

La figure 20 *bis* indique les marches et contre-marches que l'officier aurait à effectuer pour se rendre, par exemple, du point A au point B, situé à 2 kilomètres, direction générale E.-N.-E. Il part du point A dans la direction indiquée. En P il est arrêté par le mur d'un parc; il le fait reconnaître et apprend que ce mur tourne à angle droit en R. Il se dirige vers R en comptant les pas, et, aussitôt qu'il le peut, il reprend au moyen de sa boussole la direction E.-N.-E., suivant RS. Lorsqu'il croit pouvoir revenir sur sa première direction, il marche de S en T, autant que possible parallèlement à RP, et dès qu'il a compté le même nombre de pas que pour PR, il reprend la direction primitive TU, toujours en s'aidant de la boussole. En U il rencontre un ruisseau qu'il ne peut franchir; mais ses éclaireurs lui apprennent qu'il y a un pont en V; il mesure au pas la distance UV, passe sur l'autre rive qu'il suit en sens contraire jusqu'à ce qu'il soit en face du point U, puis il reprend de nouveau la direction E.-N.-E. qui le conduira au point B.

Le plus difficile dans cette opération n'est pas de se maintenir sur la direction donnée, mais d'y revenir quand on s'en est écarté. La réussite dépend surtout du plus ou moins de parallélisme des crochets P R et T S. En faisant ces crochets perpendiculairement à la direction générale, on a beaucoup de chances pour éviter les erreurs.

D'ailleurs, en supposant qu'au lieu de reprendre exactement la première direction, après s'en être écarté, on en prenne une autre qui diffère de la vraie de 100 mètres, par exemple, il résultera tout simplement de cette erreur qu'au terme de la marche on sera à 100 mètres du point où l'on devait aboutir, ce qui, dans la plupart des cas, est sans conséquence.

Autres procédés d'orientation.

166. Il existe encore plusieurs autres moyens d'orientation, mais ils sont loin d'être sûrs, et ne donnent pas d'ailleurs la direction du nord d'une manière rigoureuse.

Ainsi, pour s'orienter au moyen de la lune, il est nécessaire de se rappeler

que la pleine lune est à l'est à 6 heures du soir,

—   au sud à minuit,

—   à l'ouest à 6 heures du matin ;

que le premier quartier est au sud à 6 heures du soir,

—   à l'ouest à minuit ;

que le dernier quartier est à l'est à minuit,

— au sud à 6 heures du matin.

Pour ceux qui n'ont pas de connaissances astronomiques suffisantes, et qui ne sauraient par conséquent retrouver la loi qui précède, ce procédé peut occasionner de graves erreurs.

Dans tous les pays, il y a des vents dominants; leur direction est connue, et l'on sait qu'ils exercent une certaine influence sur les végétations parasites tapissant les parties de la surface des rochers et de l'écorce des arbres qui s'y trouvent exposés.

Les anciennes églises ont souvent leur axe placé dans la direction de l'est à l'ouest; la porte d'entrée est à l'ouest, l'autel à l'est.

Ce sont encore des moyens de s'orienter, mais auxquels on ne peut accorder qu'une confiance limitée.

MESURE ET ÉVALUATION DES DISTANCES.

167. Géométriquement, la distance de deux points est la longueur de la ligne droite qui les réunit. Appliquée à l'intervalle qui sépare deux points quelconques du terrain projetés sur le plan horizontal, la distance est dite communément *à vol d'oiseau*, ou distance horizontale.

La portée d'une arme à feu se mesure par la distance à vol d'oiseau du point de départ du projectile à son point d'arrivée. Mais l'espace parcouru entre deux points du terrain s'évalue le plus ordinairement par la longueur développée de la route ou du chemin qui conduit de l'un à l'autre.

Mesure des distances sur la carte.

168. On a vu dans la première partie de cette instruction (8), comment on mesure les distances en ligne droite sur une carte, au moyen de l'échelle et du compas. Mais les routes qui réunissent deux localités se dirigent rarement en ligne droite; elles décrivent le plus souvent des sinuosités qui ont pour but, soit de tourner un obstacle du terrain, d'éviter un passage difficile, des parties marécageuses du sol ou des pentes trop roides pour les voitures, soit d'aboutir à un point de passage déjà existant sur un cours d'eau, soit enfin de desservir une localité importante.

Si l'on mesurait à l'échelle la distance rectiligne qui sépare les deux extrémités d'une route établie dans ces conditions, on obtiendrait évidemment une longueur très-différente de la distance réelle à parcourir. Il faut donc mesurer séparément les fractions de la route en ligne droite, et les ajouter ensuite les unes aux autres pour obtenir la distance totale.

On arrive au même résultat en prenant avec le compas, à l'échelle de la carte, une longueur arbitraire que l'on porte sur le dessin en suivant toutes les inflexions de la route, depuis le point de départ jusqu'au point d'arrivée. En multipliant ensuite la longueur prise comme unité par le nombre de fois qu'elle a été portée, on obtient assez exactement la distance cherchée, si toutefois cette longueur a été choisie assez petite pour qu'aucune des sinuosités du chemin n'ait pu échapper à la mesure.

On a imaginé de petits instruments, le stadiomètre,

le curvimètre, d'un emploi très-simple, qui servent à mesurer sur la carte, avec une exactitude rigoureuse, la longueur développée d'une route, d'un cours d'eau. Mais à la guerre, on n'a jamais besoin que de connaître approximativement les distances ; les méthodes décrites ci-dessus sont donc suffisantes.

Les routes offrent en pays de montagnes des pentes quelquefois très-longues, et l'on pourrait croire qu'en les mesurant sur la carte d'après leur projection horizontale (15), on obtiendra pour leur longueur développée un résultat très-différent de la réalité. Or, en supposant même que la route mesurée ait l'inclinaison maximum de 5 pour 100 (119, 122), l'erreur que l'on ferait serait à peine d'un mètre pour 1000 mètres ; cette erreur peut donc être négligée.

Mais il n'en est pas de même pour les chemins et sentiers de montagne, qui parfois ont une pente supérieure à 20 et 30 pour 100. Dans ce cas, la différence entre la longueur développée et la distance réelle à parcourir, augmente rapidement avec l'inclinaison. A la limite des pentes accessibles aux fantassins isolés, limite qui est de 75 pour 100 (122), cette différence est du quart environ de la projection de la pente. Il faut nécessairement en tenir compte.

On peut encore, pour apprécier avec rapidité les distances sur la carte, sans recourir au compas, recouvrir le dessin d'un quadrillage légèrement tracé au crayon, et figuré par deux séries de lignes parallèles se coupant à angles droits. La distance entre les parallèles de chaque série est arbitraire ; cependant, il est avantageux pour la facilité de l'estimation, de lui donner une valeur de 100, 500 ou 1000 mètres réduite à l'échelle.

Les distances prises sur les lignes mêmes du quadrillage sont évaluées très-exactement à vol d'oiseau, mais sur les directions obliques, elles ne peuvent l'être qu'approximativement, à vue.

Mesure des distances sur le terrain.

169. Toutes les fois qu'on peut identifier sûrement deux points du terrain avec ceux qui leur correspondent sur la carte, leur distance est fournie par l'un des procédés indiqués ci-dessus; mais lorsque la carte est à très-petite échelle, qu'elle ne représente que les objets principaux du terrain, ou que les deux points dont on veut obtenir la distance ne figurent pas sur le dessin, on est obligé d'avoir recours à la mesure directe.

Deux cas peuvent se présenter :

Si l'on peut se transporter d'un point à l'autre, on mesure la distance, soit au pas de l'homme, soit aux différentes allures du cheval, soit d'après le temps mis à la parcourir à pied ou à cheval. Si des obstacles du terrain ou les circonstances dans lesquelles on se trouve, ne permettent pas de franchir la distance à pied ou à cheval, on l'apprécie à vue, en s'appuyant sur des règles fournies par l'expérience.

Mesure des distances à pied, à cheval; échelles de pas.

170. La longueur du pas de l'homme, varie suivant les individus et les circonstances; elle dépend surtout de la nature du sol et de son inclinaison. On fait le pas

plus long sur une bonne route que dans un terrain nouvellement labouré ou sur un sol sablonneux; on le fait
plus court en montant une pente qu'en la descendant; le
pas, allongé au moment du départ, se raccourcit ordinairement à la fin d'une longue marche. La longueur du
pas varie encore suivant le poids que l'homme a à
supporter.

Pour employer utilement son pas à la mesure des
distances, il est donc nécessaire de s'exercer d'avance à
le régulariser, et de l'étalonner préalablement, de manière
à obtenir dans toutes les circonstances un degré suffisant
d'approximation.

A cet effet, on parcourt plusieurs fois de suite, au pas
de route, une distance dont on connaît exactement la
longueur évaluée en mètres, par exemple l'espace qui
sépare sur une route deux bornes kilométriques, et on
note chaque fois avec soin le nombre de pas que l'on
fait pour mille mètres. Cette expérience, souvent réitérée
dans des circonstances variées, fournira, même lorsque
le pas aura été préalablement régularisé, des nombres
assez différents les uns des autres. On prend la moyenne
des observations, et dès lors il est facile de construire, à
son usage personnel, un petit tableau indiquant les
nombres de mètres, de 10 en 10, qui correspondent
à des nombres de pas déterminés. Si l'on fait, par
exemple, 1300 pas pour 1000 mètres, 130 pas équivau-
dront à 100 mètres, 13 pas à 10 mètres, etc.

Lorsqu'on mesure des distances dans le but de placer
sur une carte quelque objet du terrain qui ne s'y trouve
pas indiqué, il est plus commode d'établir une échelle

qui donne immédiatement la longueur graphique correspondant à un certain nombre de pas, sans qu'on ait besoin de la transformer en mètres. Si la moyenne des observations a fourni 1300 pas pour 1000^m, on trouvera par une simple règle de trois le nombre de mètres qui correspond à mille pas. Ce nombre est représenté sur l'échelle métrique de la carte par une longueur graphique qu'il suffira de diviser en dix parties égales pour avoir les centaines de pas, puis chacune de ces parties en dix autres pour obtenir les dizaines. Cette échelle de pas sera construite, du reste, comme il a été indiqué au paragraphe 5.

On procède de la même manière, pour étalonner le pas du cheval, ordinairement plus régulier que celui de l'homme.

Si l'on n'a pas eu le temps ou la possibilité de le faire, on peut établir une échelle provisoire d'après les données suivantes :

Le pas du cheval est en moyenne de 0^{m}83,
Chaque temps de trot   —   de 1^{m}20,
Chaque foulée de galop   —   de 3^{m}25.

Évaluation des distances par le temps mis à les parcourir.

171. C'est également au moyen d'expériences réitérées qu'on obtient des résultats qui permettent d'évaluer les distances par le temps qu'on met à les parcourir. A défaut d'observations préalables, on peut admettre qu'un homme de taille moyenne parcourt, en marchant isolément, au pas accéléré, une distance de 70 mètres par minute.

L'ordonnance de cavalerie fixe à 110^m au pas, 240^m au trot, 340^m au galop, les distances que peuvent parcourir en une minute des chevaux de taille ordinaire, dont les allures sont bien réglées.

Ce procédé d'évaluaion n'est guère employé que pour de longues distances, qu'il est impossible de parcourir en ligne droite. On l'utilise surtout, lorsqu'on a besoin de faire, en présence de l'ennemi, la reconnaissance rapide d'un terrain dont on ne possède pas la carte détaillée. Il ne donne d'ailleurs que des résultats très-peu exacts, et, dans les pays coupés, accidentés ou montueux, il est d'usage de réduire ces résultats d'un tiers, si l'on veut obtenir assez exactement la distance rectiligne qui sépare deux points.

Appréciation des distances à vue.

172. Il est souvent difficile, et quelquefois même impossible, de déterminer sur la carte la position d'un point du terrain vu de loin, quand même on aurait identifié avec toute l'exactitude désirable le point où l'on stationne et celui qui le représente sur le dessin. Dans ce cas, on est obligé d'évaluer la distance à vue si l'on ne peut la mesurer par l'un des procédés expliqués ci-dessus (168 à 171).

En campagne on a souvent besoin, en effet, de connaître la distance d'une troupe ennemie qui se trouve en vue, afin de régler avec précision le tir de l'artillerie et de l'infanterie, ou de se mettre à l'abri des feux auxquels on peut être exposé.

On sait que les objets paraissent d'autant plus petits

qu'ils sont plus éloignés, et que les différentes parties qui les composent sont d'autant plus apparentes qu'ils sont eux-mêmes plus rapprochés.

Ainsi, vue à une certaine distance, une ligne d'infanterie paraît comme une ligne noire plus ou moins épaisse. A mesure qu'elle se rapprochera de l'observateur, celui-ci parviendra au bout de peu de temps à la décomposer en files, puis, de proche en proche, il reconnaîtra d'abord les mouvements des jambes, le balancement des bras; plus tard, les coiffures, les contours supérieurs du corps, les couleurs vives des vêtements, les ornements brillants de l'uniforme; enfin les têtes, la figure, les yeux...

Si donc on savait d'avance la distance à laquelle on peut reconnaître distinctement telle ou telle partie d'un homme, il serait aisé d'en conclure que, lorsque cette partie devient visible, l'homme se trouve à une distance déterminée; mais les facultés visuelles sont si différentes, suivant les individus, qu'il serait impossible de formuler à cet égard des règles fixes, et que, même en les basant sur une vue de qualité moyenne, ces règles ne pourraient convenir qu'à quelques-uns en particulier.

En supposant qu'on établisse une série de principes applicables aux vues ordinaires, on serait encore obligé de les modifier en raison des circonstances, comme l'état de l'atmosphère, la manière dont les objets sont éclairés, la position qu'on occupe par rapport au point dont on veut déterminer l'éloignement.

Il appartient donc à chacun de rechercher d'abord et

d'obtenir par l'expérience les résultats qui lui sont propres; puis, au moment de les appliquer, il faudra leur faire subir les modifications nécessaires en s'appuyant sur les données suivantes :

Par un temps très-clair et principalement après un orage, les objets paraissent plus rapprochés et plus distincts que par un temps sombre et nébuleux.

Les objets saillants sont plus visibles le matin dans la direction de l'ouest, le soir dans la direction de l'est, parce qu'à ce moment toute la partie de ces objets soumise aux regards de l'observateur est frappée directement par la lumière du soleil, ce qui a pour effet de les rendre plus apparents. En général, lorsqu'on a le soleil derrière soi, les objets que l'on regarde dans la direction opposée paraissent plus rapprochés; si, au contraire, l'objet considéré est placé entre le soleil et l'observateur, il paraît plus éloigné.

Les objets qui se détachent à l'horizon sur le ciel paraissent toujours plus grands et par suite plus rapprochés que lorsqu'ils se projettent sur le terrain en arrière.

Les objets de couleurs claires et brillantes, principalement le vert, paraissent plus rapprochés; les objets obscurs et de couleurs pâles semblent au contraire plus éloignés. Ainsi, les prairies paraissent plus rapprochées et par conséquent plus grandes que des terres fraîchement labourées de même superficie.

Toutes les fois que l'espace entre l'objet et les yeux est divisé en petites parties, l'éloignement de l'objet paraît d'autant plus grand. Ainsi, dans un pays à grandes divisions de culture, on voit tout trop petit; dans les pays très-morcelés, on voit tout trop grand.

L'interposition d'objets de dimensions connues entre l'observateur et l'objet particulier qu'il considère permet d'évaluer plus facilement par comparaison la distance de celui-ci.

On se trompe facilement quand on évalue la distance d'un point séparé de l'observateur par une vallée dont on n'aperçoit pas le fond, parce que l'œil ne reçoit aucun rayon lumineux des objets qui échappent à la vue. On n'estime donc pas avec précision les distances dans un terrain très-inégal, lorsqu'on n'a devant les yeux que des sommets ou des crêtes qui se projettent les unes sur les autres.

Des objets élevés paraissent plus rapprochés que des objets bas.

Les distances vues de haut en bas semblent plus courtes que vues de bas en haut.

Un village que l'on voit tout entier d'un même coup d'œil paraît plus rapproché qu'un village de même étendue qui ne laisserait apercevoir que son clocher ou les toits de ses maisons.

Vue de face, une montagne à pentes roides paraît toujours plus rapprochée qu'elle ne l'est réellement.

On s'exerce à l'évaluation des distances à vue en parcourant le terrain la carte à la main. Après avoir déterminé sur le plan la situation du point où l'on stationne et s'être orienté exactement, on identifie un objet du terrain vu de loin, une maison par exemple, avec le signe qui lui correspond. L'échelle fournit la distance à laquelle on se trouve de la maison. On examine alors attentivement quelles sont les parties de la construction que l'on aperçoit distinctement; on note soigneusement ses observations et les circonstances dans lesquelles elles ont été faites, d'après les principes qui précèdent, et on en conclut qu'à la distance indiquée et dans telle ou telle circonstance on peut compter, soit le nombre des vitres de chaque fenêtre, soit le nombre des fenêtres, soit seulement le nombre des étages. On s'éloigne ensuite d'une distance connue, dans la même direction; on constate si les circonstances n'ont pas changé, et on recommence l'observation.

Lorsqu'on a obtenu de cette manière un certain nombre de données pour des distances variées, on les fait servir à l'appréciation à vue de la distance à laquelle on se trouve d'une autre maison dont on peut fixer l'emplacement sur la carte, afin d'avoir, en en mesurant l'éloignement à l'aide de l'échelle, un moyen de vérification qui permette de rectifier les erreurs qu'on a pu commettre.

On emploie le même procédé pour établir les données au moyen desquelles on pourra évaluer la distance d'une troupe d'infanterie, de cavalerie ou d'artillerie, d'un cavalier ou d'un fantassin isolé.

A défaut d'expériences préalables, on peut se baser sur les principes suivants, applicables à une vue ordinaire (1) :

Le cercle de la vue distincte dans une plaine atteint environ 3,500 à 4,000 mètres de rayon, lorsque le point

---

(1) Ces principes sont empruntés pour la plupart au *Feld-Taschenbuch* allemand (p. 634-633).

d'observation n'est pas trop élevé. Par la pluie, la neige ou une lumière obscurcie par les nuages, ce rayon est de 800 à 1,200 mètres; par un brouillard peu intense, il est de 500 à 600 mètres; par un brouillard épais, de 150 à 200 mètres, et souvent même au-dessous.

Les objets qui sont éloignés de plus de 500 fois leur hauteur ou leur largeur disparaissent tout à fait aux vues ordinaires.

Une bonne vue aperçoit les clochers des églises jusqu'à 12 ou 15 kilomètres; les moulins à vent, les châteaux, les tours qui se projettent sur le ciel jusqu'à 8 ou 10 kilomètres; les maisons isolées jusqu'à 6 ou 8 kilomètres, surtout quand elles sont blanchies à la chaux; les cheminées des maisons élevées, les fenêtres jusqu'à 3 et 4 kilomètres;

Les gros troncs d'arbre, jusqu'à 2,000 et 2,500 mètres;

Les troncs d'arbre de grosseur moyenne, les poteaux télégraphiques, entre 900 et 1,100 mètres;

Les meneaux qui séparent les vitres d'une fenêtre, de 300 à 500 mètres, suivant leur grosseur.

L'observation des troupes donne les résultats suivants :

Une colonne qui suit une crête se détachant sur le ciel se voit jusqu'à plus de 4,000 mètres.

Si l'on est assez élevé, on reconnaît distinctement les mouvements des masses dans la plaine jusqu'à 3,000 mètres.

A 1,500 mètres, l'infanterie forme une ligne noire d'épaisseur uniforme, au-dessus de laquelle on voit briller les canons des fusils; la cavalerie forme à la même distance une ligne plus épaisse, légèrement dentelée à sa partie supérieure;

A 1,200 mètres, on peut déjà distinguer les files de l'infanterie et reconnaître si les cavaliers sont à cheval ou pied à terré; on voit les pièces d'artillerie séparées de leurs attelages.

A 900 mètres, les files se détachent distinctement.

A 800 mètres, on reconnaît le mouvement des jambes, le balancement des bras des fantassins et leurs coiffures; on peut distinguer la tête des chevaux et les parties de l'uniforme de couleur blanche.

A 600 mètres, on distingue parfaitement les contours supérieurs des fantassins, les mouvements des jambes des chevaux; on peut estimer le front d'une troupe par le nombre des files.

A 450 mètres, on distingue la tête des hommes, la forme des coiffures; on sépare aisément les cavaliers de leurs chevaux; les couleurs sombres commencent à apparaître.

A 300 mètres, on reconnaît les ornements brillants de la coiffure et les parements ou retroussis de couleur claire.

A 250 mètres apparaît le visage, la plaque de ceinturon en cuivre, la séparation des jambes à l'état de repos.

A 150 mètres, on voit les mains, les boutons de l'uniforme, les tresses de couleur claire.

A 100 mètres, on voit la place des yeux sur le visage.

A 60 mètres, ce ne sont encore que deux points noirs.

A 20 mètres, on voit le blanc de l'œil.

Les erreurs d'évaluation que l'on peut commettre en

faisant usage de ces règles, ne dépassent pas $\frac{1}{6}$ de la distance lorsque le temps est clair.

Evaluation des distances par le temps que le son met à les parcourir.

173. La vitesse du son fournit enfin un moyen facile d'évaluer la distance à laquelle on se trouve d'une pièce d'artillerie qui fait feu. On sait que l'intervalle de temps qui s'écoule entre le moment où l'on aperçoit la fumée et celui où l'on entend la détonation est d'autant plus grand que l'on est plus éloigné de la bouche à feu, quoique cette détonation ait lieu au moment même de l'inflammation des gaz qui produisent la fumée. Cela tient à la différence des vitesses de translation de la lumière et du son. La lumière a une vitesse si considérable, environ 77,000 lieues par seconde, que l'œil la perçoit, pour ainsi dire, à l'instant où elle se manifeste, tandis que le son ne parcourt en une seconde qu'un espace de 340 mètres par une température moyenne de 15 degrés au-dessus de zéro.

Si donc on compte le nombre des secondes qui s'écoulent entre le moment où l'on voit la fumée s'échapper de la bouche à feu et celui où le coup se fait entendre, il suffit de multiplier ce nombre par 340 pour obtenir la distance.

On peut encore estimer cette distance à raison de 4 ou 5 battements du pouls pour un kilomètre.

Par une nuit calme, la marche d'une compagnie d'infanterie qui a rompu le pas se fait entendre jusqu'à 400 ou 500 mètres sur un sol dur et résistant; si elle marche au pas cadencé, jusqu'à 600 mètres.

Un escadron au pas s'entend jusqu'à 600 mètres, au trot ou au galop jusqu'à 750 mètres. Des cavaliers isolés, sur une route, se font entendre jusqu'à 150 mètres (1).

Ve PARTIE.

Levés topographiques.

Notions de topographie indispensables aux officiers de l'armée.

174. Il serait à désirer que tous les sous-officiers de l'armée, même ceux qui n'ont que l'instruction la plus élémentaire, fussent en état de comprendre tous les détails d'une carte, de la lire couramment et de l'utiliser à la guerre, c'est-à-dire qu'ils pussent se diriger au moyen de la carte, retrouver sur le terrain un objet représenté graphiquement et déterminer sur la carte la position d'un point ou d'un objet quelconque du terrain qu'ils ont devant les yeux ; en un mot, identifier la carte avec le terrain et le terrain avec la carte.

Mais il est indispensable que, sans être complétement initiés aux procédés rigoureux employés par la topographie pour exécuter un levé, tous les officiers aient au moins sur cette science des notions générales qui leur permettent, le cas échéant, de rectifier la direction d'une route modifiée depuis l'établissement de la carte, d'ajouter sur celle-ci, à la place convenable, un chemin nouvellement tracé, une maison de construction récente, un

---

(1) *Feld-Taschenbuch*, p. 633.

bois planté depuis peu, et même au besoin d'exécuter un levé rapide ou seulement un croquis des environs d'un poste ou d'une petite position.

Les sous-officiers qui aspirent à l'épaulette doivent s'efforcer d'obtenir ce résultat. Ceux d'entre eux qui possèdent des notions suffisantes de géométrie l'atteindront facilement et rapidement; quelques-uns y arriveront instinctivement pour peu qu'ils sachent manier un crayon et qu'ils aient du coup d'œil; quant aux autres, le travail et l'expérience les conduiront infailliblement au but, s'ils s'attachent à bien comprendre les explicacations qui vont suivre.

Diverses espèces de levés.

175. Lorsque les opérations que nécessite l'établissement d'un plan ou d'une carte (11) s'exécutent au moyen d'instruments de précision et suivant des méthodes mathématiques, le levé est dit régulier. Il est irrégulier lorsque l'on n'emploie que des instruments peu précis, lorsque le but qu'on se propose n'exige pas une exactitude rigoureuse, enfin lorsque le temps manque pour procéder régulièrement.

En campagne on ne fait pas de levés réguliers; on utilise les cartes que l'on possède, en les corrigeant et en les complétant s'il est nécessaire. Lorsqu'elles sont à une échelle trop petite, on les amplifie par le dessin de manière à pouvoir y introduire tous les détails que nécessitent les circonstances. Si l'on n'a pas de cartes, on exécute des levés irréguliers du pays dans lequel on opère, au moyen de reconnaissances rapides, en em-

ployant les instruments les plus élémentaires, les plus
transportables, ceux qui peuvent par conséquent se
réparer ou se remplacer le plus facilement lorsqu'ils
sont détériorés ou perdus et qui offrent le moins de volume possible.

Les levés irréguliers qu'on nomme aussi *expédiés*,
exigent au moins l'emploi d'une petite boussole, d'un
carton et d'une règle de forme particulière. Quant aux
croquis topographiques, destinés à représenter une étendue de terrain ordinairement très-limitée, comme
les environs d'un poste occupé par une grand'garde,
il suffit pour les exécuter d'un carnet et d'un crayon;
ils rentrent dans la catégorie des levés à vue.

La topographie régulière forme le coup d'œil; l'usage
des instruments de précision qu'elle emploie habitue à
apprécier la situation relative des objets du terrain
ainsi que les formes variées du sol, à évaluer approximativement à l'œil l'angle de deux directions, à estimer
à vue les distances. Elle conduit donc naturellement à
la topographie irrégulière, et on peut dire avec raison
qu'on n'arrive à faire rapidement et convenablement un
levé expédié que lorsqu'on est rompu aux méthodes du
levé régulier. Cependant l'expérience démontre qu'il
n'est pas impossible d'acquérir en peu de temps, sans
passer par l'étude de la topographie régulière, les notions indispensables à l'exécution d'un levé irrégulier (1).

---

(1) L'instruction ministérielle du 30 septembre 1874 est d'accord avec
l'expérience, puisque son programme ne fait pas même mention de la
topographie régulière.

Principes généraux pour l'exécution d'un levé topographique.

176. Toute la science topographique, qu'elle s'applique à un levé régulier ou irrégulier, peut se résumer dans le problème suivant : *Construire un triangle semblable à un triangle donné*, c'est-à-dire *tracer sur le papier un triangle dont les côtés soient respectivement proportionnels aux côtés, projetés sur le plan horizontal, d'un triangle dont chacun des trois sommets est déterminé sur le terrain par un objet visible des deux autres.*

Pour fixer sur une carte la position des objets situés à la surface du sol ou qui s'appuient sur cette surface, on les suppose réunis deux à deux par des lignes droites imaginaires dont l'inclinaison varie suivant les hauteurs relatives de ces objets. A ces lignes imaginaires on substitue leurs projections sur le plan horizontal; ces projections réduites à l'échelle de la carte et disposées sur le papier exactement comme le sont dans l'espace les lignes imaginaires qu'elles représentent, déterminent par leur rencontre la situation respective des objets du terrain.

Pour mieux nous faire comprendre, supposons deux tireurs A et B (fig. 21) placés sur le même plan horizontal que la cible O C, chacun d'eux se trouvant à la distance de la cible qui correspond au but en blanc particulier du fusil dont il est armé. Pour atteindre le point C de la cible situé au-dessus du sol à la même hauteur que leur fusil rabattu, les deux tireurs dirigeront exactement vers ce point, le long de la ligne de mire, un rayon visuel qui sera horizontal. S'ils veulent atteindre le point O situé sur la même verticale que le point C, mais plus haut, ils devront relever leur arme, l'un dans la direction A O, l'autre dans la direction B O.

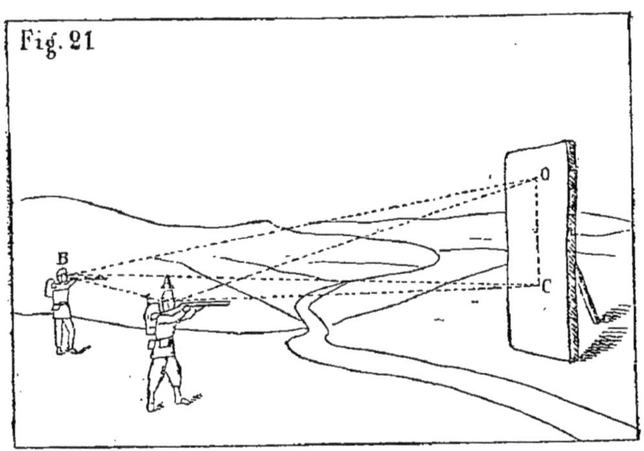

Dans le premier cas, le triangle A B C formé par les yeux des tireurs et le point C est dans un plan horizontal ; dans le second cas, le triangle A B O formé par les deux visées et la ligne A B, est incliné par rapport au plan horizontal ; sa projection sur ce plan est le triangle A B C lui-même. Les lignes A C, B C sont les réductions à l'horizon des lignes inclinées A O et B O ; l'angle B C A est la réduction à l'horizon de l'angle B O A ; le point C est la projection du point O sur le plan horizontal du triangle A B C.

Supposons que O soit le sommet d'un mamelon, la pointe d'un clocher, la cheminée d'une maison ou un objet quelconque du terrain dont on veut déterminer la position par rapport à A B. Aux lignes imaginaires A O, B O qui réuniraient dans l'espace les points A et B au point O, on substitue leurs projections A C, B C. On réduit ces dernières à l'échelle, ainsi que la distance horizontale A B, et on en forme un triangle semblable au triangle A B C et dont le sommet correspondant au point C du terrain, fixera sur le levé la position du point O par rapport aux points A et B.

Traçons sur le papier une ligne *ab* (fig. 22) égale à

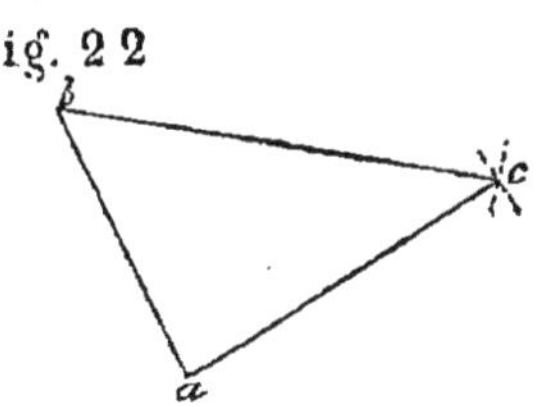

la distance réduite à l'échelle des deux points A et B du terrain. S'il était possible de mesurer directement les projections A C, B C des lignes de l'espace A O et B O, il suffirait, pour résoudre le problème, de prendre successivement au moyen d'un compas, sur l'échelle graphique, la longueur *ac* mesure réduite de A C, la longueur *bc* mesure réduite de B C, et de décrire, en prenant les points *a* et *b* comme centres, deux arcs de cercle dont les rayons seraient respectivement égaux à *ac* et à *bc*. Le point de rencontre *c* de ces deux arcs de cercle donnerait exactement sur le papier la situation ou projection du point O. Mais la projection C, du point O, sur le plan horizontal qui sert de plan de repère, se trouvant toujours au-dessous de la surface du sol, il est impossible de mesurer directement les côtés A C et B C. On se trouve par conséquent dans l'obligation de recourir à un autre procédé pour fixer la position du point O.

Reportons-nous à la fig. 21. Nous remarquerons que

le triangle ABC sera déterminé d'une manière précise
si l'on connaît, outre la ligne AB, les angles CAB et CBA
que font avec elle les projections des lignes OA et OB.
Ces angles ne sont autre chose que les réductions à
l'horizon des angles OAB et OBA. Or les instruments
topographiques qui servent à mesurer les angles sur le
terrain sont construits de manière à fournir ces angles
tout réduits à l'horizon ; ils portent à cet effet une ligne
de visée qui peut prendre toutes les inclinaisons sur le
plan horizontal. Donc si, des points A et B, on vise le
point O au moyen de l'un de ces instruments, on obtiendra immédiatement, non pas les angles AOB et OBA,
mais les angles CAB et CBA dans le plan horizontal.
En conséquence, pour construire sur le plan un triangle
semblable au triangle ABC du terrain, il faudra mesurer la ligne AB qui est horizontale, réduire cette mesure à l'échelle, la porter sur le papier en ab, puis faire
passer par les points a et b, dans une direction convenable, des lignes qui fassent avec ab des angles égaux
aux angles CAB, CBA ; leur point de rencontre c donnera la position sur le plan du point O du terrain (fig. 22).

Base, tour d'horizon, canevas.

177. En topographie, la ligne AB que l'on mesure
sur le terrain et qui sert à appuyer toutes les opérations
du levé, s'appelle une *base*. La base doit être horizontale ou à peu près horizontale, afin que sa longueur mesurée sur le sol ne diffère pas sensiblement de sa projection.

Si de chacune des extrémités de la base A B (fig. 23), on vise un certain nombre de points du terrain C, D, E, F, G, H, I, on obtiendra la situation de ces points sur la carte en construisant sur la ligne *a b*, qui représente la

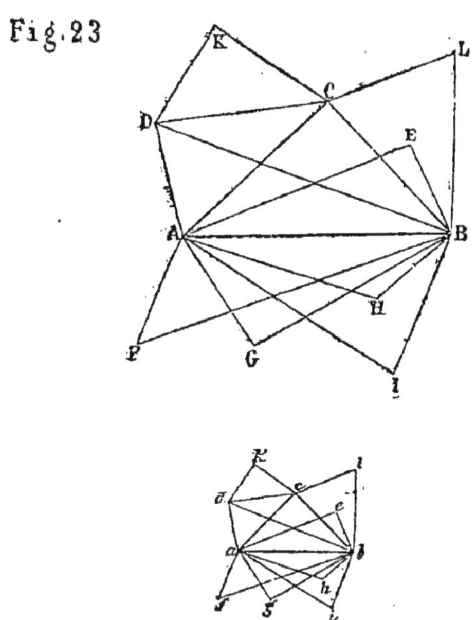

Fig. 23

distance A B réduite à l'échelle, une série de triangles semblables aux triangles ABC, ABD, ABE..... La réunion de ces triangles forme un *canevas topographique*, et l'on entend par *tour d'horizon* l'ensemble des visées faites de chacun des points A et B. La distance de deux points C et D se trouve donc connue sans qu'on ait besoin de la mesurer, puisqu'on peut toujours évaluer, au moyen de l'échelle, la longueur de la ligne *c d* qui réunit leurs projections sur la carte.

On pourra donc se servir de deux points déjà déterminés pour fixer la situation sur le papier d'autres points K, L, qui n'étaient pas visibles des deux extrémités de la base AB, et en continuant ainsi, on obtiendra de proche en proche la projection de tous les objets remarquables du terrain jusqu'aux limites extrêmes du levé.

Le procédé qui consiste à établir un canevas avant de s'occuper du levé des détails offre des avantages qu'il est important de signaler : La mesure précise d'une seule base conduit à la détermination d'un grand nombre de points importants du terrain auxquels on rattache tous les autres ; en outre les erreurs qu'on pourrait commettre dans le levé des détails ne se propagent pas, car il est toujours facile de les limiter aux trois côtés d'un des triangles du canevas. Mais ce procédé oblige à parcourir deux fois le terrain tout entier : une fois pour le canevas, une autre fois pour les détails. Il nécessite donc beaucoup de temps ; aussi ne l'emploie-t-on particulièrement que pour les levés réguliers. Cependant on verra qu'il sert quelquefois de base à un levé irrégulier quand on y apporte certaines modifications en rapport avec les moyens et le temps que l'on a à sa disposition, comme pour le levé par renseignements (198), le levé par l'amplification d'une carte à petite échelle (196), et les croquis topographiques (200). C'est pour cette raison qu'il en a été question ici. Les explications auxquelles l'établissement du canevas a donné lieu ne seront pas d'ailleurs inutiles, si elles peuvent contribuer à faire bien comprendre l'ensemble d'un levé de quelque nature qu'il soit.

Se décliner sur une direction; alidade; tracer sur le levé l'angle
de deux directions.

178. Il résulte du principe posé au commencement du § 176, que les lignes de la carte doivent faire entre elles des angles égaux à ceux des lignes du terrain qu'elles représentent, projetées sur le plan horizontal. Or on sait que deux angles qui ont les côtés parallèles sont égaux : le levé d'un plan peut donc se réduire à tracer sur le papier des lignes parallèles à celles du terrain ramenées au plan horizontal. Par leur rencontre deux à deux, ces lignes détermineront la projection sur le plan des divers points du terrain.

Soit un point A situé à l'une des extrémités d'une base horizontale AB mesurée sur une route en ligne droite (fig. 24), et soit AC un chemin qui s'embranche

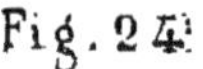

Fig. 24.

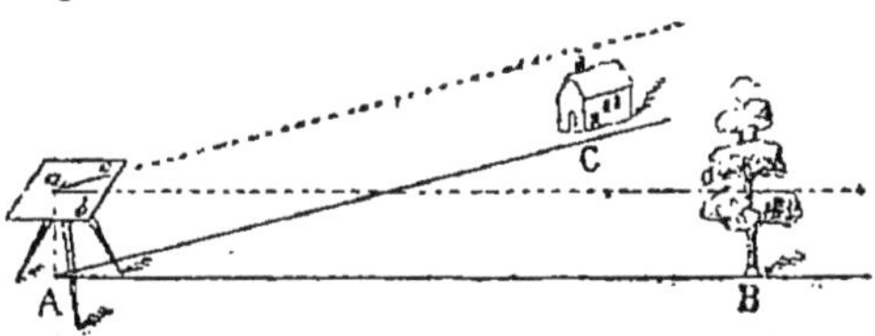

à la route au point A, faisant avec elle un angle CAB. Supposons en A une tablette horizontale supportée par un trépied et sur laquelle on a tracé une ligne *a b* représentant à l'échelle du dessin la longueur AB de la base.

Faisons tourner cette tablette jusqu'à ce que la ligne ab soit exactement dans la direction de la route A B. Dans cette situation, ab est parallèle à A B, et la tablette est dite *déclinée* sur A B.

Il paraît assez difficile au premier abord de bien placer la ligne ab du dessin parallèlement à la direction A B de la route. On y arrivera aisément au moyen d'un double décimètre de forme prismatique (fig. 25), que l'on posera par sa base sur la tablette de manière que l'une des arêtes qui portent les graduations coïncide avec la ligne ab; puis, sans le déranger, on fera tourner la tablette jusqu'à ce que le rayon visuel dirigé le long de l'arête supérieure S T soit exactement dans la direction A B. Le double décimètre fait dans cette circonstance l'office d'*alidade :* on appelle ainsi tout instrument servant à diriger un rayon visuel dans une certaine direction et à en tracer la projection sur le papier. Quand même la route A B aurait une pente ascendante ou descendante très-prononcée, on pourra toujours, avec un peu d'attention, placer l'alidade dans sa direction, et la ligne ab, tracée le long de la règle sur la surface horizontale de la tablette, sera parallèle, non pas à la route elle-même, mais à sa projection. Pour faciliter les visées à toutes les inclinaisons, on plante aux deux extrémités de l'arête S T du double décimètre, des pointes de un ou deux centimètres de longueur.

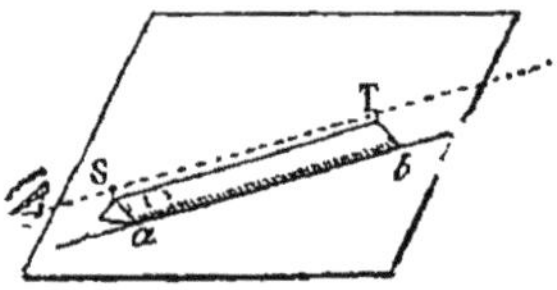

La tablette étant déclinée sur la direction A B (fig. 24)

16

et supposée immobile, faisons tourner l'alidade autour du point a jusqu'à ce que son arête S T soit dans direction A C et traçons la ligne $a c$ le long de la règle; nous aurons évidemment obtenu sur la tablette un angle $c a b$ égal à l'angle C A B des deux routes, puisque les côtés de ces angles sont respectivement parallèles, et $a c$ représentera le chemin A C.

Méthode d'intersection.

179. Transportons la tablette au point B et déclinons-nous sur B A (fig. 24), en plaçant, comme précédemment, au moyen de l'alidade, la ligne $b a$ du dessin parallèlement à la direction B A de la route; puis, la tablette restant immobile, par le point b du plan visons un point C du chemin A C marqué par un arbre, une maison ou tout autre objet, et traçons $b c$ le long de la règle de l'alidade; le point c où cette ligne $b c$ rencontrera la ligne $a c$ déterminée par l'opération précédente, représentera sur le plan le point C du terrain.

Nous avons ainsi fixé, au moyen de deux stations A et B faites à des points du terrain déjà connus en projection, la position d'un 3e point C où nous n'avons pas été obligés de stationner et qui, par conséquent, pouvait être inaccessible. Ce point est dit : déterminé par *intersection*

Méthode de recoupement.

180. Supposons maintenant qu'au lieu de se transporter en B, dont la position b est indiquée sur le plan, on ait suivi le chemin A C après en avoir toutefois tracé la projection $a c$ par le moyen précédemment décrit (178). On s'arrête au point C qu'on veut déterminer, on se

décline sur C A, comme on s'est décliné sur A B ; puis on place le bord de la règle contre le point *b* du plan, on la fait tourner autour de ce point jusqu'à ce que l'arête ST soit dans la direction C B, et on trace *bc* qui rencontre *ac* au point *c*. On a ainsi la position du point *c* par la méthode dite de *recoupement*.

Méthode de cheminement.

181. Si en se transportant de A en C on avait mesuré la distance qui sépare ces deux points et qu'on ait porté de *a* en *c* cette distance réduite à l'échelle, le point *c* du plan eût été obtenu par *cheminement*.

Résumé des trois méthodes principales employées pour la détermination d'un point.

182. Deux points A et B du terrain étant connus par leurs projections *a* et *b* sur le plan, il y a donc trois méthodes pour déterminer la position d'un troisième point C (1) :

1º Au moyen d'une station faite à chacun des deux points connus, sans mesure de distance. — *Méthode d'intersection.*

2º Au moyen de deux stations, l'une à un des points connus, l'autre au point à déterminer, sans mesure de distance. — *Méthode de recoupement.*

---

(1) On fera remarquer l'analogie qui existe entre ces trois méthodes et les trois moyens employés en géométrie pour construire un triangle dont on connaît trois des six éléments qui le composent :

Intersection, un côté et les deux angles adjacents ;

Recoupement, un côté, un angle adjacent et l'angle opposé ;

Cheminement, deux côtés et l'angle qu'ils comprennent.

3º Au moyen d'une seule station à un des points connus, et à l'aide d'une mesure de distance.— *Méthode de cheminement.*

Méthode de rayonnement.

183. La méthode dite de *rayonnement* n'est qu'une application de la méthode de cheminement.

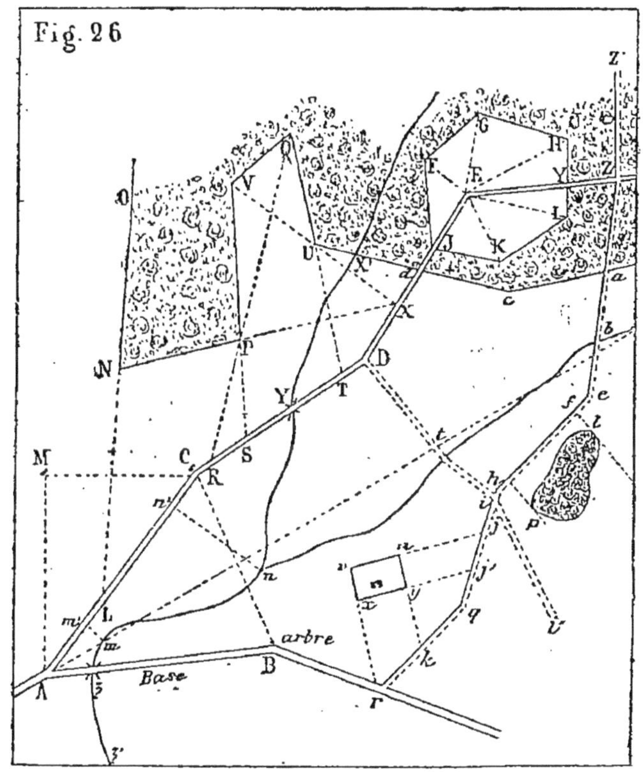

Continuons à *cheminer* sur le chemin ACDE, à

partir du point C où nous nous sommes arrêtés (fig. 26).
Pendant que la tablette était déclinée sur C A, on a visé
la direction C D et tracé immédiatement la ligne destinée
à la représenter sur le papier. On marche de C en D en
mesurant la distance, on rapporte sur le plan cette distance réduite à l'échelle, et la situation du point D est
déterminée. On se décline sur D C, on vise la nouvelle
direction D E, on la trace sur le papier, on mesure D E,
et on obtient la position du point E. A ce point nous
nous trouvons vers le centre d'une clairière entourée de
bois de tous côtés ; il s'agit d'en tracer les limites sur le
plan. La tablette sera déclinée suivant la dernière direction E D ; du point E on visera successivement les
points F, G, H, I, K, sommets du polygone irrégulier
formé par la clairière, on tracera le long de l'alidade
les projections des rayons visuels correspondants, on
mesurera les longueurs EF, EG, EH, etc.., on les rap-
portera sur le dessin à l'échelle et on fixera la position
de leurs extrémités. En joignant ces extrémités deux à
deux par des lignes droites on obtiendra une figure
polygonale exactement semblable à celle de la clairière. On aura ainsi appliqué la méthode de *rayonnement*.

Lorsqu'on arrive par cheminement sur une place de
village entourée de maisons, dans une cour de ferme
enceinte de murs, ou en général à un point du terrain
que de nombreux détails avoisinent, on utilise la méthode de rayonnement pour déterminer les angles de la
place, des murs, des maisons, ou les divers objets situés
à proximité de la station qui se trouvent en dehors de

la direction que l'on a l'intention de suivre postérieurement.

Procédé des alignements.

184. Le procédé des *alignements* dérive de la méthode
d'intersection. Il consiste à diriger, d'un point connu
en projection, une visée sur deux points qui se trouvent
sur le même alignement que le point connu.

Ainsi, en cheminant sur la direction A C (fig. 26), on
s'arrête au point L où la lisière d'un bois O N supposée
prolongée vient rencontrer A C. On a mesuré A L; le
point L est donc connu en projection. On se décline sur
L A, on vise suivant L N O, et on en trace la direction sur
le papier en ayant soin d'écrire le long du trait une indication qui permettra de la reconnaître plus tard. Au
point R, connu par sa distance à la station C , on visera
et on tracera également la direction R P Q, qui passe
par un angle saillant et un angle rentrant du bois;
aux points S et T on prendra encore les alignements
S P V, T U Q; enfin, on saisira le moment où l'on arrivera
au point X, sur le prolongement de la ligne droite qui
passe par les angles V et U, pour tracer cette direction,
et on remarquera en même temps que ce même point X
est sur la direction de N P.

Les intersections deux à deux des visées faites des
points L, R, S, T, X, détermineront la position des cinq
points du terrain N, P, V, Q, U, qu'on réunira par des
lignes droites pour avoir sur le plan la lisière du bois.
Cinq visées ont donc suffi pour obtenir la projection de
cinq points, tandis que par la méthode d'intersection il

eût fallu dix visées, soit deux pour chaque point déterminé.

L'avantage réalisé par l'emploi des alignements est
donc assez important pour qu'on utilise ce procédé toutes
les fois qu'on le pourra.

Méthode des ordonnées.

185. La méthode dite des *ordonnées* consiste à mesurer perpendiculairement à la direction sur laquelle on
chemine, la distance des objets du terrain situés à droite
et à gauche. On apprécie à vue le pied des perpendiculaires abaissées de ces objets sur la direction suivie.

On emploie surtout les ordonnées pour placer sur le
levé les sinuosités d'un chemin ou d'un ruisseau, les bords
d'un étang, les contours d'un marais. C'est ainsi qu'on
déterminera les coudes principaux du ruisseau mn au
moyen des ordonnées mm', nn', perpendiculaires à la direction A C.

Des levés irréguliers en général.

186. Les méthodes qui viennent d'être décrites s'appliquent aussi bien aux levés irréguliers qu'aux levés
réguliers; toute la différence consiste dans le degré de
précision des instruments que l'on emploie et dans la
manière de mesurer les distances. Les levés réguliers
exigent une base de départ dont la longueur est déterminée avec la plus grande exactitude, un canevas préalable établi avec le plus grand soin (169); les levés
irréguliers peuvent se passer de l'une et de l'autre.

En effet, l'établissement d'un canevas a surtout pour

objet la détermination rigoureuse d'un certain nombre de points remarquables du terrain, convenablement espacés, auxquels on rattachera plus tard les détails, ce qui, ainsi que nous l'avons dit, permet de circonscrire les erreurs dans des limites fixées par l'étendue de chaque triangle. Mais pour un levé irrégulier l'exactitude est sacrifiée à la rapidité d'exécution ; on se dispense le plus souvent de canevas, et dans ce cas, la base n'est plus absolument nécessaire.

Quant aux distances, on les mesure par le moyen le plus simple, c'est-à-dire au pas (170). Si le pas a été bien étalonné les résultats obtenus seront suffisamment exacts, surtout quand on n'opérera pas sur de trop grandes longueurs. A l'échelle de $\frac{1}{20000}$, qui est le plus ordinairement employée pour le dessin des levés irréguliers, on peut en effet se tromper de 5 mètres sur 100 mètres, soit 6 à 7 pas de 76 centimètres, sans que l'erreur graphique dépasse la limite d'un quart de millimètre que nous avons adoptée (7).

Pour exécuter un levé irrégulier avec la rapidité qu'il exige, il faut pouvoir, dès qu'on arrive sur le terrain, commencer immédiatement les opérations de détail sans se préoccuper de l'ensemble, et continuer ainsi de proche en proche en évitant autant que possible de revenir sur des parties déjà faites.

La méthode de cheminement (181) offre le moyen de satisfaire à cette nécessité, car elle permet de commencer le levé à un point quelconque du terrain. Cependant il est bon de choisir ce point à l'une des extrémités d'une grande direction qui jouera le rôle d'une base, quoique ce ne soit en réalité que la première ligne d'un cheminement. Comme il faudra dès l'origine se décliner sur cette direction, on comprend facilement que plus elle sera grande, plus son parallélisme avec la ligne du levé qui la représente sera assurée, et, par conséquent, plus les opérations qui s'appuieront sur cette ligne seront exactes. La méthode de cheminement est d'ailleurs la plus avantageuse que l'on puisse employer dans un pays couvert et accidenté, dans les lieux boisés, coupés de murs ou de haies, dans les villages, aux alentours des villes, enfin partout où l'on ne peut voir à la fois une grande étendue de terrain.

Si la surface du terrain à représenter a des limites restreintes, s'il s'agit de lever seulement l'espace sur lequel une troupe doit camper ou bivouaquer, ainsi que ses abords jusqu'à l'emplacement des avant-postes, les environs d'une position, un village et ses alentours, la base pourra être prise dans une partie quelconque du levé, sur une route en ligne droite, horizontale autant que possible (177). S'il n'y avait pas de route ou de chemin dans ces conditions, on choisirait la base ou la ligne tenant lieu de base, sur un espace sensiblement horizontal, par exemple le long d'une vallée à pente douce, enfin partout où il serait possible de marcher à peu près horizontalement en ligne droite, sans rencontrer d'obstacle, sur une longueur de 400 à 500 mètres environ.

Le plus souvent un seul cheminement sera insuffisant pour parcourir tout le terrain à lever, si l'on veut éviter des détours inutiles et, par suite, des pertes de temps préjudiciables au prompt achèvement du travail. On en fera donc plusieurs qui, dans le cas d'un levé de peu d'étendue, partiront tous d'un point quelconque de la base et s'appuieront sur elle. On poursuivra chaque cheminement jusqu'aux limites du terrain et on tâchera de regagner le point de la base d'où l'on est parti en cheminant sur une autre direction, ce qui permettra de contrôler l'exactitude des opérations (187).

Rectification d'un cheminement erroné.

187. Lorsque le point de départ et le point d'arrivée diffèrent sur le levé de quelques millimètres seulement, le cheminement peut être considéré comme bon ; cependant, pour la régularité du dessin, il conviendra de modifier au moins les dernières directions parcourues, de manière à assurer la coïncidence. Si l'écart était trop considérable, il faudrait recommencer l'opération ; mais dans la plupart des cas, on pourra se contenter de corriger le cheminement de la manière suivante :

Les erreurs qui peuvent être commises sont de deux sortes, suivant qu'elles affectent les directions ou les distances ; comme on en ignore la cause, les corrections doivent porter en même temps sur les unes et sur les autres.

Supposons qu'après avoir parcouru le cheminement A B′C′D′ (fig. 27), le point d'arrivée se trouve en A′, sur le levé, au lieu de coïncider avec A, point de départ ; ou devra répartir l'erreur A A′ sur les 4 côtés et sur les 4 angles du polygone. A cet effet on mènera par les

points B', C', D', des parallèles à A'A sur lesquelles on
portera : de B' en B le quart de A'A, de C' en C les deux

Fig.27

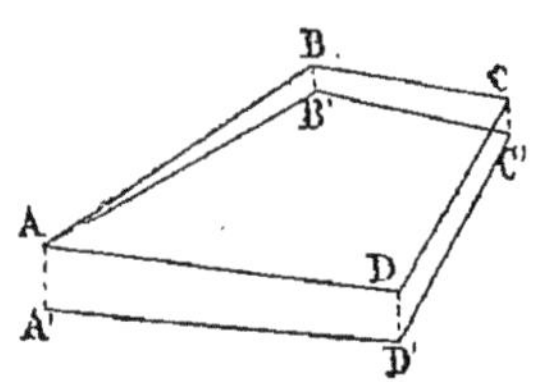

quarts, de D' en D les trois
quarts de la même quantité ; on
joindra AB, BC, CD, DA, et le
cheminement sera rectifié. Les
détails avoisinants devront nécessairement être modifiés en
conséquence.

En général la différence AA' est divisée en autant de
parties égales que le cheminement a de sommets, et on
reporte chacun d'eux dans le sens convenable. à une distance égale à 1, 2, 3, 4.... de ces parties, suivant le
numéro d'ordre qu'ils occupent à partir du point de
départ.

Méthode des levés par polygones.

188. Lorsque le terrain à lever a une assez grande
étendue, il est avantageux de choisir la base vers le
centre du levé et de la prendre, s'il est possible, d'une
longueur plus grande que précédemment, 600 à 800
mètres environ. Quelle que soit d'ailleurs sa situation, il
sera souvent impossible de commencer et de terminer
chaque cheminement à l'un des points de cette base.
Dans ce cas on suppose le terrain divisé en un certain
nombre de grands polygones dont les côtés sont formés
par des routes ou des chemins importants. La base ne
peut servir de côté commun qu'à deux de ces polygones ;
les suivants s'appuient sur les deux premiers et servent
eux-mêmes d'appui à d'autres sur une longueur variable

de leur périmètre. Ce sont les côtés de ces polygones qu'on utilise comme lignes de cheminement.

Si les polygones sont trop grands pour qu'on puisse, en en suivant les contours, apercevoir et lever tous les détails qu'ils enveloppent, on les subdivise en polygones secondaires dont les côtés sont des chemins d'exploitation, des sentiers, les bords d'un ruisseau, des fossés, des lisières de bois, des limites de culture. Enfin on peut encore choisir, dans l'intérieur des polygones secondaires, des lignes du terrain qui les traversent de part en part et qui offrent des cheminements faciles.

On commence le levé par les deux polygones principaux qui s'appuient sur la base; on chemine à cet effet sur leur périmètre jusqu'à ce que l'on soit revenu au point de départ, où l'opération est rectifiée, s'il y a lieu, de la manière indiquée ci-dessus (187). Un polygone est *fermé*, lorsqu'après avoir parcouru son périmètre tout entier en cheminant, on obtient sur le levé la coïncidence parfaite du point d'arrivée avec le point de départ.

On continue par les polygones principaux qui s'appuient sur les deux premiers, mais en cheminant seulement sur les côtés non encore déterminés. Lorsqu'on a ainsi parcouru tous les périmètres des grands polygones, on suit les côtés des polygones secondaires, sans s'astreindre pourtant à terminer entièrement l'intérieur d'un polygone principal avant de passser au voisin; on s'arrange de manière à traverser successivement plusieurs polygones au moyen du même cheminement, que l'on rectifie chaque fois que l'on aboutit à un côté déjà suivi et déterminé. Il est évident qu'en cheminant sur

une direction on doit lever tous les détails qui sont à
portée, et employer à cet effet les divers procédés que l'on
a à sa disposition. Cependant on ne s'éloignera pas sans
nécessité absolue de la ligne de cheminement. La méthode d'intersection et le procédé des alignements seront
utilisés pour la détermination des points extérieurs près
desquels on n'aura pas l'occasion de passer par la suite
et qui ne sont pas environnés de détails importants à signaler; le rayonnement et les ordonnées ne seront employés que pour placer des points situés à courte distance.

·La méthode des polygones a l'avantage de circonscrire
les erreurs dans des espaces déterminés et par conséquent d'empêcher qu'elles ne se propagent; elle assure
aux levés irréguliers une exactitude relative et atteint le
même but que le canevas pour les levés réguliers; enfin
elle permet de diviser le travail en un certain nombre
de parties qui peuvent être levées séparément et simultanément, puis raccordées ensuite suivant les portions
de périmètre communes à plusieurs polygones, ce qui
sert de vérification.

Résumé des opérations du levé d'un polygone.

189. Soit à lever le polygone ACDEZ*er*B (fig. 26),
qui s'appuie sur la base de départ AB. On connaît approximativement l'étendue du levé, le sens de sa plus
grande dimension et la situation relative de la base.

La ligne destinée à représenter cette base sera tracée
sur la feuille de papier dont on dispose, de manière que
le levé puisse y être contenu tout entier; on se donnera

sur cette ligne la position du point B par lequel on a abordé la base et où se trouve par exemple un arbre élevé visible de loin; puis on commencera aussitôt le levé. Le pas a été étalonné avec soin, l'échelle de pas construite.

Pour abréger les explications, nous ne ferons qu'indiquer successivement les opérations. Il est convenu d'ailleurs qu'en cheminant on compte toujours les pas; que chaque fois qu'on s'arrête, on place le point de station sur le dessin d'après sa distance à la station précédente, réduite à l'échelle; qu'on se décline toujours sur la portion la plus grande de la ligne droite sur laquelle on chemine; enfin, qu'après avoir visé une direction on en trace immédiatement la projection sur le papier.

La figure 26 nous tiendra lieu du terrain.

Base, 1ᵉʳ côté du polygone. — Partir du point B, cheminer dans la direction BA sur l'axe de la route ou sur un de ses côtés. — Station au point z, se décliner sur zB, tracer les directions zm, zz' du ruisseau; cheminer jusqu'en A, extrémité de la base. — Station en A, se décliner sur AB, tracer AC, viser la maison isolée M, tracer la direction générale du ruisseau $mntb$.

2ᵉ côté. — Cheminer sur AC. — Station en m' pour placer au moyen d'une ordonnée le coude m du ruisseau. — Station en L, se décliner sur AC, tracer l'alignement LNO. — Station n', mesurer l'ordonnée $n'n$, si elle n'est pas trop longue et placer n confluent des deux ruisseaux; si $n'n$ est trop grand, se contenter d'en prendre la direction. — Station C, se décliner sur CA, viser l'arbre B, point de départ pour vérifier par recoupement la position du point C obtenue par cheminement (180), déterminer M par intersection de C M avec A M, tracer C D.

3e *côté*. — Cheminer sur C D. — Station en R, se décliner sur C D, tracer l'alignement R P Q. — Station S, se décliner sur C D, tracer l'alignement S P V, placer le point P déterminé par intersection; on le vérifiera plus tard de X. — Station Y, placer le pont, se décliner sur C D, viser la direction du ruisseau de chaque côté de la route; déterminer par intersection le confluent *n* déjà vu de *n'*. — Station T, se décliner sur T C, tracer l'alignement T U Q, placer le point Q déjà visé de R.—Station D, se décliner sur D C, tracer le chemin D *t* et la nouvelle ligne de cheminement D E.

4e *côté*. — Cheminer sur D E. — Station X, se décliner sur D E, tracer les alignements X P N, X U V; placer les points U, V, N, vérifier P, mesurer sur X U la distance X X' qui fixe un point du ruisseau.—Station *d*, se décliner sur D E, tracer la lisière *d* U qui vérifie U, la lisière *d c*. — Station J, se décliner sur D E, viser et tracer les lisières J F, J K. — Station E, vers le centre de la clairière, se décliner sur E D, déterminer par rayonnement les points F, G, H, I, K; on peut se dispenser de mesurer E F et E K, puisque les points F et K se trouvent déterminés par intersection de J et de E. On pourra se dispenser également de mesurer E H et E I si l'on a l'intention de stationner en Y. Viser et tracer la suite du cheminement E Z.

5e *côté*. — Cheminer sur E Z. — Station Y, se décliner sur Z E, tracer Y H et Y I. — Station Z, se décliner sur

ZE, viser et amorcer la direction du chemin ZZ', tracer le 6ᵉ côté du polygone Z e.

6ᵉ côté. — Cheminer sur Ze. — Station *a*, se décliner sur Ze, tracer *ac*, placer le point *c* déterminé par intersection avec *dc*. — Station *b*, se décliner sur Ze, tracer la direction du ruisseau à droite et à gauche du chemin ; si *bt* est en ligne droite, le point de passage se trouvera déterminé par intersection avec D*t*. — Station *e*, se décliner sur *e*Z, tracer la nouvelle direction de cheminement *ei*.

7ᵉ côté. — Cheminer sur *ei*. — Station *f*, se décliner sur *ei*, mesurer l'ordonnée *fl* tangente au bois *g*. — Station *h*, se décliner sur *ic*, mesurer l'ordonnée *hp* tangente au même bois et dessiner à vue la lisière entre les deux points *l* et *p* du côté du cheminement et du côté opposé, si c'est possible. — Station *i*, se décliner sur *ie*, viser et tracer le chemin *it* qui servira à vérifier le point de passage *t*, tracer également l'embranchement de chemin *ii'* et le 8ᵉ côté du cheminement *iq*.

8ᵉ côté. — Cheminer sur *iq*. — Station *j*, se décliner sur *iq*, tracer l'alignement du mur *vu*. — Station *j'*, se décliner sur *iq*, tracer l'alignement du mur *xy*. — Station *q*, se décliner sur *qi*, viser et tracer le 9ᵉ côté *qr*.

9ᵉ côté. — Cheminer sur *qr*. — Station *k*, se décliner sur *qr*, prendre l'alignement du mur *uy*. — Station *r*, se décliner sur *rq*, prendre l'alignement du mur *vx* qui achève de déterminer l'enclos *uvxy* ; placer à vue la maison intérieure à l'enclos ; viser et tracer *r*B. Si l'on a bien opéré, la ligne *r*B du dessin doit passer par le point de départ B.

10e côté. — Cheminer sur *r*B. — Le nombre de pas compté de la station *r* au point d'arrivée B, réduit à l'échelle et porté sur le dessin à partir du point qui représente cette station, doit donner exactement la même position que le point de départ du cheminement. Si la coïncidence n'a pas lieu, ce qui arrive souvent, même lorsqu'on emploie des instruments précis, on rectifie de la manière indiquée au § 187.

Dessin des levés irréguliers.

190. Les levés irréguliers s'exécutent ordinairement à des échelles comprises entre le $\frac{1}{10000}$ et le $\frac{1}{20000}$. Les échelles plus grandes que le $\frac{1}{10000}$, qui permettent d'apprécier à moins de 2 mètres près les longueurs graphiques, ne seraient pas en rapport avec le peu d'exactitude que comporte un levé rapide. Aux échelles plus petites que le $\frac{1}{20000}$, il serait difficile d'obtenir au moyen du crayon, à main levée, par tous les temps, une pureté et une finesse de trait suffisantes pour éviter la confusion; le dessin deviendrait illisible dans ses détails.

Cependant les terrains peu accidentés et peu habités, ceux dont la planimétrie est peu chargée, peuvent être levés irrégulièrement aux échelles de $\frac{1}{40000}$ ou de $\frac{1}{50000}$. Dans les parties de l'Algérie éloignées des grands centres de population, on exécute même à des échelles beaucoup plus petites, à $\frac{1}{100000}$ ou à $\frac{1}{200000}$, des levés irréguliers très-suffisants pour les opérations militaires. Lorsqu'il y a nécessité, certaines localités comprises dans le levé sont représentées à une plus grande échelle.

On emploie pour les levés irréguliers les mêmes signes

conventionnels que pour les cartes; cependant on peut substituer à quelques-uns de ces signes trop petits ou trop compliqués pour être rendus convenablement au crayon par une main peu exercée, des indications écrites ou bien des lettres ou chiffres de renvoi, que l'on explique dans une légende placée en marge du dessin.

Il n'y a aucun inconvénient à donner aux routes et chemins une largeur un peu plus grande que ne l'indique le tableau n° 1 (échelle de $\frac{1}{20000}$), surtout lorsque le levé est accompagné d'un mémoire explicatif.

Il est indispensable d'effacer, à mesure qu'elles deviennent inutiles, les lignes de construction qui ont servi à la détermination par intersection, recoupement ou rayonnement, des différents points du levé, afin qu'on ne soit pas exposé à les prendre pour des lignes de la planimétrie.

Les eaux sont filées comme il est dit § 41. Les natures de culture s'indiquent par des initiales : P pour les prés, V pour les vignes, B r pour les broussailles, S pour les sables, etc... Les parties boisées sont représentées par un feuillé imitant le feuillage des arbres (fig. 26).

Les écritures peuvent être faites en cursive ordinaire ou en bâtarde; cependant l'emploi des caractères usités pour les cartes régulières (147) est préférable; ces caractères, même lorsqu'ils sont mal faits, se distinguent mieux parmi les détails du dessin. Dans tous les cas on doit donner aux écritures des dimensions en rapport avec l'importance des objets qu'elles désignent. On se conforme d'ailleurs aux règles indiquées § 149, quant à la disposition.

Lorsque le dessin est terminé, on trace dans une des parties du papier laissée libre, une flèche qui indique la direction du nord, et on construit en bas de la feuille du levé une échelle numérique en mètres.

Tout dessin encadré est supposé orienté suivant le côté du cadre perpendiculaire à la direction générale des écritures.

L'usage des crayons de couleur pour le dessin des levés irréguliers offre quelques avantages; ils permettent de distinguer les eaux qu'on fait en bleu, des voies de communication qu'on trace à la mine de plomb; les constructions de toute nature s'indiquent en rouge. Mais les lignes tracées avec les crayons de couleur, dont la substance est généralement grasse, ne s'effacent pas facilement, ce qui rend les corrections à peu près impossibles; ils sont d'ailleurs très-friables, le rouge surtout; leur pointe s'émousse rapidement, et ils ne fournissent que des traits grossiers.

Les crayons à la mine de plomb ne doivent être ni trop durs, ni trop mous. Le n° 2 est celui qu'on choisit de préférence.

Nivellement des levés irréguliers.

191. Le nivellement du terrain exécuté dans le sens de la définition qui en a été donnée § 125, exige l'emploi d'instruments dont on ne dispose pas ordinairement en campagne. Cependant il paraît nécessaire d'expliquer au moins le principe sur lequel est basée la recherche de la différence du niveau entre deux points, car il peut s'appliquer dans certaines conditions au nivellement des

levés irréguliers. Ce principe repose, comme pour la planimétrie (176), sur la similitude de deux triangles.

Soient deux points A et B, fig. 28, situés à des altitudes différentes dans le plan vertical du profil A B, le premier dans le fond d'une vallée, le second sur un sommet B. Par le point A, supposons une horizontale A C qui rencontrera en C la verticale passant par le point B ; BC représentera la différence de niveau des points A et B. Soit *ac* la longueur réduite à l'échelle du plan, de la ligne AC distance horizontale des deux points A et B, et admettons qu'on ait mesuré l'angle BAC au moyen d'un instrument particulier. Si en *a* on fait un angle *bac* égal à BAC et que l'on élève une perpendiculaire au point *c*, le triangle *abc* sera semblable au triangle ABC et la longueur *bc* de la perpendiculaire représentera la différence de niveau BC réduite à l'échelle.

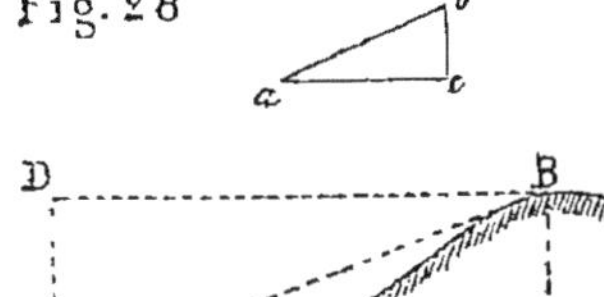

Fig. 28

Remarquons que, si au lieu de l'horizontale passant par le point A, nous avions considéré celle qui passe par le point B, la différence de niveau eût été indiquée par la verticale AD qui est égale à BC, et que par conséquent, pour obtenir cette différence de niveau, il faut mesurer soit l'angle DBA, soit son égal BAC, suivant que l'on se trouve au point le plus élevé, ou au point le plus bas. L'angle DBA s'appelle un angle de dépression, BAC un angle d'élévation.

Ce procédé permet donc d'obtenir graphiquement la

différence de niveau de deux points, pourvu que l'on connaisse la projection de ces points sur le dessin et l'angle que fait avec l'horizontale la ligne imaginaire qui les réunit dans l'espace. En donnant une cote arbitraire à l'un des points du levé, en partant de ce point pour en déterminer d'autres et en s'appuyant ensuite sur ces derniers, on arriverait ainsi au nivellement complet du terrain compris dans les limites du levé.

Le nivellement des levés irréguliers ne s'exécute de cette manière que lorsqu'on dispose d'un instrument qui mesure les angles dans le plan vertical. Comme d'ailleurs le temps manque pour procéder avec régularité, comme la rapidité d'exécution est la principale qualité d'un levé irrégulier, on se contente le plus ordinairement d'évaluer à vue les hauteurs et de figurer les formes du terrain, soit par des courbes discontinues et approximatives, comme celles dont il a été question § 152, soit par des hachures tracées suivant la direction des lignes de plus grande pente, mais sans s'astreindre aux règles fixées au § 144.

Pour évaluer à vue les hauteurs sans commettre de trop graves erreurs, il faut une expérience qui ne peut s'acquérir que par l'étude comparée d'une carte régulièrement nivelée et du terrain qu'elle représente. On ne saurait trop recommander aux officiers de s'adonner à cette étude pendant leurs loisirs de garnison; en se promenant sur le terrain, la carte sous les yeux, ils s'exerceront à l'évaluation des hauteurs en même temps qu'à l'appréciation des distances horizontales (172).

On choisira sur la carte un point coté où l'on pourra

se transporter facilement et d'où l'on apercevra un sommet dont l'altitude soit également connue. La différence des cotes indiquera le relief du sommet au-dessus du point de station. Ce relief une fois déterminé servira de terme de comparaison pour évaluer à vue les hauteurs relatives d'autres sommets situés à des distances plus ou moins grandes de ce même point de station ; ces évaluations seront soigneusement vérifiées et rectifiées au moyen de la carte.

Comme pour l'appréciation des distances à vue, l'expérience fait connaître les circonstances particulières qui modifient les résultats obtenus par l'observation dans les conditions ordinaires. Ainsi, un sommet à pentes roides, isolé au milieu d'une plaine, paraît, si on le regarde d'en bas, plus élevé qu'un sommet de même hauteur qui se rattache à la plaine par des mouvements ondulés et des pentes insensibles ; le même sommet isolé, vu de haut, pourrait disparaître complétement dans la plaine. On évalue mieux une hauteur de loin que de trop près ; on apprécie plus facilement une différence de niveau de bas en haut que de haut en bas.

Le relief d'un sommet paraît plus ou moins considérable, suivant la grandeur des objets placés entre lui et l'observateur, suivant l'inclinaison des pentes et le profil qu'elles dessinent, suivant que le sommet se projette sur le ciel ou sur d'autres montagnes plus élevées, eu égard à la situation du soleil, à l'état de l'atmosphère, etc., etc.

Malgré l'expérience acquise et un soin particulier dans les observations, il paraît difficile d'évaluer à vue des hauteurs de 300 à 400 mètres, à moins de 50 mètres

près, de 100 à 200 mètres à moins de 20 mètres près.
Dans les hautes montagnes, la différence entre l'estimation et la réalité est encore plus considérable. Cependant, lorsqu'on gravit des pentes longues et rapides, de
ce pas lent et mesuré qu'emploient les montagnards des
Alpes et des Pyrénées, on peut se rendre compte avec
assez d'exactitude de la différence de niveau entre le
point de départ et le point d'arrivée, par le temps que
l'on a mis à franchir la distance qui les sépare, quels
que soient les détours, sinuosités ou lacets qu'on a parcourus, pourvu, toutefois, qu'il n'y ait pas de contre-
pentes ou de longs paliers horizontaux, et qu'on n'ait
pas trop multiplié les temps d'arrêt. La moyenne de
temps nécessaire pour gravir, dans ces conditions, une
hauteur de 100 mètres, est à peu près d'un quart
d'heure, c'est-à-dire environ quinze fois plus grande que
pour parcourir la même distance horizontale au pas de
route ordinaire.

Fig. 2 9

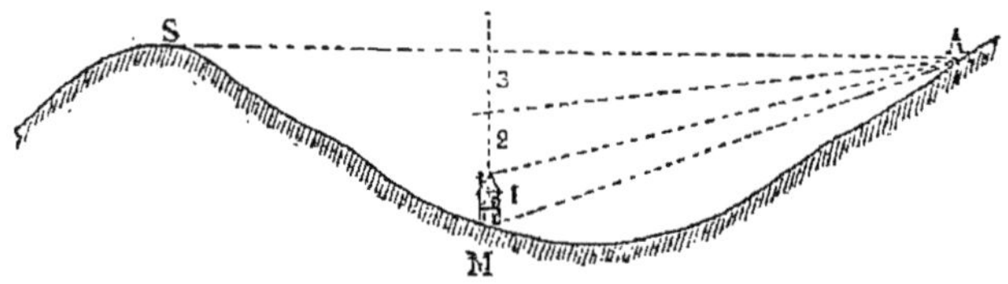

On évalue à vue, d'une manière assez approximative,
la hauteur d'une colline sur la pente de laquelle se trouve
un objet de dimensions connues, une maison par exemple.
En effet, on peut estimer à 4 mètres en moyenne la
hauteur de chaque étage et des combles; la maison M

(fig. 29), qui a un rez-de-chaussée, un étage et un toit incliné, étant évaluée approximativement à 12 mètres, si l'on se place en A, à 200 ou 300 mètres de M, à une hauteur intermédiaire entre cette maison et le sommet S, il sera assez facile d'estimer la différence de niveau M S par le nombre de maisons d'une hauteur de 12 mètres qu'il faudrait superposer pour atteindre le sommet S.

Le moyen indiqué ci-après permet de trouver d'une manière plus rigoureuse la différence de niveau de deux points situés sur la même pente. L'instrument employé à cet effet est d'une construction élémentaire; le double décimètre qui nous a servi d'alidade, § 178, en forme la base. On fixe à ses deux extrémités A et B (fig. 30), deux fils d'égale longueur que l'on noue en S, de manière à figu-

Fig. 30

rer exactement un triangle isocèle SAB. Si l'on tient à la main l'appareil suspendu par le point S, la ligne A B sera horizontale. En élevant le point de suspension de manière que le bord de la règle soit à hauteur de l'œil, on aura un moyen de repérer sur le terrain tous les points qui sont à la même altitude que le point d'observation, augmentée de la distance verticale de l'œil au-dessus du sol. Supposons cette distance verticale égale à 1^m50, et proposons-nous de déterminer la différence de niveau entre les points R et X (fig. 31).

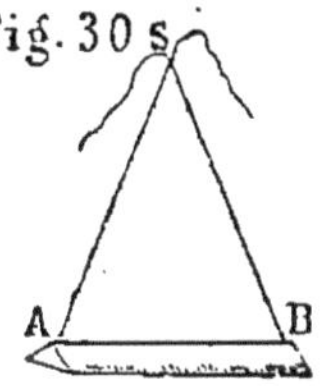

On se place en R et on dirige au moyen de l'instrument un rayon visuel horizontal A S vers un point de la pente ascendante; on remarque le point S où la visée horizontale rencontre le terrain. On se transporte en S où l'on fait une opération analogue, puis, successivement, en T, U, V, points de rencontre avec le sol des visées horizontales BT, CU, DV. Les verticales AR, BS, CT, DU étant égales, il est évident qu'au point V on sera élevé

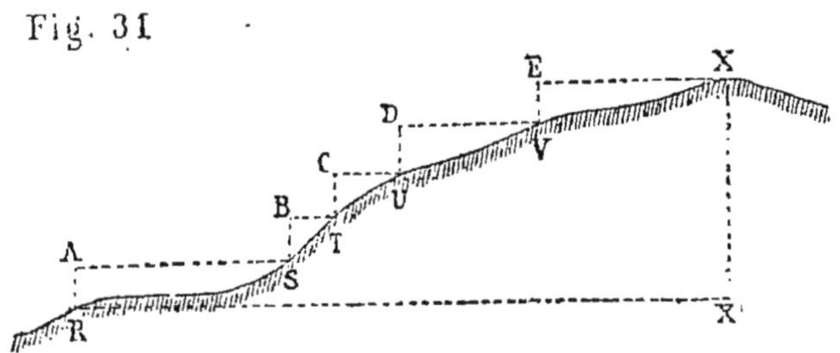

au-dessus du point A de quatre fois 1^{m}50, ou 6^m. Si le point X était au-dessous de la dernière visée horizontale faite de E, on évaluerait approximativement à vue la différence de niveau entre X et V par une fraction de 1^{m}50. On obtiendra ainsi la hauteur XX′ du point X au-dessus du point R à quelques centimètres près.

L'opération est longue quand elle s'applique à de grandes différences de niveau, mais le résultat définitif se rapproche tellement de la vérité, qu'on devra employer ce procédé toutes les fois qu'on en aura le temps. Ce résultat étant complétement indépendant des directions données aux visées, on peut choisir ces directions de manière à éviter les obstacles du terrain, c'est-à-dire qu'il n'est pas nécessaire de choisir les stations intermédiaires dans le même plan vertical que les deux points extrêmes.

Il suffit d'ailleurs de faire une seule fois l'opération

pour une portion de levé de peu d'étendue. En effet, si la planimétrie est assez avancée pour qu'on ait déjà déterminé la position d'un grand nombre d'objets du terrain, on pourra, par exemple, après avoir calculé la hauteur du point X au-dessus de R, faire de ce même point X, avec le niveau de la fig. 29, une espèce de tour d'horizon qui fera reconnaître tous les points du levé qui sont au même niveau que X augmenté de $1^m 50$. En renouvelant ce tour d'horizon à diverses élévations, on cotera facilement un certain nombre de points remarquables qui, à leur tour, serviront à en coter d'autres.

Cette méthode sera en outre d'une grande utilité pour déterminer les commandements relatifs des hauteurs, renseignement qu'il importe surtout de faire connaître dans un levé militaire.

Le même niveau fournit encore le moyen de calculer approximativement la pente d'une route ou d'un chemin. Soit A B, le profil en long d'une route inclinée (fig. 32); A O la hauteur de l'œil au-dessus du point A. Le rayon

Fig. 32.

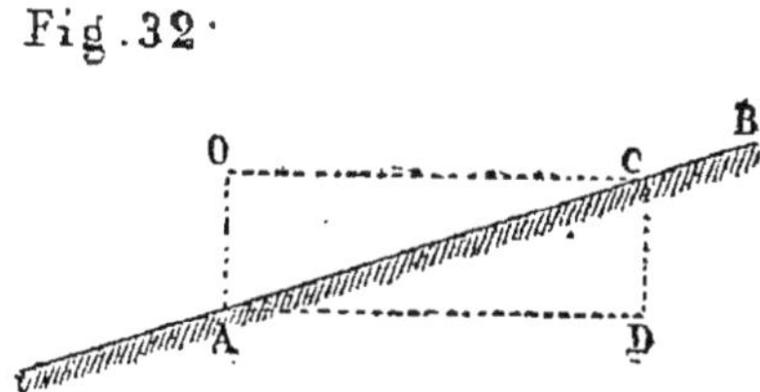

visuel horizontal dirigé du point O dans la direction de l'axe de la route, rencontre le sol au point C, dont la hauteur au-dessus du plan horizontal passant par A est également de $1^m 50$. La pente s'évalue par le rapport de la hauteur à la base (119); il faudrait donc, pour la déterminer exactement, chercher combien de fois la base A D contient la hauteur C D ; l'unité divisée par le quotient obtenu donnerait le résultat cherché. Mais, comme on ne peut mesurer directement la base A D, on lui substitue dans la pratique la longueur A C mesurée au pas sur l'axe même de la route, pourvu que l'inclinaison ne dépasse pas 25 à 30 pour 100 ; au delà de cette limite, la différence de longueur entre une ligne inclinée et sa projection horizontale est trop grande pour que cette substitution puisse avoir lieu sans erreur appréciable.

En même temps qu'on fera la planimétrie d'un levé, on déterminera par intersection, toutes les fois qu'on le pourra, la position des sommets, en ayant soin de viser un point du terrain parfaitement reconnaissable de deux stations différentes ; les cols pourront être déterminés de la même manière, mais il sera préférable d'y faire passer un cheminement. On prendra les directions des thalwegs, des lignes de faite, des crêtes et des escarpements importants.

Nous avons dit qu'on figurait les mouvements du sol, soit par des éléments de courbes de niveau approximatives, soit par des hachures irrégulières. L'emploi des courbes est préférable parce qu'elles indiquent mieux les points de même altitude, si faciles à déterminer du reste au moyen du niveau décrit plus haut. On fait varier l'écartement des courbes en raison du degré d'inclinaison des pentes que l'on évalue à vue ; on peut s'abstenir, dans les levés irréguliers, de tracer des courbes partout où l'inclinaison du sol paraît inférieure à la pente de 5 pour 100.

Le figuré du terrain ne peut être arrêté dans son ensemble que lorsqu'on a parcouru toutes les parties du levé, lorsque, par conséquent, la planimétrie en est entièrement achevée; mais à mesure qu'on avance en cheminant sur les directions principales, on amorce au crayon les courbes horizontales de niveau par des traits légers de peu de longueur, sans jamais essayer de terminer un mouvement avant de l'avoir considéré sous ses différents aspects. Enfin, pour éviter plus tard toute indécision sur le sens des pentes, il est bon de l'indiquer, quand cela paraît nécessaire, par une petite flèche tracée suivant la ligne d'écoulement des eaux (ligne de plus grande pente) et dont la pointe est dirigée vers les lignes de thalweg où elles se réunissent. Lorsque les divers cheminements du levé ont été parcourus, on se rend successivement sur quelques points élevés du terrain d'où l'on puisse voir une partie de l'ensemble, et ou achève le dessin des formes en prolongeant, d'un cheminement à l'autre, les portions de courbes précédemment amorcées. C'est à ce moment surtout qu'on utilisera la méthode indiquée ci-dessus pour déterminer, au moyen du niveau, quelques hauteurs relatives et les commandements les plus importants.

Levés à vue sans instruments.

192. Pour faciliter l'explication des diverses méthodes employées pour le levé d'un plan (178-185), nous avons

supposé le papier fixé sur une tablette horizontale soutenue par un trépied. Dans la pratique, le topographe porte cette tablette, ou le carton léger qui la remplace, sur le bras gauche, pendant que la main droite lui sert à diriger l'alidade et à tracer les directions. Le dessin n'a plus, dans ces conditions nouvelles, la stabilité que lui donnait un support fixe. On se décline encore aisément sur une direction dont l'homologue est tracée en projection sur le plan; mais il devient difficile, lorsqu'on est décliné, de maintenir le carton immobile en visant d'autres directions.

Le seul moyen d'y parvenir consiste à se placer au sommet de l'angle formé par la direction sur laquelle on doit se décliner et celle que l'on veut tracer sur le papier, de manière à voir en même temps ces deux lignes, l'une vers la droite, l'autre vers la gauche; on fait tourner le carton jusqu'à ce que la projection de la première de ces lignes soit parallèle à celle du terrain qu'elle représente; puis, sans déranger le carton, on place le double décimètre dans la direction de la seconde, le bord de la règle passant par le point de station, ou par le point visé extérieur à la station dans le cas de recoupement. Enfin, lorsque par une suite de tâtonnements on est assuré que les deux lignes du plan sont bien parallèles à leurs homologues du terrain, on marque au crayon l'extrémité de la règle opposée au point de station et on trace la nouvelle direction.

La justesse du coup d'œil joue ici le principal rôle, c'est pourquoi l'on a donné aux levés exécutés par ce moyen le nom de *levés à vue*.

On applique aux levés à vue toutes les méthodes précédemment décrites pour les levés irréguliers en général.

Emploi de la boussole pour les levés irréguliers.

193. La difficulté de tracer sur le papier avec une exactitude suffisante l'angle de deux directions prises sur le terrain, est le plus grave inconvénient des levés à vue sans instruments. Toute erreur commise dans le tracé d'un côté de cheminement a pour résultat inévitable de déplacer à la fois et dans le même sens, toutes les lignes dont on déterminera ultérieurement la position. On obvie à cet inconvénient par l'emploi de la boussole, qui permet de se décliner constamment sur une seule et même direction, celle du méridien magnétique.

La boussole a déjà été décrite succinctement au § 162 de la présente instruction ; l'usage auquel on applique cet instrument en topographie nécessite quelques explications complémentaires.

La pointe bleue d'une aiguille aimantée tournant librement sur son pivot, s'arrête invariablement, après quelques oscillations, dans la direction d'un point de la surface terrestre voisin du pôle nord et que l'on appelle le pôle magnétique. Cette direction fixe la position du méridien magnétique du lieu où se fait l'observation.

De même que tous les méridiens géographiques concourent aux pôles de la terre, de même tous les méridiens magnétiques vont se rencontrer au pôle magnétique. Cependant, si l'on ne considère qu'une étendue très-restreinte de la surface du globe assez éloignée du pôle, on peut regarder comme parallèles tous les méridiens magnétiques qui correspondent à chacun des points de cette étendue. Les levés irréguliers sont généralement contenus dans des limites assez petites pour qu'on puisse accepter ce parallélisme sans que cette convention devienne la cause d'erreurs appréciables.

Si donc on a tracé d'avance une ligne arbitraire sur la feuille de papier qui doit servir au levé, et qu'à un point quelconque du terrain on fasse coïncider cette ligne avec la direction de l'aiguille aimantée, on sera décliné sur le méridien magnétique. Lorsque la boîte, qui contient l'aiguille, est rectangulaire, on arrivera facilement à cette coïncidence en plaçant exactement le côté de l'instrument qui est parallèle à la ligne N.-S. (Nord-Sud), le long de la ligne arbitraire précédemment tracée ; puis, on fera tourner ensemble papier et boussole jusqu'à ce que la pointe bleue de l'aiguille se trouve en face du point N (fig. 20, page 210).

Il est facile de saisir immédiatement les avantages qu'offrira la boussole dans la suite des opérations :

Puisqu'à chaque point du terrain où l'on se transportera pendant l'exécution du levé, correspond un méridien magnétique dont la direction est exactement repérée par celle de l'aiguille aimantée, on aura toujours la possibilité de se décliner, quand même ce point n'appartiendrait pas à une ligne déjà connue par sa projection ; car il suffira de faire marquer le point N à l'aiguille. En outre, comme la direction de l'aiguille est constante pour toute l'étendue du levé, on aura la certitude, dès qu'on sera décliné, que toutes les lignes déjà tracées sur le papier seront toujours parfaitement parallèles à celles du terrain qu'elles représentent. On évite ainsi la cause d'erreurs signalée ci-dessus, ainsi que la propagation de ces erreurs aux autres lignes du levé, puisque la projection de chacune de ces lignes se trouve complétemen' indépendante de toutes les autres.

La facilité de se décliner à un point quelconque du terrain permettra en outre de déterminer *à priori* la position de ce point par recoupement en visant deux points déjà connus en projection sur le levé.

Enfin il suffira, pour tracer sur le papier une direction quelconque du terrain, de connaître la projection d'un point appartenant à cette direction.

Le levé terminé se trouvera naturellement orienté par rapport au méridien magnétique, dont on indiquera la trace sur le papier au moyen d'une flèche dont la pointe sera dirigée vers le nord.

S'il était nécessaire d'indiquer sur le dessin la direction du méridien vrai ou méridien géographique, on orienterait d'abord le levé sur le méridien magnétique; puis, la feuille du levé restant immobile, on y tracerait la direction de la méridienne, soit au moyen du soleil, soit au moyen de l'étoile polaire (160, 161).

Les boussoles sont quelquefois graduées, c'est-à-dire que le limbe au-dessus duquel se meut l'aiguille est divisé en 360 parties égales que l'on nomme degrés. Ces graduations croissent de 0 à 360 degrés dans le même sens que les heures sur le cadran d'une montre. Si donc on connaît la valeur angulaire de la déclinaison (162) ou l'angle que fait le méridien magnétique avec le méridien géographique pour la portion de terrain que l'on considère, la ligne NS d'une boussole ainsi graduée et le côté de la boîte qui lui est parallèle seront exactement dirigés vers le nord vrai lorsque la pointe bleue de l'aiguille marquera le nombre de degrés exprimés par la déclinaison, si celle-ci est orientale. Si au contraire la déclinaison est occidentale, l'aiguille devra marquer 360 degrés diminués de la valeur de la dite déclinaison.

Ainsi à Paris, où la déclinaison est actuellement occidentale, la ligne N. S. sera exactement orientée en février 1875, lorsque la pointe bleue de l'aiguille marquera 360 degrés moins 17°36', ou 342° 23', soit environ 342 degrés et demi pour toute l'année 1875.

Levé à vue au moyen du déclinatoire.

194. La boussole non graduée porte en particulier le nom de déclinatoire quand on l'emploie exclusivement pour se décliner. On la distingue ainsi de la boussole graduée qui sert sur le terrain à évaluer en degrés l'azimut d'une direction, c'est-à-dire l'angle que fait cette direction avec le méridien magnétique, mais qui n'est jamais utilisée dans ce but pour les levés irréguliers, parce qu'elle exige l'emploi d'un *rapporteur*, instrument d'un usage délicat destiné à rapporter les angles sur le papier. La boussole graduée peut faire cependant l'office d'un simple déclinatoire.

Le déclinatoire employé pour les levés à vue a la forme d'une petite boîte carrée de 6 à 10 centimètres de côté. La ligne N. S. est tracée parallèlement à l'un des côtés de cette boîte. L'aiguille a une longueur de 5 à

8 centimètres. Un bouton à vis pressant sur l'extrémité d'un petit levier, permet de soulever l'aiguille en la dégageant de son pivot et de la fixer contre le verre qui ferme la partie supérieure de la boîte. On évite ainsi l'usure du pivot produite par les mouvements de l'aiguille lorsqu'on transporte l'instrument d'un point à un autre; la liberté lui est rendue seulement au moment des observations.

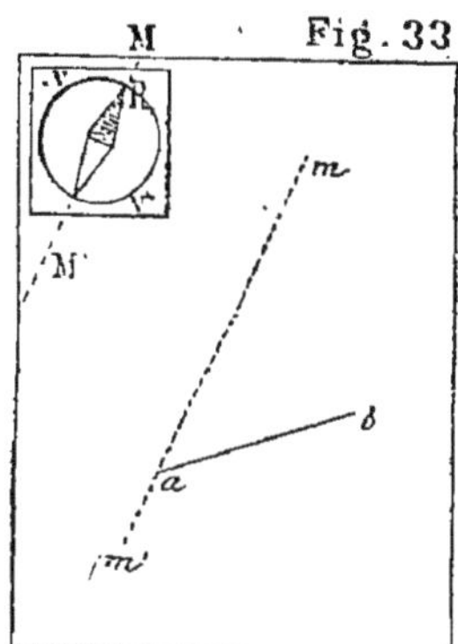

Fig. 33

Le déclinatoire est fixé invariablement au moyen de deux vis v et v' (fig. 33) sur l'un des angles d'un carton rectangulaire assez épais et assez résistant pour ne pas se déformer pendant toute la durée des opérations. Sur ce carton on a fixé par ses bords une feuille de papier blanc.

Le carton muni du déclinatoire et le double décimètre triangulaire servant d'alidade constituent le matériel nécessaire pour exécuter un levé irrégulier; on y joint quelques crayons et un morceau de gomme à effacer. L'échelle de pas est construite sur une bande étroite de papier qu'on colle sur un des bords du double décimètre; l'emploi d'un compas devient par conséquent inutile.

On place le carton sur le bras gauche en le soutenant à peu près horizontalement; la main droite reste libre pour manœuvrer l'alidade et dessiner.

Après avoir choisi sur le terrain une base de départ

qui soit dans les conditions indiquées § 186, on se rend
à une de ses extrémités et on règle le déclinatoire. Cette
opération consiste à déterminer la direction qu'il conviendra de donner au méridien magnétique par rapport
à la feuille du levé. A cet effet, on trace sur le papier,
dans une direction convenable, à peu près vers le milieu
de la feuille, si la base occupe le centre du terrain à
lever, ou vers une de ses extrémités, si tout le terrain
est du même côté de la base, une ligne droite destinée
à représenter la direction de cette base. Soit ab cette
ligne; un point quelconque a pris sur ab figurera l'extrémité où l'on stationne. On décline la ligne ab sur la
base, c'est-à-dire qu'on place au moyen de l'alidade la
ligne ab du dessin dans la direction de la base par le
moyen indiqué § 192, sans s'occuper du déclinatoire.

Lorsque cette direction est assurée et que les oscillations de l'aiguille rendue libre se sont arrêtées, on regarde à quel point du limbe du déclinatoire correspond
la pointe bleue, et on marque ce point par un repère R.
Dans toutes les opérations suivantes et pendant toute la
durée du levé, chaque fois qu'on voudra se décliner à
un point quelconque du terrain, il suffira de faire tourner
le carton jusqu'à ce que la pointe bleue de l'aiguille se
trouve exactement sur le repère indiqué. Dans cette situation la base ab tracée sur le carton sera orientée sur
le méridien magnétique mm', parallèle à la direction
MM' de l'aiguille, ainsi que toutes les autres lignes du
terrain déjà déterminées.

Au lieu de régler le déclinatoire d'après la base tracée
préalablement sur le papier, ce qui peut amener l'ai-

guille sur un point du limbe difficile à repérer exactement, il est préférable d'orienter d'abord le carton muni du déclinatoire suivant le méridien magnétique, c'est-à-dire de faire marquer le point N à la pointe bleue de l'aiguille (fig. 34); puis, le carton étant orienté, on place arbitrairement le point A qui représentera une des extrémités de la base de départ, mais cependant de telle sorte que

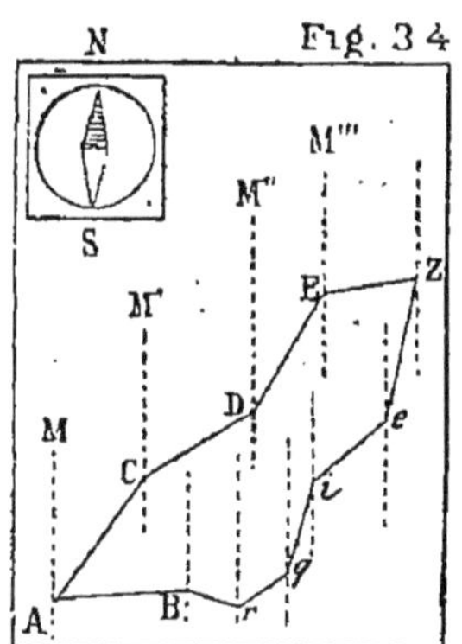

le levé tout entier puisse être contenu dans la feuille de papier; on pose la règle de l'alidade sur ce point et on la fait tourner jusqu'à ce qu'elle soit dans la direction de la ligne de base du terrain; on surveille en même temps le déclinatoire pour s'assurer que l'aiguille est toujours sur son repère N, et on trace le long de la règle de l'alidade une ligne qui sera la projection de la base sur le papier.

Ordinairement le déclinatoire est fixé de manière que la ligne NS soit parallèle à l'un des bords du carton; le cadre de la feuille du levé se trouvera alors exactement orienté sur le nord magnétique.

Lorsque le déclinatoire est réglé et que la base réduite à l'échelle est tracée sur le papier, les opérations du levé se continuent par les procédés précédemment décrits (186-189), avec cette seule différence qu'au lieu de se décliner sur une direction déjà tracée sur le levé, on s'oriente à chaque station sur le méridien magnétique. Ainsi, à chacun des sommets A, C, D, E, Z... du polygonc de cheminement de la fig. 26 (189), on ne se décline plus sur les directions successives A B, C A, D C, E D, Z E..., mais sur les méridiens magnétiques A M, C M', D M'', E M''', constamment parallèles à la direction SN de l'aiguille aimantée (fig. 34).

Les méthodes diverses expliquées du § 179 au § 185, s'appliquent sans aucune difficulté aux levés avec déclinatoire ; le cheminement en est la base principale comme pour tous les levés irréguliers en général.

Boussole-alidade.

195. L'inconvénient signalé au § 192 ne disparaît qu'imparfaitement par l'emploi du déclinatoire. En effet, lorsqu'on a orienté le levé, il faut, pour viser avec exactitude dans une direction déterminée, élever le carton à hauteur de l'œil ; mais dans cette position il devient impossible de surveiller l'aiguille du déclinatoire et de s'assurer que sa pointe bleue est toujours en face du repère. On est donc obligé de tenir le carton un peu plus bas que l'œil et de placer approximativement la règle de l'alidade dans la direction voulue, sans cesser d'observer les mouvements de l'aiguille. Un topographe habile et expérimenté peut seul prétendre obtenir de bons résultats par des moyens qui offrent aussi peu de garantie.

Ces difficultés cessent d'exister si l'on fait usage d'une boussole de construction particulière qui, indépendante du carton sur lequel on dessine, permet de relever exactement l'angle que fait une direction avec le méridien magnétique et de rapporter mécaniquement cet angle sur le papier, sans même qu'on ait besoin d'en connaître la valeur.

La boussole-alidade du capitaine Peigné remplit cette condition.

Supposons qu'on ait planté aux points S et N du déclinatoire décrit ci-dessus (194) et dont la ligne nord-sud est exactement parallèle au côté A B de la boîte (fig. 35, nº 1), deux tiges rigides ou pinnules perpendiculaires au plan du limbe et pouvant servir d'alidade.

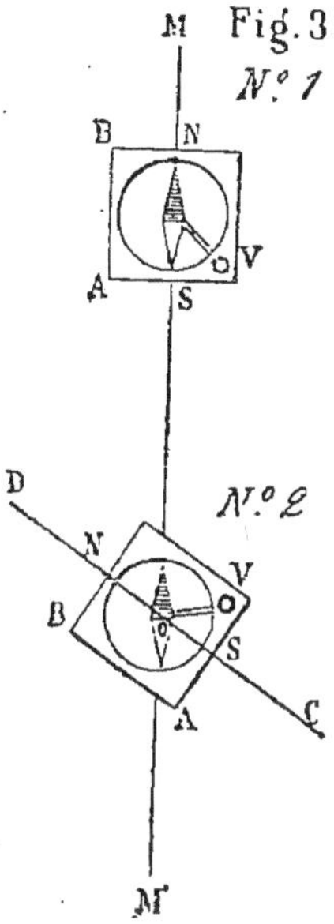

Plaçons l'instrument horizontalement dans la main gauche, de manière que la pointe bleue de l'aiguille soit sur son repère N, et visons dans la direction S N des deux pinnules. L'œil étant en S, la ligne de visée se confondra avec le méridien magnétique et le côté A B de la boîte, parallèle à S N, sera également dans la direction de ce même méridien.

Mais faisons tourner la boussole autour de son centre de manière à amener l'alidade S N dans la direction d'une ligne C D du terrain (fig. 35, nº 2). L'aiguille est restée dans le plan du méridien magnétique et l'angle D O M représente évidemment l'angle que fait la direction visée C D, ou le côté A B de la boîte, avec ce méridien. Fixons l'aiguille dans cette situation au moyen d'un mécanisme particulier V que l'on manœuvre de la main droite. L'angle DOM n'aura pas varié; c'est cet angle qu'il s'agit maintenant de rapporter sur le papier.

Supposons qu'on ait tracé préalablement sur la feuille du levé une série de parallèles plus ou moins rapprochées, représentant la direction du méridien magnétique M M', et que la projection de la ligne CD du terrain soit assujettie à passer par le point p déjà déterminé sur le levé (fig. 36). Plaçons la boussole sur le carton, de manière que l'axe de l'aiguille aimantée toujours immobilisée, se confonde exactement avec le méridien magnétique M M' le plus rapproché du point p, la pointe bleue correspondant au point M qui indique le nord. Faisons ensuite glisser l'instrument le long de la ligne M M' jusqu'à ce que le bord A B de la boîte passe par le point p, l'axe de l'aiguille coïncidant toujours avec M M', et traçons la ligne cpd le long de A B; cette ligne

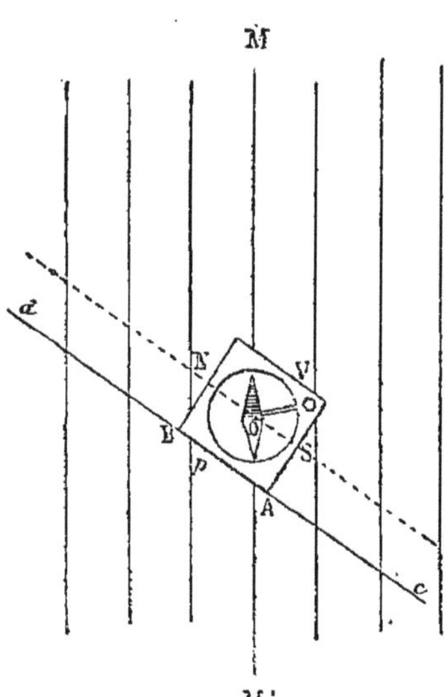

fera bien avec M M' un angle égal à l'angle DOM relevé sur le terrain et représentera exactement la direction CD du terrain relativement à celle du méridien magnétique.

Pour qu'il n'y ait pas incertitude sur le sens dans lequel devra être tracée la ligne cd à partir du point p, remarquons que si l'on est en station au point P du terrain représenté par p, c'est la partie pd qu'il faudra tracer; dans le cas contraire, c'est la partie pc qu'on tracera. Dans tous les cas, la direction visée devra toujours être tracée suivant le même côté A B de la boîte; c'est sur ce côté que l'on colle l'échelle de pas.

Nous ne décrirons pas dans tous ses détails la boussole du capitaine Peigné. Il suffit de tenir l'instrument à la main pendant quelques instants pour s'en expliquer parfaitement l'usage et pour se rendre compte des nombreux avantages que présente cet appareil sur tous ceux qui ont été imaginés jusqu'à ce jour.

La boussole-alidade, ainsi nommée parce qu'elle réunit en un seul les deux instruments *boussole* et *alidade*, est d'un poids léger, d'un volume qui ne dépasse pas sensiblement celui des autres boussoles employées pour les levés irréguliers, et son emploi est d'une simplicité qui la recommande surtout pour les levés en campagne. Si l'on opère avec soin, les erreurs ne sont pas possibles; elle permet en effet de fermer graphiquement un polygone de cheminement à 2 ou 3 millimètres près, à condition toutefois que la dimension des côtés du polygone, réduite à l'échelle, ne dépasse pas la demi-longueur de l'aiguille, c'est-à-dire 30^{mm} environ. On pourra donc toujours opérer avec une exactitude suffisante, à l'échelle de $\frac{1}{10000}$ sur des distances qui ne dépasseront pas 300 mètres;

de $\frac{1}{20000}$ —   —   600 mètres;

de $\frac{1}{40000}$ —   —   1,200 mètres.

En outre, l'instrument offre le moyen de mesurer dans le plan vertical les angles d'ascension et de dépression, et permet, par conséquent, d'appliquer au nivellement le principe de la recherche des différences de niveau expliqué au paragraphe 191 (1).

Levé basé sur l'amplification d'une carte à petite échelle.

196. On a toujours intérêt à utiliser comme base des levés irréguliers, toutes les cartes à petite échelle que l'on a à sa disposition ou que l'on peut se procurer dans le pays. L'amplification de ces documents fournit en effet les éléments d'un canevas sur lequel on n'a plus qu'à appuyer les opérations de détail.

Les cartes à une échelle plus petite que le $\frac{1}{500000}$ n'indiquent guère que la position relative des villes ou centres de population importants; les routes qui les relient y sont figurées d'une manière peu précise, souvent même par un trait en ligne droite, espèce de signe conventionnel qui signifie tout simplement qu'une voie de communication de tel ou tel ordre réunit les deux localités extrêmes. Les diverses sinuosités des cours d'eau n'y sont qu'imparfaitement représentées, et le figuré du terrain y a été tellement simplifié, qu'il est impossible d'en reconnaître les formes.

On n'utilise les cartes de cette espèce qu'à défaut d'autres, et lorsque le levé irrégulier doit avoir une grande étendue. Les points principaux sont reportés par

---

(1) La Boussole-alidade de M. le capitaine Peigné se trouve chez M. Ladois, constructeur d'instruments de précision, 28, rue Mazarine, à Paris. Elle est accompagnée d'une instruction explicative.

amplification sur la feuille du levé, suivant la méthode
indiquée au § 152, et on les considère comme les sommets de triangles, dont l'ensemble constituera le canevas
qui a fait l'objet du § 177. Dans l'intérieur de chaque
triangle on déterminera par recoupement à la boussole,
au moyen de deux de ces sommets dont la distance ne
devra pas être trop grande, une ou plusieurs stations
qui seront les points de départ de cheminements. Ces
cheminements devront aboutir autant que possible à des
sommets dont la position est connue et qui serviront à
vérifier les opérations; on évitera ainsi la propagation
des erreurs.

Prise comme base d'un levé irrégulier, l'amplification
d'une carte dont l'échelle est inférieure à $\frac{1}{500000}$, n'offre
que peu d'avantages au point de vue de l'exactitude et
de la rapidité d'exécution; aussi·lui préfère-t-on avec
raison la méthode des polygones, surtout si l'on n'opère
pas sur de grandes surfaces. Mais si la carte dont on
dispose est à une échelle plus grande que le $\frac{1}{500000}$, si
elle indique, non-seulement les lieux habités de l'importance d'un chef-lieu de commune, mais encore les
routes et les chemins de grande communication avec
leurs inflexions principales, les cours d'eau et leurs
sinuosités, enfin les accidents les plus remarquables du
terrain, il y a toujours économie de temps et de travail
à se servir de l'amplification pour y encadrer tous les
détails qui n'ont pu trouver place sur l'original à petite
échelle. Mais cet original, ou plutôt cette carte qui sert
de base, a été probablement réduite elle-même d'une
carte à grande échelle, et il ne faut pas perdre de vue que

les simplifications qui résultent forcément de la réduction antérieure se trouvent exactement reproduites dans l'amplification (§ 152, p. 164 et fig. 12 et 13).

Un levé basé sur l'amplification d'une carte comprendra donc deux espèces d'opérations : les unes auront pour but la rectification des lignes de la planimétrie déformées par la réduction primitive ; les autres auront pour objet le placement de tous les détails qui ne figurent pas sur l'amplification. Ces opérations se feront simultanément.

Sur une carte à petite échelle il existe des points de la planimétrie que l'on peut presque toujours considérer comme exactement placés : ce sont les points qui, dans la réduction primitive, ont servi de base au dessin des détails, ceux où viennent se rencontrer les lignes principales du terrain, les carrefours où se croisent deux grandes voies de communication, les passages remarquables des cours d'eau. Les rectifications ne porteront donc que sur les portions de lignes comprises entre deux points de cette espèce. Ces points serviront particulièrement pour déterminer par intersection les détails situés en dehors des directions de cheminement. En un mot, on complétera le levé en employant les méthodes précédemment indiquées, et en général tous les moyens en rapport avec la configuration des lieux, avec le degré de confiance que l'on a dans l'exactitude du document qui sert de base et avec l'instrument dont on dispose.

Si la carte que l'on a amplifiée porte des méridiens, on tracera sur le levé la direction du nord géographique et l'on s'en servira pour régler le déclinatoire.

Il est évident que les opérations se simplificront d'autant plus que l'échelle de la carte qui sert de base se rapprochera davantage de celle du levé, laquelle, ainsi que nous l'avons dit, est ordinairement le $\frac{1}{20000}$. Quand la différence entre les deux échelles sera peu considérable, on pourra même supprimer le déclinatoire et faire à vue les corrections et additions nécessaires.

Correction des cartes.

197. Malgré les soins que les divers Etats de l'Europe apportent à la révision de leurs cartes officielles, il est difficile que ces cartes soient constamment tenues au courant. Chaque année ce sont des constructions nouvelles qui s'élèvent, d'autres qui disparaissent, des bois que l'on défriche, des parties du sol que l'on reboise, des routes que l'on rectifie, des chemins que l'on crée pour satisfaire à de nouveaux besoins ; on ajoute un tronçon à un réseau de voies ferrées, on endigue un cours d'eau, on dessèche un étang, un marais.

Pendant le temps qui s'écoule entre l'exécution d'une carte sur le terrain et le moment où elle est livrée à la publicité, durant le temps plus ou moins long nécessaire pour les corrections d'une carte déjà gravée, de nouvelles modifications surviennent, et il est rare, sinon impossible, qu'à un moment donné, la carte soit l'expression fidèle de la réalité.

En campagne cependant, il est de la plus haute importance de posséder l'image exacte du terrain qui doit servir aux opérations militaires. Quelque grande que

soit l'échelle de la carte dont on dispose, quelque détaillée qu'elle soit, il est donc toujours indispensable
de la vérifier, de la corriger et de la compléter s'il y a
lieu.

Les opérations auxquelles donne lieu la correction des
cartes ont beaucoup d'analogie avec celles qui ont pour
but l'exécution d'un levé irrégulier basé sur une amplification (196).

On peut faire les rectifications et les additions sur la
carte elle-même, mais il est plus avantageux de les
porter sur une amplification au double obtenue par la
photographie. C'est du moins ainsi que l'on procède pour
la révision de la carte de France à $\frac{1}{80000}$ et pour l'exécution des cartes d'environs de garnison à $\frac{1}{20000}$ (1). Les
corrections sont faites, dans le premier cas, sur des amplifications à l'échelle de $\frac{1}{40000}$ des feuilles gravées; dans
le deuxième cas, sur des agrandissements à $\frac{1}{20000}$ des minutes du dépôt de la guerre à $\frac{1}{40000}$.

Suivant l'usage généralement adopté, tous les traits
ajoutés à une carte pour en corriger et en compléter la
planimétrie s'indiquent à l'encre rouge ou au carmin.
Les traits qui ont été modifiés et qui doivent disparaître
sont recouverts d'une bande étroite de couleur jaune. On
recouvre également d'une teinte jaune les portions de

---

(1) L'exécution de ces cartes à $\frac{1}{20000}$ est confiée, conformément aux
instructions ministérielles, aux officiers des corps de troupe de chaque
garnison. Elles doivent comprendre tout le terrain sur lequel peuvent se
porter les exercices de détail et les manœuvres d'ensemble : elles seront
établies successivement pour toutes les villes de garnison, au fur et à
mesure de la production par l'atelier photographique du Dépôt de la guerre
des épreuves photographiées qui doivent leur servir de base.

terrain déboisées, les constructions qui ont disparu, les étangs ou les marais rendus à l'agriculture.

Les corrections de cartes se font ordinairement à vue, sans instruments. On place aisément, au moyen de mesures au pas prises sur les routes, chemins et autres lignes de la planimétrie déjà tracées sur la carte, les points d'origine, d'intersection et d'arrivée des voies de communication récemment construites. L'emplacement des constructions nouvelles élevées sur les bords d'une route ou d'un chemin se détermine avec la même facilité. On fixe la position des maisons isolées et autres détails destinés à compléter la carte, au moyen d'ordonnées perpendiculaires aux chemins les plus rapprochés.

Quant aux formes du terrain, il n'y a pas lieu de leur faire subir de modification, puisque ces formes sont invariables et qu'on doit admettre que la carte les a rendues avec exactitude. Cependant on pourra accuser avec vigueur des escarpements qui se trouveraient perdus sous les hachures; accentuer des pentes qui paraîtraient trop douces; modifier, s'il est utile, la forme d'une crête, d'un sommet; enfin, placer des ravins oubliés qui auraient quelque importance en raison du but particulier que l'on se propose.

Levés par renseignements (1).

198. Lorsqu'on ne possède aucune carte du pays dans

---

(1) Les levés par renseignements ne sont pas mentionnés dans l'instruction ministérielle du 30 septembre 1874, mais ils font partie du programme arrêté par décision du 14 février de la même année pour les engagés conditionnels de 2ᵉ année (cavalerie).

lequel on peut être appelé à opérer et qu'on se trouve dans l'impossibilité de le parcourir, soit à cause de la proximité de l'ennemi, soit pour toute autre raison, le seul moyen d'acquérir sur le terrain les notions nécessaires pour le représenter par le dessin, consiste à prendre auprès des habitants de la région voisine, auprès des voyageurs, auprès des espions, des renseignements qui permettront ensuite de placer sur le papier, à leur distance relative, les centres de population les plus importants, de tracer approximativement les voies de communication qui les réunissent, les cours d'eau qui les arrosent, et d'intercaler entre ces lignes principales tous les détails compris dans l'espace qu'elles circonscrivent.

Le commandant d'une avant-garde, un officier de cavalerie chargé d'un service d'exploration en avant du front d'opérations d'une armée, se trouveront souvent dans l'obligation de recourir à ce procédé avant de s'engager dans une région pour laquelle ils ne possèdent aucun document topographique.

La prompte exécution et l'exactitude relative des levés de ce genre dépendent principalement de l'ordre dans lequel on prend les renseignements et de la manière de les disposer sur le papier.

Un officier instruit par l'expérience, rompu à toutes les méthodes de levé, et ayant une grande habitude du terrain, peut arriver à traduire immédiatement par le dessin les réponses aux questions qu'il adresse, mais il s'expose quelquefois à de graves mécomptes. Il atteindrait le but plus sûrement, sinon plus rapidement, en prenant d'abord note exacte des informations recueillies à des sources différentes et en réunissant ensemble celles qui sont de même nature ou qui concernent le même objet, afin de pouvoir facilement les contrôler les unes par les autres. Ce n'est qu'après avoir épuisé tous les sujets de question, après avoir constaté l'exactitude de certaines indications et la fausseté ou le manque de précision de quelques autres, qu'on fait un classement méthodique, un choix raisonné de celles qui paraissent dignes de confiance. On crayonne alors une ébauche rapide du terrain basée sur ces renseignements, mais sans s'astreindre à mettre exactement chaque détail à la place qu'il doit occuper; ce n'est que plus tard, lorsqu'on sera bien fixé sur l'ensemble du travail, qu'on régularisera le dessin et qu'on le construira à l'échelle déterminée.

Ordinairement les habitants de la campagne évaluent les distances par le temps qu'ils emploient à les franchir. Dans quelques pays de l'Allemagne, l'espace parcouru en une heure est même devenu une mesure de distance quasi officielle, à laquelle on donne le nom de *Weg-Stunde*, heure de marche, ou simplement *Stunde*, dont le sens restreint est heure, mais qui par extension signifie aussi lieue. Les distances seront donc évaluées généralement en heures de marche d'une valeur comprise entre 4500 et 5500 mètres, suivant la nature du pays et les difficultés de parcours qu'il présente; et, afin de pouvoir les porter sur le papier sans avoir besoin de les transformer en mètres, on construira une échelle particulière dont l'unité, égale à une heure de marche de la longueur fixée pour la région dont on s'occupe, sera divisée en quatre parties de 15 minutes ou un quart d'heure chacune.

Les levés par renseignements se font nécessairement à une petite échelle. Les indications sont souvent trop vagues et trop peu précises pour servir de base au placement des détails infimes de la planimétrie; on est donc obligé de supprimer ces détails. En outre l'évaluation des distances en heures de marche est sujette à des erreurs qui seraient trop sensibles sur un levé à grande échelle. Ces erreurs sont de deux espèces : les unes proviennent de la difficulté d'estimer le temps à moins de 10 ou 15 minutes près, ce qui produit dans l'appréciation de l'espace parcouru une différence en plus ou en moins de 800 à 1400 mètres environ; les autres ont pour cause l'excès de longueur du chemin parcouru sur la distance horizontale qui sépare ses deux extrémités.

La première cause d'erreur peut être considérablement atténuée par le soin rigoureux avec lequel on contrôlera les renseignements. Quant à la seconde, on la corrige en la soumettant à la règle empirique suivante : L'excès de longueur d'un chemin sinueux parcouru en pays montueux ou montagneux, est égal au $\frac{1}{4}$ ou au $\frac{1}{3}$ de la distance horizontale qui existe entre le point de départ et le point d'arrivée. En conséquence de ce principe, lorsqu'on veut avoir la distance horizontale ou en ligne droite de deux points, il faut diminuer de $\frac{1}{5}$ ou $\frac{1}{4}$ la distance effective qui sépare ces deux points en suivant les chemins ordinaires.

D'un autre côté, il n'est guère possible d'évaluer le temps que met un homme à parcourir en une seule traite une distance de 20 à 25 kilomètres, à moins d'une demi-heure de marche près, correspondant à 1500 ou 2000 mètres. A l'échelle de $\frac{1}{100000}$ 2000 mètres sont représentés par 2 centimètres (6); cette erreur graphique est un maximum que l'on ne doit pas dépasser; il paraît donc convenable d'adopter l'échelle de $\frac{1}{100000}$ pour les levés par renseignements.

Pour traduire graphiquement les informations diverses que l'on a recueillies relativement à la planimétrie, on établit d'abord une sorte de canevas (177) formé d'une série de triangles dont les sommets sont constitués par les localités les plus importantes et les côtés par les distances horizontales qui séparent ces sommets, évaluées suivant les règles indiquées ci-dessus. On construit le premier de ces triangles, celui qui s'appuie sur le point de départ, en prenant pour base un des côtés qui vient y aboutir réduit à l'échelle, et on détermine la position du troisième sommet de ce triangle par deux arcs de cercle dont les rayons sont respectivement égaux aux deux autres côtés. On trace les voies de communication qui vont de l'un à l'autre sommet en indiquant leurs diverses sinuosités, ainsi qu'il résulte des renseignements obtenus; on place sur le parcours de ces voies les objets remarquables qui s'y trouvent, maisons, ponts, défilés, carrefours, embranchements de chemin, entrée et sortie des bois, etc., d'après leurs distances à l'un des trois sommets déterminés; enfin on encadre dans l'intérieur du triangle tous les détails sur lesquels on possède des indications précises.

Le premier triangle étant construit, on opère de la même manière pour les triangles voisins qui s'appuient sur un de ses côtés et on continue ainsi de proche en proche jusqu'aux limites de la région qui fait l'objet du levé.

Le nivellement présente ordinairement plus de difficultés que la planimétrie; cependant on parviendra à s'en faire une idée assez précise et à rendre d'une manière générale le figuré des formes du terrain, si l'on a des renseignements suffisants sur le système des eaux courantes, sur le sens dans lequel elles s'écoulent, sur leur rapidité, leur encaissement, sur l'emplacement des sommets et des cols, sur la direction des grandes crêtes et des lignes de séparation. Quant à la hauteur des montagnes, on la déterminera approximativement par le temps que les habitants emploient à en gravir les pentes de la base au sommet, à raison de 100 mètres d'élévation pour un quart d'heure de marche, pourvu toutefois que l'inclinaison soit supérieure à 25 ou 30 p. 100 (§ 191, p. 263).

Les levés par renseignements sont singulièrement facilités lorsqu'on dispose d'une carte à échelle plus petite que $\frac{1}{100000}$, car cette carte fournit par l'amplification, un canevas qui assure la position de tous les détails qu'il faut y intercaler.

On ne doit pas chercher à compléter par des efforts d'imagination, les parties du dessin restées vides faute de renseignements suffisants. Il vaut mieux rester vague et indécis que risquer de compromettre le succès d'une opération par des indications dont on n'est pas parfaitement sûr.

Levés de mémoire.

199. Ainsi que leur nom l'indique, les levés de mémoire ont pour but l'exécution de la planimétrie et le figuré du terrain sans autres renseignements que les souvenirs laissés dans l'esprit par l'aspect d'une portion de pays parcourue à cheval aux allures rapides.

Ils n'embrassent jamais qu'une étendue de terrain très-limitée; ils portent généralement sur les points douteux d'une carte, points qui seraient en désaccord avec des indications recueillies dans le pays.

On est à proximité de l'ennemi; il est impossible de passer par les opérations suivies qu'exige un levé, même irrégulier; mais il importe qu'on soit exactement renseigné sur une position à occuper, sur l'état d'une route et de ses abords, sur un sentier qui tourne la position de l'ennemi, sur la nature d'un bois, sur certains obstacles du terrain, sur un point destiné à appuyer une manœuvre ou une disposition de troupes, sur un passage à gué, etc.... L'officier envoyé sur les lieux doit éviter surtout d'attirer l'attention du parti opposé; sa mission consiste à voir et à rapporter le plus promptement possible le renseignement demandé. Avant de partir, il étudiera avec soin la carte, car il n'aura pas même le loisir de la déplier et de la consulter sur le terrain. Il calculera, par la distance qui le sépare du point sur lequel doivent porter ses investigations, le temps qu'il lui faudra pour y arriver; il reconnaîtra les chemins qui y conduisent, ceux par lesquels il pourrait revenir si les premiers lui étaient coupés; enfin il fixera surtout dans sa mémoire la disposition des lieux qui devront être de sa part l'objet d'un examen particulier; puis, il se rendra au point désigné, contrôlera de ses yeux les renseignements fournis par la carte, rattachera par leurs distances les objets qu'elle n'indiquerait pas à d'autres objets qu'elle représente, et s'efforcera de retenir les nombres qui expriment ces distances s'il n'a pas même le temps de les inscrire sur son carnet. Revenu à son point de départ, il lui suffira de quelques coups de crayon pour traduire ses souvenirs sur le papier et faire à la carte les corrections qu'elle nécessite.

Une mémoire locale exercée est indispensable pour l'exécution d'une opération de cette nature. La pratique des levés topographiques et l'expérience du terrain contribuent puissamment à développer cette précieuse qualité.

Croquis topographiques.

200. On entend par croquis topographique une simple esquisse de la planimétrie et des formes du terrain, crayonnée rapidement à vue sur la feuille d'un carnet, sans l'aide d'aucun instrument.

Les levés de ce genre n'ont généralement qu'une très-médiocre étendue; ils s'appliquent surtout aux environs d'une petite position; ils représentent les abris et obstacles qu'on peut utiliser pour la défense et ceux dont l'ennemi peut tirer parti pour l'attaque. Dans ce cas ils ne s'étendent autour de la position occupée que dans un rayon égal à la portée des armes à feu portatives.

Ils servent encore à déterminer la situation des grand'-gardes, des petits postes et des sentinelles en avant d'un

campement ou d'un bivouac; ils indiquent non-seulement les chemins à suivre pour se rendre aux avant-
postes, mais ceux qui sont parallèles au front de la position et qui peuvent être parcourus par les patrouilles
et par les rondes.

En général, les croquis topographiques s'exécutent à
une échelle assez grande pour que tous les détails qu'ils
exigent y trouvent place; souvent même on ne s'astreint
pas à les dessiner tout d'abord à une échelle fixée; on
trace à vue les directions principales, en proportionnant
à peu près leurs longueurs à celles du terrain, et on
inscrit sur le dessin les nombres qui expriment les distances, mesurées au pas ou évaluées à vue, entre les objets les plus importants situés sur ces directions. Plus
tard, lorsqu'on en a le temps, on met au net ces croquis
cotés en les réduisant exactement à l'échelle. Ce procédé
n'est praticable que pour une étendue de terrain très-
restreinte et quand on peut, d'un point élevé, en embrasser l'ensemble d'un seul coup d'œil; mais si les
dimensions du levé sont assez grandes, si le pays est
couvert, coupé, accidenté, il faut opérer comme pour les
levés à vue sans instruments (192), par la méthode du
cheminement, en utilisant toutes les fois qu'on le peut
le procédé des alignements qui fournit d'excellents résultats. On place à vue la plupart des détails qui sont en
dehors des lignes de cheminement.

S'il s'agit de représenter seulement les environs d'un
petit poste, on se contente de cheminer sur des directions
rayonnant autour du point central, jusqu'à la limite que
l'on s'est assignée, et on trace à vue les lignes qui vont

d'une direction à l'autre. Ce mode de rayonnement sera encore employé avec avantage si l'on veut faire le croquis d'un bois dont on occupe une clairière centrale avec le gros de la troupe chargée de le défendre, ou celui d'un village dont les habitations sont groupées autour d'une place où viennent aboutir plusieurs voies de communication.

On représente les formes du terrain sur les croquis topographiques comme on le fait, en général, pour tous les levés irréguliers (191), c'est-à-dire par des courbes horizontales approximatives; cependant, si le levé est de très-petite étendue et si les pentes sont très-douces, il paraît préférable d'employer des hachures.

Les croquis topographiques n'ont d'utilité que lorsqu'on ne dispose pas d'une carte du terrain suffisamment détaillée, ou lorsque l'échelle de celle que l'on possède est trop petite pour qu'on puisse la compléter sans avoir recours à une amplification. Dans tous les cas, on aura toujours avantage à baser un croquis sur un canevas extrait d'une carte.

Itinéraires.

201. Les itinéraires sont des levés irréguliers exécutés sur une route qui relie deux points déterminés; ils représentent cette route ainsi que ses abords, jusqu'à une distance qui varie suivant le caractère du pays et la proximité de l'ennemi.

Ils ont principalement pour but de renseigner le commandant d'une colonne en marche ou le chef d'un convoi sur la nature de la route et son état d'entretien, sur les divers accidents du terrain qu'elle parcourt, montées, pentes d'enrayage, ponts, défilés, passages difficiles ou dangereux, sur les localités qu'elle traverse et les avantages ou les inconvénients qu'offrent ces localités pour l'attaque comme pour la défense; enfin, sur les ressources que présente le pays pour la subsistance, les moyens de transport et le cantonnement des troupes.

Un itinéraire comprend deux parties distinctes qui se complètent l'une par l'autre, savoir :

1° Un levé;

2° Un tableau faisant connaître, sous la forme la plus simple possible, tous les renseignements que le dessin ne peut exprimer.

Levés d'itinéraire.

Les levés d'itinéraire s'exécutent à toutes les échelles comprises entre $\frac{1}{10000}$ et $\frac{1}{50000}$, mais le plus ordinairement à $\frac{1}{20000}$. Dans les parties de l'Algérie sur lesquelles on ne possède aucun document topographique, les itinéraires des colonnes sont cependant dessinés souvent à une échelle beaucoup plus petite, à $\frac{1}{100000}$ et même à $\frac{1}{200000}$.

Toutes les fois qu'on le peut, on détermine, par l'amplification d'une carte à petite échelle, ou au moyen de renseignements recueillis dans le pays, la position des points extrêmes et la direction générale de la route suivie par l'itinéraire.

Les limites auxquelles doit s'arrêter le levé de chaque côté de l'itinéraire sont variables. En terrain montueux, accidenté ou couvert, les surprises sont plus à craindre que dans les pays plats et découverts où le regard peut se porter au loin dans la campagne : les groupes et les hommes isolés chargés d'éclairer les flancs des colonnes ou des convois en marche se tiendront, dans le premier cas, plus éloignés de la route que dans le second. Il est indispensable que le dessin représente toute la zone sur laquelle doit s'étendre leur surveillance; la largeur de cette zone peut être évaluée, en moyenne, à 2 ou 3 kilomètres de chaque côté de l'itinéraire en pays de montagne, et à 1 kilomètre, souvent même moins, en pays de plaine; elle augmentera ou diminuera suivant que l'ennemi sera plus ou moins rapproché.

Les opérations diverses décrites au § 189 pour lever les quatre premiers côtés du polygone de cheminement (*fig.* 26) de A à Z s'appliqueraient exactement à un itinéraire compris entre ces deux points; il est donc inutile de nous étendre plus longuement sur ce sujet.

On emploie le déclinatoire fixé au carton et l'alidade triangulaire, ou mieux encore la boussole-alidade; à défaut d'instruments, on lève à vue. Dans tous les cas, on trace arbitrairement la direction de la première portion de l'itinéraire de manière qu'il soit contenu tout entier sur la feuille du levé. C'est sur cette première direction qu'on règle le déclinatoire.

Le nivellement et le figuré des formes du terrain sont exécutés conformément aux principes exposés § 191.

Sur un des côtés de la feuille du levé, on construit, quand on en a le temps, un profil en long suivant l'axe même de la route que l'on suppose en ligne droite; on y indique avec soin les montées d'un accès difficile aux voitures et les pentes d'enrayage, par le rapport de la

Itinéraire de Hornberg à Altweiler.

Distance totale : 25 kilomètres.   Direction générale de l'est à l'ouest.

DISTANCES MÉTRIQUES.	NOMS DES LOCALITÉS.	DESCRIPTION DE LA ROUTE ET DES LOCALITÉS.	RESSOURCES.	CONSIDÉRATIONS MILITAIRES.
kil. m.				
	Hornberg. Point de départ : Eglise.	Petite ville ouverte (3560 h.). Maisons solidement construites, moellons et briques, toits d'ardoises. — Rues pavées, étroites et irrégulières dans la vieille ville qui forme l'agglomération principale. — Halle aux blés couverte. — Prison. Couvent abandonné pouvant servir de caserne pour 1500 hommes d'infanterie.	Ressources en tous genres pour l'alimentation. — Fourrages abondants dans les prairies voisines, — 25 voitures à 2 colliers. — Fabrique de couvertures.	Centre important de cantonnements. — Mise en état de défense facile. — Nécessité d'occuper les hauteurs qui dominent la ville de 50 mètres environ à 1500 mètres à l'ouest.
		Route de 1re classe, largeur 12 mètres.		
500	Sortie de la ville.	Murs de jardins entrecoupés de haies vives, à droite et à gauche.		
800	*Le Tiefbach.*	Ruisseau. — Pont de pierre à deux arches, parapets en bois, 6m entre trottoirs. — Rives plates et marécageuses.	Eau en toutes saisons.	La route et le pont sont complétement dominés par les collines de la rive droite. L'occupation de ces collines rend maître du passage.
850	Embranchement.	A droite, chemin de grande communication bien entretenu, 6m de largeur, conduisant au village de Erzheim (2 kil.), disséminé sur les bords du Tiefbach qu'on y traverse sur un pont de bois. Dégagements faciles à droite ou à gauche.		
1 050	Auberge.	A gauche. 1 bâtiment d'habitation, 2 d'exploitation, écurie pour 15 chevaux. La route s'élève avec une pente légère. — Elle est bordée d'arbres et de fossés peu profonds.	2 chariots à 2 colliers. — 4 chevaux. — Un puits. — Environ 800 rations de fourrages.	
1 690	Déblai.	Route en déblai de 3 ou 4 mètres de profondeur. Dégagements impossibles.		
1 730	Embranchement.	A gauche, chemin d'exploitation en terrain naturel conduisant au bois de Laubholz (2 kilom.) en suivant la crête des hauteurs.	. . . .	Le bois de Laubholz, taillis sous futaie, doit être occupé pour couvrir la marche des colonnes.
1 880	Patte d'oie.	La route se bifurque. La route de gauche (2e cl., 8m de largeur) conduit à Ollingen, village de 4050 hab. (4500 mètres). Plateau découvert jusqu'à 3 ou 4 kilomètres de chaque côté. Vues plongeantes à droite sur la vallée du Tiefbach.	. . . .	La route est dominée à 800 mètres à gauche par un petit sommet boisé, bon à occuper pour couvrir la marche.
2 460	Carrefour.	A droite, chemin agricole, bon, 4m, conduit à Erzheim. A droite, avenue plantée d'arbres conduit au château de Neubourg (500m). A gauche, chemin de petite communication, mal entretenu, conduit au hameau de Pressfeld (260 habitants).	. . . .	Bon campement à cheval sur la route, 3000 mètres d'étendue, 1000 mètres de profondeur. Le château de Neubourg, à occuper pour couvrir la marche.
25 000	Etc., etc. *Altweiler.*	Etc., etc.		

hauteur à la base; on y dessine les ponts ou ponceaux que traverse l'itinéraire, les maisons, les arbres, les talus en déblai ou en remblai qui le bordent de chaque côté; on y ajoute enfin quelques profils perpendiculaires à la direction même de la route, surtout aux points où elle est fortement encaissée, et dans les parties où elle forme un défilé à flancs inaccessibles.

Lorsque le dessin est terminé, on trace sur un des côtés une flèche indiquant la direction du nord, et une échelle métrique.

Tableau d'itinéraire.

Les renseignements écrits qui accompagnent les levés d'itinéraire sont contenus dans des tableaux à plusieurs colonnes, d'une forme particulière, qui permettent de retrouver rapidement les indications dont peut avoir besoin le commandant d'une colonne ou d'un convoi en marche.

Le modèle qui précède (p. 298-299), établi suivant les règles adoptées au dépôt de la guerre, se recommande surtout par sa simplicité.

Le terrain auquel il s'applique est purement imaginaire. On a eu seulement pour but de faire entrer dans un même tableau la plupart des cas qui se présentent, avec l'indication des observations auxquelles ils peuvent donner lieu (1).

---

(1) Cet itinéraire a été rédigé conformément aux instructions verbales développées par M. le général Lewal dans des conférences faites au Dépôt de la guerre au commencement de l'année 1868.

VIe PARTIE.

Reconnaissances.

202. L'ordonnance du 3 mai 1832 sur le service des armées en campagne définit ainsi les reconnaissances : « Tout mouvement de troupes ayant pour objet de « découvrir ou de vérifier un ou plusieurs points relatifs « à la position, aux mouvements de l'ennemi ou à la « topographie du théâtre de la guerre. »

Il ne sera question ici que des reconnaissances topographiques, de celles qui rentrent dans les deux premières catégories des reconnaissances spéciales, et dont le but est indiqué au § 110 de l'ordonnance. Les autres sont du domaine de l'art militaire.

Le règlement fait entrer les opérations de ce genre dans les attributions exclusives des officiers d'état-major. Cependant les reconnaissances sont destinées surtout à renseigner le commandement sur le terrain situé en avant du front d'une armée; or, dans nos guerres actuelles, la cavalerie paraît appelée à explorer le pays souvent à une ou deux journées de marche des têtes de colonnes; c'est donc à elle surtout qu'on demandera ces renseignements variés dont la connaissance est si précieuse pour éviter les surprises et assurer le succès des opérations, renseignements sans lesquels une armée marche pour ainsi dire à l'aventure.

D'un autre côté, les petites opérations de la guerre, (conduite d'un détachement à portée de l'ennemi, escorte d'un convoi, attaque ou défense d'un poste, choix d'une embuscade, passage d'un pont ou d'un gué, etc...), nécessitent, de la part des officiers qui peuvent être chargés de leur exécution, une étude préalable de la portion de terrain sur laquelle ils doivent agir, des localités qu'ils sont appelés à traverser, à occuper ou à défendre.

Cette étude préalable faite sur le terrain est une reconnaissance.

Les officiers de toutes armes peuvent recevoir des missions de ce genre; tous doivent donc être préparés à l'avance aux exigences qu'elles comportent.

Les cartes topographiques fournissent des renseignements sur la configuration générale d'un pays au point de vue des formes et du relief du terrain, du système des eaux courantes, du réseau des voies de communication, de la situation relative des lieux habités et même des productions principales du sol. Elles indiquent immédiatement, aux regards d'un lecteur suffisamment exercé, si le terrain est montueux, coupé, couvert, découvert, accidenté; elles lui montrent les obstacles qui pourront arrêter la marche des troupes ou s'opposer à leur développement sur une position déterminée, les points d'appui ou de résistance que l'on pourra utiliser pendant le combat; mais l'importance de ces obstacles, la valeur de ces points d'appui, restent inconnues. Un chemin conduit à un point fort du terrain, cet autre permet d'éviter un passage dangereux : mais ces chemins sont-ils praticables à l'artillerie? Peut-on y engager des voitures? Tel village, dont la carte montre les habitations étroitement agglomérées, paraît propre à être organisé défensivement; mais quelle est la nature de ses constructions? Sont-elles en état de résister à quelques obus et de protéger suffisamment les défenseurs? Cette ferme isolée, qui peut servir de réduit à un poste attaqué, permet-elle la résistance? La carte ne lui donne pas plus d'importance qu'à cette masure qui l'avoisine. Ces bois sont-ils fourrés ou clairs? Sont-ce des futaies ou des taillis? Ces haies peuvent-elles dissimuler la présence des tirailleurs?

Les cartes ne répondent pas à toutes ces questions ni à bien d'autres encore. Celles qui sont levées aux plus grandes échelles, les plus détaillées par conséquent, sont impuissantes à rendre ces mille détails du terrain dont l'importance est cependant si grande à la guerre. Un long fossé d'un mètre à peine de profondeur suffit pour abriter une ligne de tirailleurs accroupis; un petit escarpement de 2 à 3^m de haut sur une pente dont la surface est unie partout ailleurs, permet à une troupe qui attaque une hauteur de se rallier à l'abri des projectiles ennemis; les légères dépressions au fond desquelles on trouve les ravines qui sillonnent les flancs d'une hauteur sont les chemins naturels des colonnes d'assaut. Ces fossés, ces escarpements, ces dépressions d'une si mince valeur, ne figurent pas sur la plupart des cartes.

Les cartes sont donc presque toujours insuffisantes. On les complète par des reconnaissances.

Les reconnaissances exigent, outre le levé irrégulier ou à vue du terrain ou des localités qui en sont l'objet, un mémoire dans lequel on se borne à décrire tout ce que la carte ne peut exprimer.

L'instruction du 30 septembre 1874 indique d'une manière suffisante les points sur lesquels doit se porter de préférence l'attention d'un officier chargé d'une reconnaissance topographique; cette partie du programme ministériel ne paraît donc nécessiter aucun développement, surtout après les nombreuses définitions qui ont été données dans la 2ᵉ partie de cet ouvrage sous le titre : *Lecture des cartes et connaissance du terrain.*

L'ordre dans lequel le mémoire descriptif doit présenter les renseignements n'est pas arbitraire. On décrira d'abord, en l'envisageant dans son ensemble, le terrain qui fait l'objet de la reconnaissance; on indiquera ses relations de position, de hauteur, de commandement avec les lieux qui l'avoisinent. On divisera, s'il est nécessaire, l'ensemble du terrain en plusieurs parties bien distinctes que l'on analysera séparément; puis on examinera dans chaque partie les détails qui lui correspondent, en les reliant les uns aux autres par des considérations en rapport avec le sujet particulier que l'on est appelé à traiter.

La rédaction doit être simple, claire et concise; l'expression correcte ; le terme précis.

« Rien n'est plus dangereux à la guerre que l'emploi
« des expressions mal définies et qui peuvent offrir à
« l'officier général un autre sens que celui qu'y attache
« l'officier chargé de reconnaître le pays. »

Discours sur le langage topographique, par le général Vallongue (Mémorial du Dépôt de la guerre, t. II, p. 156).

L'officier envoyé en reconnaissance doit être rompu au langage topographique; il faut qu'il sache désigner exactement par le mot qui lui est propre, chacun des objets qu'il aura l'occasion de mentionner dans son rapport (1). Il ne perdra pas de vue que l'objet de sa mission est seulement de rapporter des renseignements, et qu'il n'appartient qu'au général d'en tirer des conséquences; il s'abstiendra donc, dans son mémoire écrit, de toute appréciation sur la mise en œuvre des matériaux qu'il a recueillis, prêt à répondre d'ailleurs à toutes les questions que le chef auquel il rend compte pourrait lui adresser sur la manière dont il croirait devoir diriger lui-même l'opération, s'il en avait la responsabilité.

FIN.

____

(1) V. Bulletin de la Réunion des officiers, n° 13, 29 mars 1873, p. 305 : *De l'utilité d'un vocabulaire topographique.*

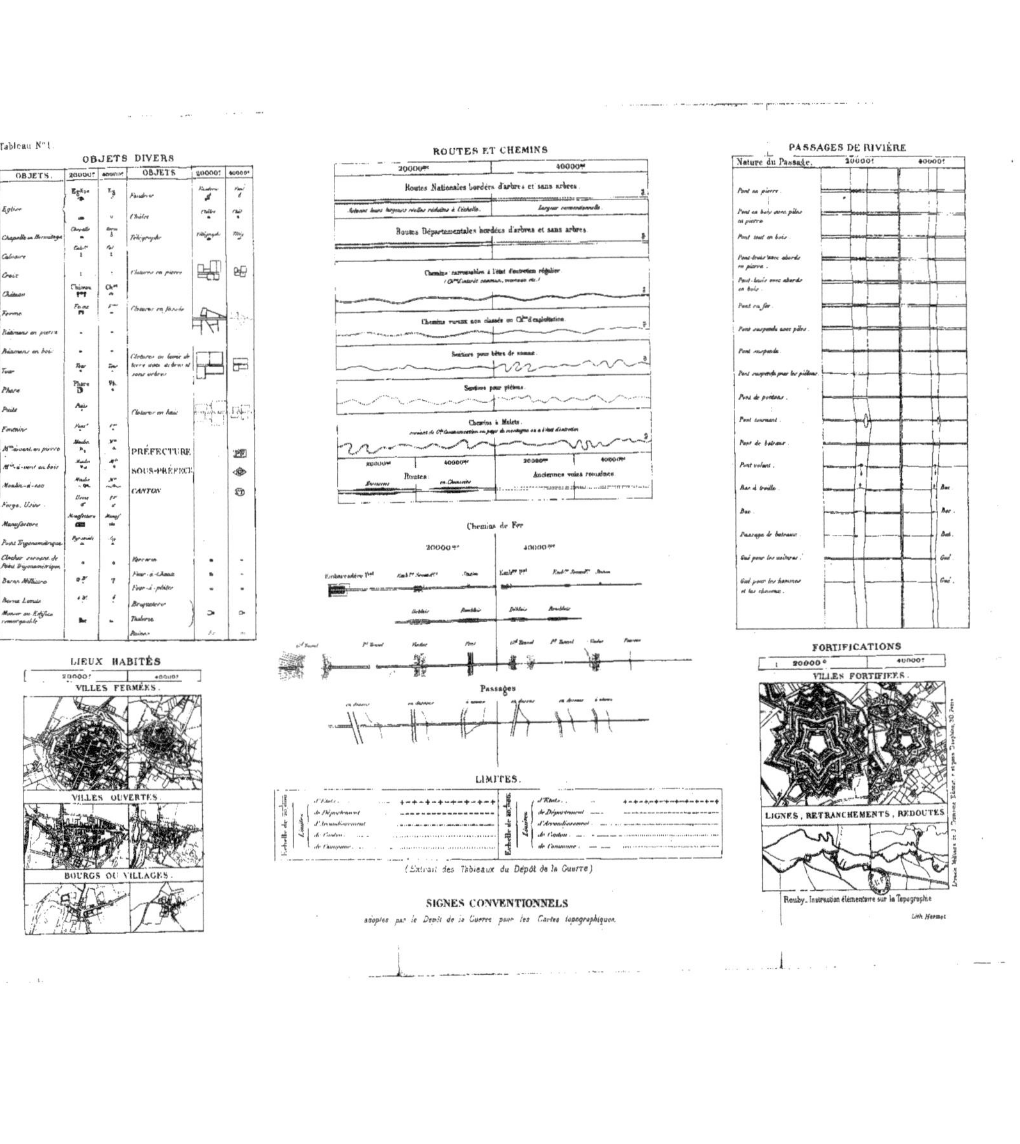

Tableau N° 1.
OBJETS DIVERS
ROUTES ET CHEMINS
PASSAGES DE RIVIÈRE
Nature du Passage.
Routes Nationales bordées d'arbres et sans arbres.
Routes Départementales bordées d'arbres et sans arbres.
Chemins carrossables à l'état d'entretien régulier.
Chemins ruraux non classés ou Ch d'exploitation.
Sentiers pour bêtes de somme.
Sentiers pour piétons.
Chemins à Mulets.
Routes   en Chaussée   Anciennes voies romaines.
Chemins de Fer
Passages
LIMITES.
LIEUX HABITÉS
VILLES FERMÉES.
VILLES OUVERTES.
BOURGS OU VILLAGES.
FORTIFICATIONS
VILLES FORTIFIÉES.
LIGNES, RETRANCHEMENTS, REDOUTES.
PRÉFECTURE
SOUS-PRÉFECTURE
CANTON
(Extrait des Tableaux du Dépôt de la Guerre)
SIGNES CONVENTIONNELS
adoptés par le Dépôt de la Guerre pour les Cartes topographiques.
Rouby. Instruction élémentaire sur la Topographie
Lith Hermet.

Tableau N°2. TABLEAU DES SIGNES CONVENTIONNELS POUR LA CARTE DE FRANCE AU 80,000ᵉ

Tableau N°3. TABLEAU DES SIGNES CONVENTIONNELS POUR LA CARTE DE FRANCE AU 320,000ᵉ

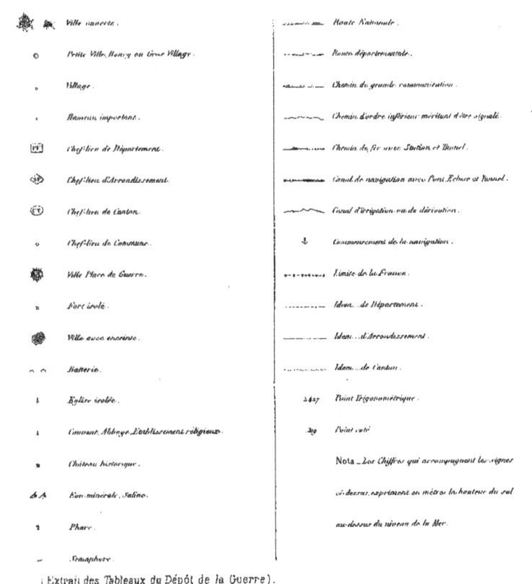

(Extrait des Tableaux du Dépôt de la Guerre).

Rouby_Instruction élémentaire sur la Topographie

TABLE DES MATIÈRES.

Ire PARTIE.

Préliminaires.

IIe PARTIE.

Lecture des cartes et connaissance du terrain.

CHAPITRE Ier.

PLANIMÉTRIE.

CHAPITRE II.

FIGURÉ DU TERRAIN.

CHAPITRE III.

VIe PARTIE.

FIN DE LA TABLE DES MATIÈRES.

INDEX ALPHABÉTIQUE

OU

TABLE ANALYTIQUE DES MATIÈRES.

Les *chiffres* indiquent la pagination.
Un *tiret* — tient la place du mot qui fait l'objet de l'alinéa.
Abréviations : Déf. Définition ; Sig. conv. Signe conventionnel.

FIN DE L'INDEX ALPHABÉTIQUE.

Paris. — Imprimerie de J. DUMAINE, rue Christine, 2.